BAJO LA MESA
Y Cómo Subir de Allí

Senderos de Crecimiento Espiritual
en El Judaísmo

Por
Avraham Greenbaum

Traducido al Español por
Guillermo Beilinson

AZAMRA INSTITUTE
Jerusalem / London/ New York/ Toronto

Copyright © Avraham Greenbaum
ISBN 965-90120-8-X

Segunda Edición: 2009

Título del original en Inglés:
Under The Table
And How to Get Up

Para más información:
Azamra Institute
POB 50037
Jerusalem, Israel.

Azamra Institute
c\o G.Beilinson
calle 493 bis # 2548
Gonnet (1897)
Argentina.
e-mail: abei1ar@Yahoo.com.ar

Impreso en Argentina

A la memoria de

Benjamín Beilinson
Sara Guinzburg de Beilinson
Jaim Zbar
Pola Goldstein de Zbar

por la generosidad y el amor de
Aarón Beilinson y Berta Zbar de Beilinson

para el desarrollo y la realización espiritual
de la

Familia Beilinson

y de todo **Israel**

A la memoria de mi padre

Jacobo Rubaja

y de mi madre

Berta Mas de Rubaja

dedicado por su hijo

Baruj Rubaja

Índice

Santuario del Rey, ciudad real,
¡Levántate, sal de entre las ruinas!
Ya has permanecido demasiado tiempo
en el valle de las lágrimas
Él te mostrará abundante misericordia.

Sacude el polvo de ti, ¡levántate!
Vístete con tus gloriosas prendas, Pueblo mío,
Por intermedio del hijo de Ishai de Bet Léjem,
¡Acércate a mi alma y redímela!

¡Anímate, anímate!
Pues tu luz ha llegado. ¡Levántate, brilla!
¡Despiértate, despiértate, pronuncia un canto!
¡La gloria de Dios es revelada sobre ti!

(de *Leja Dodi*, del Servicio de Víspera de Shabat).

Introducción

E ste libro es una introducción al camino espiritual judío, destinado a los judíos contemporáneos de habla castellana.

Para mucha gente resulta difícil comprender la relación que pueda existir entre los textos clásicos de la Torá espiritual – Musar y Jasidut– con ellos mismos y sus vidas. Y no perciben con claridad la manera de practicar esas ideas en tiempos modernos. Este libro es un intento de explicar algunas de esas ideas en términos actuales y ofrecer sugerencias sobre su aplicación en la vida cotidiana.

Este es un libro para el judío comprometido que anhela seguir la senda de la Torá con la finalidad de obtener un crecimiento personal y una conexión espiritual. Y también para aquellos no comprometidos, confundidos ante la variedad que encuentran en las diferentes áreas del mundo judío y que se preguntan sobre la manera de encontrar espiritualidad a través del Judaísmo. Finalmente, es para aquellos que han experimentado la espiritualidad, en alguna de sus formas, en un contexto no-judío, y que buscan actividades tales como meditación, dieta, respiración, ejercicios y otras pautas de crecimiento, en la vida de Torá.

El título de este libro corresponde a una divertida y profunda parábola sobre el Príncipe que pensó que era un pavo, debida al

Rebe Najmán (1772-1810), sobresaliente luminaria Jasídica. Aunque fue relatada hace doscientos años, la historia se mantiene absolutamente válida. Puede que no creamos que somos "pavos", pero, de una manera u otra, nos encontramos "bajo la mesa". En esencia, somos hijos e hijas del Rey del Universo, pero el mundo trastornado que nos rodea nos hace olvidar este hecho. ¿Cómo podemos sobreponernos a las pruebas con las que nos enfrentamos, provenientes tanto de nuestro interior como del ambiente circundante y elevarnos así hacia nuestro destino espiritual?

La fuente de muchas de las sugerencias ofrecidas en este libro se puede encontrar en los escritos del mismo Rebe Najmán. Pero esto no es necesariamente así en todos los casos. Por lo tanto, este libro no deberá considerarse como un intento de dar una formulación "oficial" sobre el sendero espiritual del Rebe Najmán y sus seguidores, los Jasidim de Breslov. En especial, la guía sobre prácticas de relajación, dieta, respiración y ejercicios, que no se basa en las enseñanzas del Rebe Najmán, sino en otras fuentes, como se halla indicado en el mismo texto y en el apéndice sobre Fuentes y Otras Lecturas. Asimismo, el planteo sobre el lugar que tales prácticas tienen en el camino espiritual judío es un punto de vista personal del autor.

También me pertenece la interpretación detallada de la imaginería que se encuentra en la historia del Príncipe-Pavo. Y me he tomado esta licencia de las mismas palabras del Rebe Najmán que animaba a los estudiantes de sus enseñanzas a usarlas como base para desarrollar *jidushei Tora* – ideas originales de Torá (ver *Likutey Moharan* II:105). No obstante, el Rebe Najmán puso una condición: "Podrán exponer sobre Torá e innovar en cualquier área que deseen, bajo la condición de no usar sus interpretaciones para innovar o cambiar ley alguna" (*Sabiduría y Enseñanzas del Rabí Najmán de Breslov* #267). Espero y ruego que todo lo que se halla en este libro esté de total acuerdo tanto con la letra del *Shuljan Aruj* como con el espíritu de la enseñanza del Rebe Najmán.

Indudablemente, la historia del Príncipe-Pavo contiene mucha más sabiduría que la que he podido mostrar en este trabajo, y las interpretaciones aquí ofrecidas no son por cierto las únicas posibles ni las definitivas. Es mi esperanza que gente con otras interpretaciones o que sientan que se debe dar mayor énfasis a otras dimensiones de la historia, puedan desarrollar y publicar sus ideas.

El Hombre Sabio que curó al Príncipe no pidió nada para él. Todo lo que quería era mostrarle al Príncipe como ser *él mismo*. Con la ayuda de HaShem, pueda cada uno de nosotros encontrar el camino simple de la verdad que nos llevará hacia nosotros mismos, hacia nuestra alma y hacia nuestra Fuente. Podamos andar por él, paso a paso, con seguridad y alegría, y dar la bienvenida al Mashíaj, pronto y en nuestras vidas. Amén.

Agradezco a HaShem por sus incontables bendiciones, todos los días y en cada momento y, en particular, por haberme inspirado con la idea para este libro y por crear lo necesario para hacer posible su realización.

Quisiera expresar mi profundo aprecio a los muchos familiares y amigos que me ayudaron de tan distintas maneras y, en particular, a Trevor Bell, Dr. Yehuoshua Leib Fine, Gershon Ginsburg, David Gross, Jay Gottleib, Ruven Halevi, Shmuel Lazar, Meir Maimoni, Asher Morvay, Chaim Rohatiner, Isaac Shamah, Larry Spiro y Micha Taubman. Agradezco a Mervyn Walkman por su consejo sobre el material de los Capítulos 4 y 5 sobre relajación, nutrición, respiración y ejercicio.

Y especial agradecimiento al buen amigo, de noble corazón, cuyo munificente apoyo hizo posible la redacción de la mayor parte de este libro. Fiel a tu carácter, has insistido en permanecer anónimo. A mi amigo y colega, Jaim Kramer: nunca pediste las gracias, pero a cada paso has demostrado ser un verdadero *javer*. A mis queridos padres: ninguna palabra puede expresar adecuadamente mis sentimientos y mi gratitud hacia ustedes por su infaltable apoyo y ánimo. Finalmente, *ajaron ajaron javiv*, a mi preciada esposa, *Yaffa at ra'yati*: a ti dedico este libro.

Avraham Greenbaum
Jerusalem, Lag B-Omer 5751

EL CUENTO DEL
PRINCIPE PAVO

EL CUENTO DEL
PRINCIPE PAVO

Una vez, el hijo del rey se volvió loco. Pensaba que era un pavo. Se sentía compelido a sentarse bajo la mesa, desnudo y a hurgar entre las migajas de pan y huesos, tal como un pavo. Ningún médico podía hacer nada para ayudarlo o curarlo, abandonando la tarea desesperanzados. El rey estaba muy triste...

Hasta que llegó un Hombre Sabio y dijo: "Yo puedo curarlo".

¿Y qué es lo que hizo el Hombre Sabio? Se quitó todas *sus* ropas y se sentó, desnudo, bajo la mesa, junto al hijo del rey, hurgando también migajas y huesos.

El Príncipe le preguntó: "¿Quién eres y qué estás haciendo aquí?".

"¿Y qué es lo que *tú* estás haciendo aquí?", respondió.

"Soy un pavo", dijo el Príncipe.

"Bueno, yo también soy un pavo", dijo el Hombre Sabio.

Y los dos estuvieron allí, sentados, uno junto al otro, durante algún tiempo, hasta que se acostumbraron a verse.

Entonces el Hombre Sabio hizo una señal y le arrojaron camisas. El Hombre Sabio-Pavo le dijo al hijo del rey: ¿Tú crees que un pavo no puede usar una camisa? Se puede usar una camisa y seguir siendo un pavo". Los dos, entonces, se vistieron con las camisas.

Luego de un tiempo dio otra señal y les arrojaron unos pantalones. Nuevamente el Hombre Sabio dijo: "¿Tú crees que si usas pantalones dejarás de ser un pavo?". Y se pusieron los pantalones.

Y de esta manera, una a una, se fueron vistiendo con el resto de las prendas.

Luego, el Hombre Sabio dio una señal y les bajaron comida humana desde la mesa. El Hombre Sabio le dijo al Príncipe: "¿Crees que comiendo buena comida no serás más un pavo? Puedes comer esta comida y seguir siendo un pavo". Y comieron.

Entonces le dijo: "¿Tú crees que un pavo tiene que sentarse *debajo* de la mesa? Puedes ser un pavo y sentarte arriba, a la mesa".

Y así fue como el Hombre Sabio trató con el Príncipe, hasta que al final lo curó completamente.

(*Rebe Najmán de Breslov*)

PAVO (en hebreo *Tarnegol Hodu* –"el gallo indio"; en Yiddish: *Indick*; Latín: *Meleagris Gallopavo*): clase de pájaro terrestre, grande, de la familia de las Meleagrididae, originarios del Nuevo Mundo, e introducido en Europa por los españoles a principios del siglo XVI. Los ingleses lo llamaron Turkey-Cock por el gallo de las tierras islámicas (o "turco"). El Pavo doméstico es preciado como alimento.

Básicamente de color negro, con plumaje iridiscente color bronce y verde y una cabeza verrugosa y desprovista de plumas, que se tiñe de azul y blanco con la excitación. El macho puede llegar a tener 130 cm. de largo y pesar 10 kg.; las hembras suelen pesar la mitad que los machos. Se alimentan de semillas, insectos y ocasionalmente de ranas y lagartijas, etcétera.

Excitado, el macho abre su cola, como un abanico, deja caer sus alas sacudiendo las plumas, retrae la cabeza y se infla emitiendo sonidos guturales. Junta un harén, el cual abandona después de la cópula.

La hembra empolla de 8 a 15 huevos moteados de marrón, en un hoyo en el suelo, e incuba en 28 días. La vida promedio de un pavo es de alrededor de 5 años.

BAJO LA MESA
Y Cómo Subir de Allí

1

¡PAVO!

*Una vez, el hijo del rey se volvió
loco. Pensaba que era un pavo...*

¿No le ha sucedido alguna vez querer vivir a la altura de sus más altos ideales y, al observar sus fallas, llegar a la conclusión de que probablemente nunca lo lograría?

La moraleja del cuento del Príncipe-Pavo es que uno *puede* lograrlo, y la historia demuestra cómo.

Todos tenemos dos facetas, el Príncipe (o Princesa) y el Pavo. El Príncipe es el yo superior, o alma, el hijo de Dios, que somos todos. El Príncipe es el yo potencial, la persona que *podemos* ser si aprendemos la manera correcta de alimentarnos y crecer. Prácticamente no hay límites a los niveles de desarrollo que podemos alcanzar. Cada alma es única y cada uno de nosotros tiene el poder de realizar su potencial de una manera propia y única.

El Pavo es el yo inferior, el lado que aborrece el sacrificio, el trabajo pesado y el esfuerzo, prefiriendo las soluciones fáciles y los placeres instantáneos. Si Dios da a cada uno un yo-Pavo, no es porque Él quiere que lo sigamos, sino para desafiarnos. El lado Pavo hace difícil ser el Príncipe o la Princesa que deberíamos ser, permitiendo entonces que la recompensa sea mucho mayor.

La fuerza más grande del Pavo radica en su obstinación. Día tras día fuerza su camino dentro de nuestras mentes y corazones.

Cuán seguido nos sucede saber exactamente lo que tenemos que hacer o lo que debemos evitar, y nos vemos llevados a actuar de la manera más frustrante y destructiva. Cada vez que seguimos al Pavo, éste se fortalece, mientras que el Príncipe se desanima y se oculta más y más. Y la depresión que de esto resulta, nos lleva a abandonarnos cada vez más a él.

Hay todo tipo de "médicos" ofreciendo consejos sobre lo que deberíamos hacer de nuestras vidas. Y hay cantidad de libros sobre autoayuda y automejoramiento. ¿Pero, cuántos proyectos hemos comenzado y abandonado antes de la mitad del camino? La verdadera cuestión es: incluso sabiendo lo que se debe hacer con uno mismo, ¿cómo se llega a *hacerlo* efectivamente? ¿Cómo llegar al final? Y esto es lo que el Hombre Sabio de la historia viene a enseñarnos.

La historia del Príncipe-Pavo puede ser graciosa, pero no así la locura que muestra. Los Rabinos caracterizan al loco como aquel que pierde las cosas que le dan (*Jaguigá* 4a). La locura del Príncipe-Pavo consiste en que está perdiendo su más preciado regalo: su alma. El alma es vida, la vida eterna. Y este tipo de locura es absoluta auto-destrucción.

Luego de la muerte viene la rendición de cuentas. ¿En qué gastamos nuestras vidas? ¿Migajas y huesos? ¿Con qué nos quedaremos? ¿Nos permitiremos irnos habiendo sido menos de lo que podíamos haber sido? Esta vida es nuestra única oportunidad para autorealizarnos. ¿Qué haremos?

"En el día de rendición de cuentas", dijo el famoso Jasid, Reb Zusya, "no temeré cuando me pregunten '¿Por qué no fuiste como Abraham, Isaac y Jacob'? Pero sí temeré cuando me pregunten, '¿Por qué no fuiste como *Zusya*?'".

2

BAJO LA MESA

El príncipe se sentía compelido a sentarse bajo la mesa, desnudo,
hurgando entre las migajas y huesos, como un pavo.

¡Pobre de los hijos que se encuentran
exiliados de la mesa de su Padre!
Berajot 3a

E l Príncipe se encuentra allí, desnudo, bajo la mesa. Sus ropas
están desparramadas a su alrededor. Si no se viste con ellas,
no podrá sentarse a la mesa junto con su padre. Pero el Príncipe
no se mueve. Por lo que a él respecta, no es un Príncipe. Es un
Pavo. Ni siquiera reconoce esas finas y delicadas vestimentas. Y
de hecho no tienen relación alguna con él. ¿Qué interés podrían
tener para un Pavo?, ¡si no son comestibles! Mucho más llamativas
e interesantes son las migajas y los huesos.

¿Un cuento gracioso? ¿Extraño? ¿Trágico? ¿Absurdo? ¿Qué
es lo que significa? ¿Por qué un Pavo? ¿Por qué desnudo? ¿Qué son
las migajas y los huesos? ¿Y por qué, de todos los lugares posibles,
está debajo de la mesa?

Orden versus sin Sentido

El sentarse a la mesa es mucho más que el acto físico de
comer. Hay una cultura entera detrás: la manera en que está puesta
la mesa, el orden de servir los platos, las conductas y
conversaciones. El comer a la mesa es simbólico de *orden*. Y esto

es especialmente verdadero en la corte real, cuando el rey participa del banquete ceremonial con sus íntimos, sus oficiales y con huéspedes distinguidos y cuando "todo dice 'Gloria'" (Salmos 29:9): el espléndido comedor con sus brillantes candelabros, las hermosas sillas y las mesas suntuosamente servidas; los cortesanos vestidos con las ropas adecuadas e insignias; cada uno sentado en su lugar en el orden estricto de las jerarquías; etiqueta, decoro y una nube de atareados sirvientes.

En el centro de todo se sienta el rey, con la mesa real delante de él. Y está el Príncipe, acurrucado, debajo, hurgando entre migajas y huesos.

El Príncipe nada percibe del orden y del esplendor que lo rodean. ¡Todo lo que ve es un mundo sin orden, un mundo de Pavo! Desde allí abajo todo se ve de una manera totalmente diferente a cómo se vería desde un punto de vista normal. La hermosa y espesa tela del mantel que cae por todos los lados de la mesa obstruye la mayor parte de la luz que proviene del comedor, haciendo de ese lugar un ámbito penumbroso y lóbrego. Y espiando hacia el mundo de fuera del mantel, todo lo que el Príncipe alcanza a ver es la parte inferior de las cosas: piernas y no rostros.

Desde su actual punto de vista, sólo las migajas y los huesos tienen sentido. Y convencido de que es un Pavo, el Príncipe considera que todo aquello que ve es el mundo-Pavo *tal cual* debería ser. ¿Qué motivo habría para pensar que esas extrañas formas que lo rodean son solamente la parte inferior de algo mucho más grande, de un mundo al cual está mirando desde el peor ángulo posible?

Dada la manera azarosa en que caen las migajas y huesos, ¿por qué debería pensar que alguien, en su solitario mundo, se ocupa de él? ¿Cómo podría saber que su padre, el rey, está detrás de él, preocupado y pendiente de cada uno de sus movimientos, esperando el mínimo gesto de recuperación? Y efectivamente, el rey ha dispuesto instrucciones especiales para que sus camareros deslicen bajo la mesa, de manera subrepticia, una cantidad de nutritiva comida, evitando así que el pobre niño fallezca de hambre. Porque de hecho, los invitados reales son normalmente lo suficientemente corteses como para no dejar caer la mitad de su comida al suelo.

Pero en cuanto al Príncipe respecta, él es un Pavo, en un mundo-Pavo y no *existen* ni rey ni cortes. Nadie se ocupa de nadie y nada está bajo el control de nadie. No hay gobierno, providencia ni orden. Todo es azar. Y aquí debajo está todo lo que existe. Nada más tiene sentido. Este es todo el universo.

Pero el pequeño mundo de debajo de la mesa se encuentra, realmente, en el palacio del rey. Y las maderas de la mesa que constituyen el cielo, las patas talladas que lo mantienen, el mantel que marca sus límites, los pies de los cortesanos que cierran por todos lados, el suelo sobre el que se apoya todo, e incluso los trozos de comida de los que se alimenta el Príncipe, todo ello es parte integral de la corte del rey. Sin embargo, a los ojos del Príncipe, esto no parece estar en el interior de un gran palacio. A sus ojos, el mundo que lo rodea es inmundo, separado e independiente. Se encuentra en el exterior, afuera, es un mundo-Pavo.

La Paradoja de la Creación

El interior parece ser el exterior y, sin embargo, el exterior es realmente el interior. La ubicación del Príncipe-Pavo debajo de la mesa es una metáfora de nuestra situación en este Mundo: el mundo en el cual vivimos nuestros ciento veinte años, el mundo que podemos ver, sentir, oír, olfatear y gustar, con toda clase de formas minerales, vegetales, animales y humanas; con los cielos y los planetas, las estrellas y los cuerpos celestes, y el espacio exterior que se extiende quien sabe hasta dónde.

Desde nuestro punto de vista, el mundo sensible y material puede parecer un ámbito independiente y autosustentado. Es imposible comprobar, con indiscutible evidencia, la existencia de un poder superior controlando o influenciando los sucesos. El universo parece funcionar de acuerdo a sus propias reglas: las leyes de la naturaleza, la probabilidad, etcétera. Nosotros mismos nos damos cuenta que nuestra existencia se halla determinada, en gran parte, por circunstancias que se encuentran más allá de nuestro control: nuestra naturaleza biológica, o la educación y el entorno, etcétera. Y sin embargo, por otro lado, en muchas áreas tenemos completa libertad de actuar tal como queramos. Cuando deseamos levantar una mano, lo hacemos. Nos sentimos seres independientes y autónomos.

Pero el Torá nos enseña: "En el comienzo creó Dios..." (Génesis 1:1), que este mundo no es independiente y auto-sustentado. El mundo material que experimentamos a través de nuestros cinco sentidos dista mucho de ser la suma total de todo lo que existe. En realidad, es un mundo creado, el más bajo de un sistema interconectado de mundos-sobre-mundos, que en conjunto conforman la creación. Son el reino de Dios. Él los creó a todos.

En hebreo, la totalidad de la creación es llamada *iesh*. La palabra *iesh* significa algo que existe de por sí. La primera palabra hebrea de la Torá, traducida como "en el comienzo", es *Bereishit*. Si se reordenan las consonantes de la palabra *BeREiSHiYT*, se obtiene la frase *BaRATa YeSH*: "Tú creaste a *iesh*". Inclusive aquello que aparenta tener una existencia independiente es, de hecho, una creación de Dios.

BeREiSHiYT BaRA: "En el comienzo creó". La primera palabra de la Torá, *BeREiSHiYT*, contiene las tres consonantes que forman la segunda palabra, *BaRA*. Aún antes de que *BaRA* aparezca como un concepto independiente, se halla implícito en el concepto de *BeREiSHiYT*. *BaRA* tiene la connotación de "exterior" (en arameo, una lengua pariente del hebreo, *BaRA* significa "exterior"). *BaRA*, lo aparentemente independiente, la creación exterior, se halla de hecho contenida dentro de *BeREiSHiYT*.

Si las consonantes de *BeREiSHiYT* se reordenan de otra manera, forman la frase *RoSH BaYiT*. *RoSH* significa cabeza y *BaYiT* significa casa. *RoSH BaYit* es la Cabeza de la Casa. Lo que parece como *BaRA*, una existencia independiente, se halla de hecho dentro de *BeREiSHiYT*, dentro de una "casa". Y la casa tiene una cabeza: Dios. Dios es la Cabeza de la Casa, Creador de todos los mundos. Los mundos pueden parecer separados de Dios, pero en realidad todos ellos se hallan dentro del palacio. Todo está en el palacio del Rey. Todo se encuentra bajo Su mando.

La paradoja de la creación es que nada existe sin Dios y, sin embargo, Dios trajo a la existencia un ámbito que aparenta existir de manera independiente. ¿Por qué?

Un Mundo de Elecciones

Nuestros Sabios explicaron que Dios es intrínsecamente bueno. La esencia del bien es hacer el bien a otros. Y en conformidad con esto, el propósito de Dios en la creación fue el traer a la existencia criaturas que fuesen los recipientes de Su bondad.

Ya que Dios es el único y verdadero bien, Su propósito sólo podía lograrse entregando Su propio y perfecto bien a Sus criaturas. Así, conformó a la creación de manera tal de darles a las criaturas la oportunidad de unirse lo más completamente posible a Dios Mismo, al verdadero bien. Aunque los seres creados son incapaces de obtener la perfección de Dios, pueden al menos tener una parte en ella mediante el apego a Él, con todos los niveles de su ser. Y el hombre fue el ser creado como recipiente de este bien.

Dios podría haber otorgado al hombre Su bondad como un regalo. Pero, para lograr un disfrute pleno del bien, el receptor debe ganarlo. En otras palabras, debe trabajar para obtener la perfección por sí mismo y no recibirla como un regalo gratuito. Así, entonces, la creación del hombre trajo involucrada la creación de un sistema en el cual el hombre pudiera ganar su conexión con Dios por su libre voluntad y mediante sus propios esfuerzos.

Y esto se logró construyendo un ámbito que contenía abundantes oportunidades para buscar la perfección Divina, conjuntamente con otras que desmerecían esa búsqueda. El hombre es colocado en este ámbito para trabajar, durante un tiempo determinado. Al luchar por unirse a la Bondad, buscando la perfección y evitando cualquier cosa que lo aleje de ello, el hombre gana su cercanía a Dios, a través de sus propios esfuerzos. Puede entonces disfrutar del placer del bien de Dios en el siguiente período de recompensa.

La Divinidad es intrínsecamente buena y todo aquello que lo aleje a uno de Ella es malo y, por lo tanto, indeseable. Pero si esto fuese absolutamente evidente para el hombre, no habría desafío.

Sería obvio que el único objetivo valedero es la Divinidad. Para activar este desafío fue necesario que la verdadera bondad de Dios se le ocultara al hombre, al tiempo que el mal tuviera una atracción propia, haciéndolo objeto de una posible elección. Dios es todopoderoso y, por lo tanto, capaz de crear el mal y hacerlo aparecer atractivo.

Y de esta manera trajo Dios a la existencia este Mundo: un mundo que nos ofrece abundantes posibilidades, tanto para buscar una conexión más cercana con Dios, como para unirse al mal y separarse de Él. Se nos ha dado completa libertad de elección. Aunque de hecho Dios está en todos lados, este mundo está diseñado como para ocultar la Divinidad. Superficialmente, las atracciones del mal pueden parecer tan fuertes como aquellas del bien. Nuestra tarea en este mundo es el revelar las posibilidades Divinas que se encuentran presentes, aprendiendo a distinguir entre el bien y el mal: debemos rechazar el mal y aferrarnos al bien, para incorporar Divinidad en nuestras propias almas. Esta misma tarea nos hace sentir a Dios y, cuando acabe nuestro tiempo prescripto en este mundo, continuaremos disfrutando de los resultados de nuestro esfuerzo en el Mundo que Vendrá.

En la parábola del Príncipe-Pavo, este Mundo está representado por el penumbroso ámbito de debajo de la mesa, donde está sentado el Príncipe. Aunque su pequeño mundo es parte integrante de la corte, para el Príncipe *parece ser* completamente independiente y separado. Y esto se debe a que su visión de la corte se halla casi completamente bloqueada por el mantel. Inclusive las patas de la mesa, las piernas y aquellas otras formas que *son* visibles desde su inusual perspectiva, tienen un aspecto tan extraño que se tornan incomprensibles. De igual manera, toda la creación es el reino de Dios. Este Mundo es parte integrante de él y la Divinidad está en todos lados. Pero aquí, en este Mundo, nuestra visión se halla distorsionada. Pues para traerlo a la existencia, Dios tuvo que ocultarse, velo tras velo, tapando la luz y creando así las condiciones para la prueba del hombre.

Las vestimentas del Príncipe se hallan desparramadas por todos lados. Si sólo pudiera ponérselas, formaría parte de la corte y disfrutaría de todos los privilegios y placeres que le corresponden por derecho. De igual manera, este Mundo está lleno de oportunidades para elevarnos hacia una conexión con Dios, si sólo pudiésemos reconocerlas y dedicarnos a ellas. Pero, tal como para el Príncipe-Pavo, hurgar entre migajas y huesos es lo más relevante y satisfactorio, así estamos nosotros preparados para sentirnos interesados e involucrados en la gran cantidad de alternativas poderosamente atractivas que nos rodean.

La Torá

La Divinidad es llamada luz. Pero, ¿qué clase de luz? Cuando llegamos a este mundo y abrimos nuestros ojos, todo parece estar suficientemente iluminado. A nuestro alrededor todo es color, actividad y excitación. ¿Qué es este mundo? ¿Qué es la vida? ¿Qué significa todo esto?

Tal como nos lo presentan la educación secular y los medios de comunicación, este mundo es una aglomeración azarosa de materia, en medio de ningún lugar, rebosante de miles de millones de personas de todas las razas, culturas y credos y organizadas en un conjunto espectacular de estructuras sociales, políticas y económicas. Para la mayor parte de los habitantes de este mundo, la prioridad esencial es ganarse el sustento, para luego disfrutar de variadas y diversas maneras, antes de morir y transformarse en polvo. Algunos buscan los placeres físicos más simples: comida, bebida, sexo y confort material. Otros prefieren delicias más refinadas: dinero, poder, status, conocimiento, literatura, música, arte, deportes y mucho, mucho más.

Y en especial en aquellas zonas más desarrolladas del mundo, existen en todos los ámbitos una mareante multitud de oportunidades: fuentes de información de todo tipo, cantidades de sistemas de creencia e ideologías, especializaciones en todos los campos, entretenimientos y actividades distractivas para todos los gustos, negocios y servicios en todo lo imaginable, comidas para toda necesidad y sofisticación concebible. ¿Qué debe uno elegir?

La mayoría del mundo diría "Felicidad". "¡Lo más importante es disfrutar!". Puede que esto sea verdad, ¿pero qué *es* la auténtica felicidad? Hasta los niños pequeños saben lo poco que duran la mayoría de las alegrías: se vuelven ilusiones. Y la casi totalidad de los conflictos de la vida están relacionados con la búsqueda de algo que sea duradero. Pero, ¿cuán verdadero? La mayoría de la gente cree que esta vida es todo lo que hay. Y en ese caso, el camino a la felicidad parecería ser disfrutar de la mayor cantidad de placeres posibles antes que la enfermedad, la debilidad, la muerte y el olvido nos golpeen.

La luz Divina significa conocimiento, sabiduría y entendimiento, los que penetran debajo y más allá de las apariencias superficiales de este mundo, hasta llegar a la última verdad. Hay frutas que parecen hermosas a los ojos pero que pueden llegar a ser venenosas. Sin un conocimiento más profundo, la apariencia externa no nos indica nada respecto de sus efectos a largo plazo, luego de ingerirlas. Lo mismo se aplica a todas las diferentes opciones que nos confrontan en este mundo. Con un poco de atención e inteligencia podemos llegar a saber el efecto que tendrán nuestras decisiones, en *esta* vida, tanto en el corto como en el largo plazo. ¿Pero qué sucede con su efecto sobre nuestras almas eternas?

La luz de Dios nos ilumina a través de la Torá. La Torá revela la sabiduría de Dios y es, por lo tanto, la clave del orden completo de la creación, la que se concretó a través de esa sabiduría. La palabra hebrea *Torá* es un sustantivo del verbo *horá*, que significa enseñar o guiar. La Torá proviene del superior punto de vista de Dios, *más allá* de este mundo, de "sobre la mesa". Fue enviada a nuestro mundo para guiarnos en su verdadero significado y mostrarnos su lugar en el orden total y para enseñarnos a construirnos una senda a través de la multitud de opciones, para poder así cumplir con nuestro destino.

El código de la Torá nos enseña a evaluar los diversos fenómenos con los que nos encontramos, en términos de cómo relacionarlos con nuestra misión eterna, mostrándonos cómo responder virtualmente en cualquiera situación de la vida. El camino de la Torá consiste de numerosas *mitzvot*, "mandamientos" (*Mitzvot* es el plural de la palabra hebrea *mitzvah*, de la raíz *tzivah*, que significa dar una orden). Las diversas mitzvot se aplican a cada una de las esferas de la actividad humana: desde el comer, beber, vestirse, ganarse la vida y construir una casa, hasta la relación con los padres, hijos, esposa, socios, miembros de la comunidad, el medio ambiente, el espacio y el tiempo. Las mitzvot se aplican en todos los niveles del comportamiento: el pensamiento, la emoción, la palabra y la acción.

Cada mitzvah es un camino práctico y detallado de acción, relacionado con una faceta particular de la vida en este mundo y conducente a su propia y única manera de conexión con Dios. La palabra mitzvah está relacionada también con la raíz hebrea *tzavat*, que significa "conectar". Uno podría pensar que, dado que Dios está en todos lados, debería ser posible encontrarlo en cualquier cosa. Pero esto no es así, Dios creó nuestro mundo como una arena de desafío. Lado a lado de las oportunidades Divinas, están las sendas y opciones que pueden alejarnos de Dios. Así, nuestra tarea es doble: buscar y apegarnos a la Divinidad en nosotros mismos y en el mundo circundante y rechazar cualquier cosa que nos aleje de ella.

De acuerdo a esto, hay dos tipos de mitzvot: las mitzvot positivas, que nos enseñan aquello que debemos hacer para conectarnos con Dios y las mitzvot negativas, las prohibiciones de la Torá, que nos enseñan lo que *no* debe ser hecho, para evitar quedar atrapado en el mal del mundo y alienarse de Dios. Así, la Torá consiste de doscientos cuarenta y ocho mitzvot positivas y trescientos sesenta y cinco mitzvot negativas, haciendo un total de seiscientos trece.

Fe

La luz de la Torá se halla cubierta en este mundo por muchos velos. Su sabiduría se encuentra en forma de opacas historias y proverbios, repletos de misteriosos símbolos. A veces, sus enseñanzas están más ocultas y parecen tener poca relación con el mundo cotidiano, tal como lo conocemos.

Mientras que algunas de las mitzvot parecen comprensibles en términos del sentido común: ama a tu prójimo, persigue la justicia y así por el estilo, otras en cambio, son absolutamente inentendibles. Por ejemplo, no parece haber ninguna diferencia en cuanto a la salud física se refiere, que los alimentos consumidos por las personas sean kosher o no. ¿Por qué está permitido arrastrar pesados muebles dentro de la casa en Shabat, mientras está prohibido accionar el interruptor de la luz? Y no es el menor de los velos que cubren la luz de la Torá las dudas y preguntas que la gente tiene sobre ella. ¿Es válida? ¿Es relevante? ¿Es verdadera? ¿Puede comprobarse?

Bajo la mesa, el Príncipe sólo ve al mundo que lo rodea como un mundo Pavo. Desde su desventajoso punto de vista nada puede ver de la corte real, excepto un aspecto parcial y distorsionado, que en sí no tiene ningún sentido. Ahora bien, supongamos que alguien de la corte descendiera hacia donde él está e intentara explicarle el significado real de todos esos zapatos y piernas que lo rodean y lo inferior que son sus alimentos, las migajas y huesos, comparados con las delicias servidas en la mesa. ¿Le creería el Príncipe? ¿Y qué podría decirle el cortesano salvo: "Póngase las ropas, suba y lo verá por usted mismo"?

La única manera de llegar a conocer la verdad de la Torá es primero aceptarla y practicarla confiadamente. La Torá es la clave del orden entero de la creación. Pero este orden es tan abrumadoramente grande que, desde nuestro desventajoso punto de vista en este oscurecido mundo, difícilmente podemos captar siquiera un atisbo de él. Dado que este mundo fue hecho de manera equívoca, no podemos inferir a partir de cómo aparecen las cosas aquí, una evidencia irrefutable de un orden superior. Por el contrario, muchas veces se muestra como altamente plausible la explicación dada por aquellos sistemas de creencias que proclaman la inexistencia de un orden superior y que definen al hombre como sólo un animal más complejo. Mientras estemos en este mundo, no podremos tener una comprensión del orden de la creación mediante un claro conocimiento de la verdad. Nuestra conexión con la verdad sólo puede ser establecida a través de *Emuná*, fe.

Emuná implica más que una mera creencia intelectual en la existencia de Dios. Es primero, y por sobre todas las cosas, una aceptación de nuestras propias limitaciones, dentro de un universo que nos confronta con misterios que no podemos desentrañar. Emuná se funda en ese sentimiento intuitivo más profundo que nos dice que hay algo grande y maravilloso respecto de la vida. Emuná es la aceptación de la sabiduría superior de la Torá, sin pedir pruebas. Es una afirmación de Dios y de la voluntad de alcanzarlo en todos los niveles de nuestro ser: en nuestros pensamientos, sentimientos, palabras y acciones.

Aquellos que se sientan a la mesa ven al rey en todo su esplendor, conversan con él y participan en la vida de la corte y del reino. Sentarse a la mesa real simboliza una conexión íntima con Dios. Pero la conexión definitiva con Dios se dará en el tiempo de la recompensa, en el Mundo que Vendrá. Emuná hace que el camino de la Torá sea un camino de constante profundización en la conexión y asociación con Dios, inclusive en Este Mundo. Con Emuná hasta Este Mundo se transforma en la mesa real.

Conciencia de Pavo

Hay muchas atracciones en la vida de un Pavo: los Pavos hacen lo que quieren cuando quieren. Mínimo trabajo. Gratificaciones instantáneas. Comen lo que quieren: migajas, huesos..., también lagartijas o escarabajos. Si engordan, mejor. El Pavo macho tiene un harén de esposas, para disfrutar mientras lo desee y luego abandonar, evitándose así todo tipo de preocupaciones y responsabilidades. Se pavonea a gusto, mostrando sus espléndidas plumas. Y si las cosas se ponen algo difíciles, siempre puede abrir su abanico y graznarle al resto del mundo.

De hecho, lo están engordando para comérselo. ¡Y qué! Tiene cinco años de diversión y la esperanza de que no lo va a sentir cuando le corten el pescuezo, lo desplumen, saquen sus tripas, lo salen, asen, trocen, mastiquen, traguen y digieran. Ninguna lápida cubrirá sus plumas y ni el mínimo recuerdo quedará de su pequeña y vana vida. Pero, ¿a quién le interesa? ¡Si mañana hemos de morir, lo mejor será comer, beber y divertirnos hoy!

Pero, para ser honestos, incluso el brillo de esos cinco años gordos es más un sueño que una realidad para el Pavo común; es decir, para la mayoría. Rascar el suelo todo el día es un trabajo duro, extremadamente repetitivo y, comúnmente improductivo.

Los intervalos de hambre entre un gusano y otro son grises, inciertos y teñidos de desesperación. ¿No es acaso comprensible la irritabilidad del Pavo? Puede incluso explicar su búsqueda compulsiva de amor: con el cuchillo del carnicero como único futuro, ¿qué otra cosa puede ofrecerle significación y resguardo en el oscuro intervalo que media entre el huevo y el asador?

Si usted es un Pavo, puede que no haya mucho que hacer al respecto. Pero si usted es realmente un Príncipe o una Princesa, es una locura andar por la vida pensando y actuando como un Pavo. El Príncipe-Pavo es un símbolo gráfico de la pérdida de Emuná y de su reemplazo por una ideología devastadora: el materialismo. Aquellos que sufren de la enfermedad del Príncipe se dejan llevar, simplemente, por la manera en que aparece este mundo. Para ellos, la apariencia *es* la realidad. La lógica es muy convincente. "Todo lo que podemos ver y sentir es el mundo material. Por lo tanto, es todo lo que existe. En ciertos aspectos, el cuerpo humano se parece al de los monos. Por lo tanto, el hombre debe ser un animal. Los animales se guían por sus instintos. Y lo mismo debemos hacer nosotros. "¡Si así lo sientes, hazlo!".

Para el Príncipe debajo de la mesa, no es sólo la falta de luz lo que le dificulta comprender la verdadera naturaleza del mundo. Si él pudiese recordar quién era y de dónde vino, no sería engañado por las extrañas apariencias de las cosas debajo de la mesa. Su conocimiento de la verdad le permitiría compensar la extraña perspectiva actual. Pero el Príncipe ha perdido este conocimiento. El piensa que es un Pavo; posee una mente y un aspecto de Pavo y por eso está convencido de que el mundo de allí debajo debe ser un mundo Pavo separado e independiente.

De manera similar, el poder de confundirnos que tiene este Mundo, no deriva sólo de su naturaleza física. De hecho, las atracciones materiales del mundo son un velo que oscurece las oportunidades espirituales que éste nos ofrece. Las tentaciones de las migajas y huesos de la vida pueden ser tan avasalladoras que alguna gente pasa la mayor parte de sus días, sino todos, corriendo detrás de ellas sin siquiera hacer una pausa para reflexionar sobre el motivo superior de sus vidas. Pero estas distracciones materiales carecerían del poder de seducirnos si tuviésemos una visión espiritual clara. Sería absolutamente obvio lo nimias que ellas son, comparadas con la suprema dicha de la unión con Dios.

Pero nuestra visión espiritual se halla, de por sí, reducida en este mundo. La esencia real del hombre no es, como la mayor parte del mundo se inclina a pensar, su cuerpo físico, sino su alma. El alma del Príncipe proviene de los más altos ámbitos, la "corte del Rey", y está destinada a elevarse y retornar a su propio lugar, disfrutando el verdadero bien de la cercanía con Dios. Si llegásemos a este mundo con todos los poderes de nuestra alma superior intactos, recordaríamos siempre los mundos espirituales en los cuales ella se ha originado. Y viendo este mundo en su real perspectiva, comprenderíamos la verdad de su dimensión material: una limitación que debe ser dominada y trascendida, permitiéndonos así alcanzar nuestro destino, que es el bien espiritual.

"El Príncipe piensa que es un Pavo": ésta es la prueba para el alma. El Príncipe, en nosotros, es el alma auténtica. Pero al llegar a este mundo, nuestra superior conciencia espiritual se pierde casi por completo. Para poder actuar y funcionar en los quehaceres cotidianos, aparece una forma inferior de conciencia: la conciencia de Pavo, material y mundana. Esto es lo que tiende a oscurecer nuestra percepción de la naturaleza inferior de este mundo y de nuestro verdadero propósito en él.

El Alma en este Mundo

Lámpara del Señor es el alma del hombre,
que escudriña todos los rincones del cuerpo.
Proverbios 20:27

¿Qué es el alma? La naturaleza intrínseca del alma en su estado no corporal, está más allá de nuestra comprensión, mientras vivamos en este mundo. El alma se origina más allá de este mundo, mientras que nosotros nos hallamos en él, siendo nuestras mentes y patrones de comprensión también mundanos. Dado que los poderes del alma son disminuidos al entrar a este mundo, no podemos conocer respecto de su naturaleza intrínseca a partir de la manera en la cual ella se nos aparece. Del alma suele decirse que es "eterna", "espíritu puro", etcétera. Pero sólo nos es posible tener una vaga noción de lo que esos términos realmente significan.

"Lámpara del Señor es el alma del hombre, que escudriña todos los rincones del cuerpo". Como hemos visto, la Divinidad es llamada, metafóricamente, luz. El alma es llamada "lámpara", pues es una pequeña chispa de la luz de Dios, "una parte del Dios de arriba" (Job 31:2). En su esencia intrínseca, el alma es parte de Dios: se halla, en última instancia, enraizada en la unidad perfecta de Dios. Pero es voluntad de Dios dar al alma una existencia independiente y separada con la finalidad de probarla y permitirle retornar a Él, fundiéndose entonces en Su unidad a un nivel más elevado aún. Este es el destino último del alma. Tal como una vela se eleva para unirse con un fuego mayor, así el alma anhela retornar a su Fuente.

Este oscurecido mundo, al cual es enviada el alma, es un "vientre", un lugar de desarrollo y crecimiento. Es una preparación para el eventual "nacimiento" del alma en un ámbito espiritual superior. Ámbito al que asciende luego de la muerte del cuerpo. Con el fin de proveer las condiciones necesarias para la prueba, este mundo fue creado como un lugar bien diferente del ámbito espiritual eterno. Y dado que este mundo es físico y temporal, el alma sólo puede habitar en él dentro de un cuerpo físico y temporario, con sus propias necesidades y deseos. Y esto es lo que crea las condiciones para el desafío del alma.

Para poder cumplir con su trabajo espiritual, el alma necesita del cuerpo como vehículo para operar en y sobre el mundo físico y finito. El cuerpo se halla espléndidamente diseñado para cumplir una interminable cantidad de actividades. Usando el cuerpo como un medio, el alma es capaz de formar estructuras, en el mundo físico, que revelen la Divinidad oculta bajo la superficie. (Así, muchas de las mitzvot prácticas conllevan el uso de objetos físicos, tales como pergamino y cuero en los rollos de la Torá, Tefilin y Mezuzah, o vegetales, como en el caso del Lulav y el Etrog, etcétera, con el fin de manifestar la soberanía de Dios sobre el mundo). Estas actividades traen Divinidad al alma misma, beneficiándola para cuando deje este mundo y retorne a los ámbitos espirituales superiores. Para cumplir con su misión espiritual en este mundo, el alma debe dominar al cuerpo, usándolo para propósitos Divinos.

Pero el cuerpo es de este mundo y, a los efectos de su supervivencia, tiene variedad de necesidades materiales propias. Es posible satisfacer todas las necesidades reales del cuerpo de una manera pura y santa y, de hecho, el propósito del alma es hacer esto, como de un medio para manifestar la soberanía de Dios. Pero, satisfacer nuestras necesidades físicas básicas, como alimento, vestimenta, refugio, procreación, etcétera, conlleva una cantidad de actividades que consumen tiempo y cantidad de relaciones que pueden distraernos y alejarnos con facilidad de nuestros objetivos espirituales.

Para intensificar aún más el desafío del alma, el cuerpo se presenta como fuente de un conjunto de atracciones materiales y de deseos que van más allá de lo necesario para sobrevivir. Y éstos no sólo le impiden al alma cumplir con su misión, sino que pueden llegar, incluso, a alejarla de ella por completo.

¿Qué comida y en qué cantidad es necesaria para una buena nutrición? ¿Cuándo es que el deseo de comer se vuelve excesivo? ¿Cuánto necesitamos dormir y cuánto nos gusta ser perezosos? ¿Hasta dónde el trabajo es en pro de una vida decente y una genuina seguridad y cuándo se torna una carrera obsesiva detrás de fantasmas? ¿Cuándo el deseo sexual es natural y deseable y cuándo se vuelve una pasión que desborda la mente y destruye la vida? ¿Hasta qué punto una persona debe ser obstinada y hasta dónde la persecución de los propios intereses y legítima autodefensa se transforman en hambre de poder y agresión? Y más y más...

En todas las áreas de la vida material, la frontera entre lo que es necesario y lo excesivo, es muy vaga. El cuerpo, por naturaleza, se deja arrastrar más y más, sobrepasando el límite. Las tentaciones materiales del entorno y nuestra urgencia interior por ir detrás de ellas, oscurecen el "vientre"; es decir, este mundo, perturbando sus intrincados pasajes con toda clase de trampas, obstáculos y callejones sin salida. La tarea del alma, la "lámpara de Dios", es hacer brillar la luz y la sabiduría Divina en estos pasajes, para distinguir así entre lo que es bueno, necesario y benéfico, de aquello que es excesivo, dañino y maligno.

El Nefesh

Nuestros Sabios enseñan que el alma consiste de tres partes primordiales: *neshama, ruaj y nefesh*. De estas tres, *neshama* es la más alta: es la fuente última de todos los poderes de nuestra alma, tal como aparecen en este mundo. Pero ella misma no se manifiesta directamente aquí. Permanece unida a Dios en un plano de puro espíritu. Es el nefesh el que viene a este mundo, residiendo en el cuerpo y animándolo. El nefesh se conecta con la neshama mediante el ruaj, que es una especie de "canal" espiritual, a través del cual la vitalidad Divina, potencial, fluye desde la neshama hacia el nefesh.

Cada uno de nosotros es un ser separado, independiente, pensante y sensible. No somos objetos, sino *sujetos*, experimentando y respondiendo al mundo que nos rodea y al rico ámbito interior compuesto por pensamientos, sentimientos, emociones, instintos, impulsos, voliciones y deseos. El sujeto que experimenta todos estos estímulos y que actúa en concordancia, el Yo, el ego, es el nefesh.

El nefesh se manifiesta como la pluralidad de facultades físicas y mentales, tal como se nos dan para nuestra vida en este mundo, desde las más espirituales y trascendentes, hasta las más materiales y mundanas. Es el nefesh quien nos da la sensación de existencia como seres independientes, con varios niveles de conciencia y de nuestra autopercepción interior, de nuestro cuerpo y de nuestro entorno. El nefesh es la fuente de nuestras facultades de lenguaje, razonamiento, sentimiento, memoria, imaginación y creatividad, y de nuestra habilidad para concebir objetivos, formular planes y ejecutarlos. También es mediante el nefesh que las necesidades de nuestro cuerpo entran a nuestra conciencia en forma de instintos y deseos.

El nefesh no es una entidad estática que nos alimenta de impulsos y respuestas preprogramados. Nuestras facultades no están del todo desarrolladas al nacer y no permanecen estáticas a lo largo de nuestras vidas. Quizás sea mejor caracterizar al nefesh como potencial. Potencial que podemos actualizar en mayor o menor media y en variedad de diferentes direcciones, a lo largo de nuestras vidas. La manera específica en que nos actualicemos, depende de muchos factores diferentes, incluyendo el cuerpo físico y los poderes innatos de los que estamos dotados; del ámbito material, familiar, social y cultural, en los cuales hemos crecido y vivido; de la variedad de influencias a las que hemos estado expuestos, a nuestras experiencias de vida y a todas las diferentes elecciones que hemos realizado a lo largo de nuestras vidas.

Así, pues, nuestra facultad más importante es la habilidad de concebir objetivos y perseguirlos a través del accionar adecuado. De esta forma actualizamos nuestro potencial. El mundo que nos rodea presenta toda clase de opciones, posibilidades, sugerencias e imperativos, a los cuales respondemos de manera única e individual, desarrollando nuestros propios objetivos y ambiciones, desde los más simples e inmediatos, hasta los más grandiosos y elevados. La mayor parte de la vida mental está compuesta de una sucesión de pensamientos, imágenes, proyectos, planes, esperanzas y sueños de cosas que nos gustaría alcanzar, que van desde lo práctico y posible hasta lo salvajemente fantástico.

Todo objetivo comienza como una idea que puede ser clara o nebulosa. Para realizar un objetivo particular, la idea que está detrás de él debe ser desarrollada y trabajada. La fuerza motriz que produce la transición de lo potencial a lo actual es la *voluntad*. A través del poder de la voluntad, tomamos el control de las facultades necesarias para obtener lo que queremos: facultades como el razonamiento, la emoción, la ejecución física, etcétera. ¿Cuál es nuestro objetivo y cuán motivados estamos para alcanzarlo? ¿Cuánto queremos lo que queremos? ¿Lo anhelamos suficientemente como para realizarlo? La voluntad es la verdadera esencia del nefesh.

La Batalla de las Voluntades

Si tuviéramos una mente unitaria, podríamos alcanzar nuestros objetivos sin lucha interior. Pero no es así. Uno desea estar en forma y sano, pero le gusta comer todos los alimentos incorrectos. Se desea estudiar, pero se está cansado y se prefiere reposar, o leer el diario o una novela. Uno querría ahorrar dinero para algo importante, pero no puede resistir el atractivo de un buen precio o de un pequeño lujo. Uno quiere ser caritativo y bueno, pero termina siendo egoísta e irascible. Y así.

El desafío que nos enfrenta en este mundo emana de nuestra falta de unidad mental. Cuanto más desarrollamos el lado espiritual del nefesh, más recibimos de la neshama, permitiéndonos así elevarnos a niveles de Divinidad cada vez más altos. Pero a cada paso del camino nos tentamos con distracciones materiales y, a veces, las cosas que queremos se contraponen entre sí y nos encontramos arrastrados hacia diferentes direcciones.

Aunque sintamos que todos estos deseos y contradicciones provienen de nuestro interior, que todos ellos parecen igualmente "nuestros", es importante comprender que provienen de dos polos del nefesh, fundamentalmente opuestos. La mayoría de la gente se ve a si misma como una unidad, el Yo. Pero, de hecho, el nefesh es de naturaleza dual. El nefesh es la interfase de dos planos opuestos de nuestro ser.

A través del nefesh, el alma superior se esfuerza en seguir las oportunidades espirituales del mundo que nos rodea, practicando las mitzvot. La neshama busca dirigir las diversas facultades del nefesh, intelectuales, emocionales y físicas, para cumplir así con su misión. Por otro lado, las atracciones materiales del mundo circundante excitan al yo inferior, el que se esfuerza entonces por dirigir esas mismas facultades en persecución y gratificación de *sus* deseos.

Así entonces, se pueden distinguir dos fuentes distintas en el origen de la voluntad del nefesh: una, que lleva hacia las aspiraciones y objetivos espirituales y que deriva de la neshama, y la otra que arrastra hacia la satisfacción material y el placer, y que está enraizada en el cuerpo. La literatura de la Torá se refiere a veces a cada uno de estos polos con la palabra nefesh, o alma en sí misma, siendo respectivamente: el Alma Divina y el Alma Animal. Comúnmente se las llama el *Ietzer HaTov* y el *Ietzer HaRa*, es decir la Buena y la Mala inclinación. En nuestra historia se hallan simbolizadas por el Príncipe real y el inflado yo-Pavo que lo ha dominado.

La palabra *Ietzer* deriva de la raíz hebrea *iatzar*, que significa formar o construir. La formación a la que hace referencia es la del yo actualizado, la persona que deviene a través de las acciones que elije. La formación comienza con la concepción, el pensamiento y la motivación. El *Ietzer* es la fuente de los pensamientos, sentimientos e impulsos orientados en una dirección particular. El *Ietzer HaTov* es la fuente de aquellos impulsos dirigidos hacia el Bien, en el sentido absoluto del término, aquel bien que es verdaderamente Divino y que se halla en concordancia con nuestro objetivo último. El *Ietzer HaRa* es el origen de todas nuestras urgencias por aquellas cosas que nos arrastran lejos de nuestro objetivo último, desde los deseos físicos más crudos, hasta las delicias más sofisticadas del mundo social y cultural.

Aunque en su raíz ambos *Ietzer* son opuestos, mientras el alma está unida al cuerpo, estos dos polos del nefesh se hallan entremezclados en una unidad indiferenciada. Ambos hablan dentro nuestro con el pronombre "Yo". En general, experimentamos el fluir de la conciencia como un tejido continuo y unitario, pero, de hecho, todos nuestros pensamientos, sentimiento, impulsos y reacciones, derivan de uno de los dos lados separados del nefesh, tal como se desarrollan en el curso de nuestras vidas. Son la fuente del yo y el origen de los múltiples y conflictivos pensamientos, sentimientos, impulsos y aspiraciones, todos "nuestros". Las Almas Divina y Animal hablan, ambas, dentro nuestro con nuestra propia voz interior, dialogando, argumentando, luchando... "Yo pienso esto...", "pero siento que...". "Debería hacer esto...", "pero quiero hacer aquello...", etcétera.

Los dos *Ietzer* son nuestro yo potencial, el superior y el inferior. Cuál de ellos seremos depende de cómo respondamos a sus diferentes impulsos. Una idea, sentimiento o impulso llega a la mente: ¿debemos quedarnos con ella, desarrollarla y dejar que nos dirija, hasta que terminemos actuando de acuerdo a ella? ¿O debemos ignorarla, dejarla pasar, rechazarla o inclusive eliminarla a la fuerza? Cada decisión que tomamos tiene un efecto en el equilibrio entre los dos *Ietzer*, y sobre el curso que tomará en el futuro la lucha entre ellos. Y la persona que devenimos será un compuesto de todas las elecciones que hagamos durante nuestras vidas.

Vistiendo el Alma

Las ropas del Príncipe se hallan diseminadas por todos lados, pero esto no le interesa a él en lo más mínimo. Por lo que a él concierne, es un Pavo y, por lo tanto, nada tienen que ver las ropas con él. Para comprender el simbolismo de las ropas del Príncipe veamos otra parábola, también sobre vestimentas, pero esta vez del Rabí Natán, el discípulo más importante del Rebe Najmán:

Un rey les comunicó a aquellos que amaba que deseaba otorgarles sus más preciados tesoros. Y para esto anunció la realización de una fiesta. Dado que no podrían venir a su banquete y recibir los regalos si no estaban presentables, se les informó con bastante anticipación. Esto les iba a dar el tiempo suficiente como para poder prepararse. Deberían vestirse con hermosos trajes, perfumarse con delicadas fragancias y adornarse con espléndidos ornamentos. Entonces estarían adecuadamente preparados para entrar al palacio real, juntarse con los ministros del rey y sus servidores y recibir los regalos.

En su gran compasión, el rey les proveyó, primero, de todas las diferentes cosas que necesitarían para la preparación de sus ropas, ornamentos y perfumes. Luego envió emisarios para enseñarles cómo preparar cada cosa. Y les aconsejó que aprovechasen la ventaja de haber sido notificados con tanta anticipación, para estar preparados cuando llegara el momento. Y por sobre todas las cosas, les advirtió que se mantuviesen alejados de todo aquello que los pudiese ensuciar.

Y si por error llegasen a caer, les indicó también la manera de limpiarse. Les proveyó de fuentes especiales que tenían el poder de limpiar y purificar incluso a aquellos extremadamente sucios. Cuando todos estuviesen listos, estarían capacitados para venir y recibir los regas que el rey había preparado para ellos (*Likutey Halajot, Joshen Mishpat, Matanot* 4).

El héroe de *nuestra* parábola se encuentra sentado bajo la mesa, sin ropas y hurgando entre migajas y huesos. Hizo lo opuesto a lo que el rey de la parábola del Rabí Natán pidió (y por supuesto que éste es el mismo Rey que el del cuento del Príncipe-Pavo). Y lejos de cuidar sus vestiduras reales, el Príncipe se deshizo de ellas.

El banquete real de la parábola del Rabí Natán, en el cual los amados del rey recibirán sus maravillosos regalos, representa el Mundo que Vendrá. Allí es donde las almas consiguen su objetivo último, que es la cercanía con Dios. La invitación del rey es la Torá, que nos enseña el verdadero significado de nuestra vida en este Mundo y cómo lograr nuestro destino definitivo. Por supuesto que uno no puede aparecer así como así en el banquete. Deberá prepararse de antemano. Los emisarios del rey son los santos y sabios que han enseñado la Torá en cada generación. Ellos explican cómo se debe actuar durante el tiempo que tenemos en este Mundo, cómo preparar nuestras "vestimentas". Las vestimentas simbolizan las mitzvot de la Torá: éstas son las ropas usadas por el alma en el Mundo que Vendrá.

Antes de discutir en qué sentido las mitzvot son "vestimentas", consideremos primero nuestras ropas físicas. El hombre es la única criatura en el mundo que se fabrica vestimentas. Una de las funciones del vestirse es, obviamente, proteger el cuerpo contra posibles daños del medio ambiente físico, tanto debido a fluctuaciones de temperatura, como objetos que puedan dañar la piel, suciedad y otras agresiones contra la salud, etcétera.

En cierto sentido, nuestras ropas físicas también nos protegen *contra* el cuerpo. El llevar vestimentas es una de las marcas más importantes de nuestra dignidad como humanos. Somos más que meros seres físicos, mucho más. Tenemos el poder de controlar y canalizar nuestros instintos materiales. Al cubrir el cuerpo, cosa que no hace ningún animal, afirmamos la supremacía del alma. Y de hecho, las partes que primero cubrimos son aquellas donde se centran nuestros más fuertes deseos físicos. En un nivel simple, el sacarse las ropas el Príncipe, es un símbolo directo de la obsesión animal por los placeres sensuales en nuestra cultura contemporánea.

Comunicación

Usar ropas es un signo de que somos algo más que criaturas físicas. De hecho, las vestimentas no solamente cubren el cuerpo.

Expresan un mensaje propio sobre la esencia íntima de aquel que las usa. No sólo usamos diferentes vestimentas para diferentes ocasiones, para el trabajo, las tareas sucias, el descanso, los deportes, fiestas, guerras, maternidad, etcétera. También usamos vestimentas para *comunicar*. Tanto reyes, como sheiks, capitanes, sacerdotes, policías, ejecutivos, bohemios y muchos otros, tienen sus propias vestimentas especiales. La gente común usa los estilos de vestir con toda clase de sutiles cambios, para indicar quienes son o quienes aspiran ser. La vestimenta es un lenguaje en sí misma.

Y no sólo nuestras vestimentas son vehículos de expresión. También hablamos de "vestir" nuestros pensamientos y sentimientos, con palabras, símbolos, artefactos, etcétera. Incluso para comunicarnos con nosotros mismos debemos vestir nuestras ideas con palabras. A veces una idea comienza a formarse en nuestras mentes, pero permanece latente e informe hasta que desarrollamos nuestros pensamientos, aún en nuestro lenguaje propio y privado. Ciertamente, cuando queremos comunicar a otros nuestros pensamientos y sentimientos, estamos obligados a encontrar el ropaje adecuado para poder expresarlos.

Un visionario brillante puede captar conceptos que se hallan más allá de la comprensión de la mayoría de la gente. Pero, para poder traer sus percepciones al nivel del entendimiento general, debe encontrar maneras de "vestirlas" con historias simples, parábolas, etcétera, *permitiendo* así que sean comprendidas. Y estas "vestimentas" son análogas al concepto original, en ellas cada detalle corresponde a y expresa alguna faceta de la idea primera. También, a veces, la gente *actúa* lo que quiere decir, pues "la acción habla más fuerte que las palabras". La acción es una vestimenta para el pensamiento.

Una de las formas más poderosas de la comunicación es el ritual. Un rito es una secuencia ordenada de acciones prescriptas que codifican un mensaje, el que podría tener un efecto totalmente diferente si fuera expresado meramente con palabras. En un rito, el mensaje no es entregado simplemente por una parte a la otra. En lugar de ser un receptor pasivo de la información, los participantes actúan los pasos del ritmo ellos mismos y a través de esto *experimentan* interiormente el mensaje de manera mucho más vívida.

Dios usa variados tipos de "vestimentas" para comunicarse con nosotros. En Sí Mismo, Dios es infinitamente grande. Es imposible para cualquier criatura finita experimentar a Dios de manera directa, pues "no puede verme el hombre y vivir" (Éxodo 33:20). Sin embargo, el propósito de Dios en la creación es el revelarnos algo de Él Mismo. La revelación de Dios a Sus criaturas es denominada, de manera metafórica, "luz". Pero no luz en un sentido físico, expresando así en términos familiares algo que nos sería de otra manera totalmente incomprensible. La luz física es la más sutil de los fenómenos materiales y, por lo tanto, un símbolo apropiado para la revelación Divina.

Es imposible mirar el sol directamente sin enceguecer. Pero, si tomamos un trozo de vidrio coloreado y lo colocamos delante de nuestros ojos, la luz se filtrará, dejando pasar sólo ciertas ondas. En su plena intensidad, como luz blanca del sol, era imposible para nuestros ojos poder ver este color, pero ahora podemos disfrutarlo tranquilamente. Vidrios de diferentes colores nos permitirán ver otros componentes de la luz blanca del sol.

Es imposible, para cualquier criatura finita, percibir la Luz Infinita de Dios. Los Sabios nos dicen que, con la finalidad de permitirnos experimentar algo de esa luz, Dios la "veló", una cubierta tras otra, reduciendo su intensidad. El universo físico mismo es una "vestimenta" que cubre los niveles superiores del orden Divino, permitiéndoles brillar a través suyo, de manera amortiguada.

"Te has vestido de majestuosidad y esplendor. El que se cubre de luz como de una vestidura, que extiende los cielos como una cortina" (Salmos 104:2). Miramos hacia el cielo, hacia las estrellas y hacia los cuerpos celestes y nos maravillamos de las cosas de este mundo: de lo mineral, vegetal, animal y humano. Cada detalle que vemos en el mundo que nos rodea fue creado como análogo de algún nivel superior de Divinidad, que en sí mismo no es accesible a nuestra mente.

La Torá misma es una vestimenta para la Sabiduría de Dios.

Está compuesta de libros, capítulos, parágrafos, sentencias, palabras y letras, historias y conceptos accesibles a nuestro entendimiento. Puede que nos sea imposible comprender la esencia intrínseca de los atributos divinos de *jesed, guevurá y tiferet* (bondad, poder y belleza), pero hasta un niño puede seguir las historias de Abraham, Isaac y Jacob, que son la encarnación de estas cualidades. Cuanto más madure y evolucione el estudiante en las profundidades de la Torá, más comenzará a percibir su significado interior.

Un niño puede tener una imagen vívida de cientos de miles de israelitas marchando fuera de Egipto y ver a Moisés subiendo al Monte Sinaí y retornando con las dos tablas de piedra. El adulto puede comprender el Éxodo como una liberación del espíritu; liberación de su atadura al mundo físico y percibir también al Monte Sinaí no solamente como un ente físico, sino también como una montaña espiritual, montaña que puede ser escalada mediante la plegaria, la autopurificación, la meditación y la contemplación. Y esto, a su vez, permite al buscador espiritual abrirse a un mensaje tan importante como para ser inscripto en las tablas de la memoria y de su conciencia.

Las Insignias del Rey

En la corte, no solamente el Rey usa espléndidas vestimentas, sino también los cortesanos. Hay insignias especiales y vestimentas para diferentes rangos y oficios que expresan la posición individual y poder. Las ropas cortesanas son señal del favor real. Mediante ellas, los cortesanos se asocian y comparten el esplendor y la majestuosidad real. Para poder disfrutar de la corte y participar en los asuntos del reino, deben vestir las vestimentas asignadas a cada uno de ellos.

Las mitzvot de la Torá son las "vestimentas" que Dios nos ha dado para permitir conectarnos con Él y experimentar Su majestuosidad. Cada una de las distintas mitzvot es una "vestimenta" separada, que codifica y expresa una faceta de la Sabiduría Divina. Practicando las mitzvot nos transformamos en algo más que en pasivos recipientes del mensaje Divino. Como los participantes de un rito, al colocarnos las vestimentas nosotros mismos, podemos entonces experimentar e internalizar el mensaje de la manera más completa posible.

Dios es infinito y se encuentra absolutamente lejano de nuestra comprensión; pero las mitzvot son finitas, son "vestimentas" a la medida del hombre, con las cuales es posible experimentar la Divinidad, inclusive en este mundo. Las mitzvot son secuencias de pensamientos, sentimientos, palabras y acciones relacionadas con las cosas de este mundo. Las mitzvot se aplican a cada una de las esferas de la actividad humana. Y cada una lleva a su propia y particular forma de conexión con Dios.

Las mitzvot proveen la "vestimenta" para el Alma Divina. El Principesco yo superior que posee cada uno de nosotros se encuentra en un estado potencial. Corresponde a nosotros actualizarlo. Los pensamientos, las emociones, las palabras y los actos, de la clase que fueren, son las "vestimentas" mediante las cuales expresamos y actualizamos el yo interior. Las diferentes clases de pensamientos, palabras y acciones nutrirán a la personalidad de diferentes maneras. Como hemos visto, las mitzvot son patrones detallados de pensamientos, palabras, sentimientos y acciones, divinamente prescriptos y orientados hacia Dios, conectándonos con Él. Realizando las mitzvot y "colocándose" estas "vestimentas", el Alma Divina puede expresarse y actualizarse a sí misma.

Por ejemplo: la creación toda es un tremendo acto de caridad Divina. Dios no necesita de los mundos. Los creó para beneficio de Sus criaturas. El sol y las estrellas iluminan el mundo, los vientos soplan y las lluvias caen... todo por caridad: ¡nadie nos pide que le paguemos por ello! Para ayudarnos a comprender la Divina cualidad de la caridad, la Torá nos enseña que debemos también nosotros dar caridad, vistiéndonos así con la "vestimenta de la caridad" (Isaías 61:10).

Cualquiera puede realizar este acto Divino, utilizando una de las cosas más mundanas de nuestra vida: el dinero. Tomando de nuestro propio dinero y entregándolo a alguien necesitado, llegamos a comprender lo que significa el hacer algo puramente para el beneficio de otro. Y así somos inculcados con la cualidad del altruismo. Puede ser que antes de la entrega física del dinero, hayamos tenido una inclinación caritativa, enraizada en el Alma Divina, pero existente de modo potencial. Al realizar la mitzva la actualizamos. La mitzva nos transforma. La caridad forma ahora parte de nosotros. Mediante este acto de caridad participamos de la caridad y del amor a través de los cuales Dios crea el mundo. En ese momento, al igual que Dios, somos el dador. Experimentamos internamente la Divina cualidad de la caridad. Y así es como traemos Divinidad a nuestro interior.

Otro ejemplo: Shabat. Dios hace el mundo y, sin embargo, está más allá del mundo. Nosotros también hacemos nuestro mundo: días tras día, seis días a la semana, trabajamos para poder alimentarnos, vestirnos, cobijarnos, etcétera. Luego, el séptimo día, descansamos: nos detenemos y nos elevamos más allá del mundo. También nosotros experimentamos la trascendencia. Las detalladas leyes del Shabat nos garantizan un completo desapego y descanso respecto del mundo del trabajo, haciendo posible que un espíritu de trascendencia descienda de Dios y nos "vista" con el "alma extra" del Shabat, experimentada en la alegría y en la profunda comprensión espiritual que tenemos en ese día.

El cuerpo está compuesto por diferentes miembros, cada uno de los cuales posee su vestimenta distintiva: sombreros para la cabeza, pañuelos para el cuello, guantes para las manos, etcétera. El alma también tiene miembros: una "cabeza" (el intelecto), un "corazón" (sentimientos y emociones), una "boca" (la facultad del habla), "brazos" y "piernas" (la habilidad para actuar de diferentes maneras en el mundo), etcétera. Cada miembro del alma posee su vestimenta apropiada. Las doscientas cuarenta y ocho mitzvot positivas de la Torá, visten los doscientos cuarenta y ocho "miembros" del alma, que corresponden, por su lado, al mismo número de miembros del cuerpo.

Cada una de las diferentes Mitzvot hace surgir y desarrolla, de manera particular, facetas diferentes del Alma Divina. Las mitzvot que observamos todos los días (tales como el recitado del Shema y el colocarnos los Tefilin), o periódicamente (el Shabat y las festividades), proveen de un ritmo a la vida a través de los cambios en el tiempo, manteniendo nuestras mentes enfocadas constantemente en la presencia de Dios. Las observancias que dependen de circunstancias particulares (tales como la circuncisión cuando nace un niño, el colocar las mezuzot en el marco de las puertas de nuestra casa, el pago a tiempo de los empleados y muchas otras), ponen un distintivo Divino a nuestra conducta cuando surgen circunstancias relevantes.

Las diversas mitzvot relacionadas con la satisfacción de nuestras necesidades materiales, tales como: comida (Kashrut, bendiciones, etcétera), vestimenta (Tzitzit, la prohibición de mezclar lino con lana que se denomina Shaatnez, la modestia, etcétera), la vivienda (Mezuza, la obligación de hacer un parapeto en el techo que se denomina Maake, etcétera), todas ellas transforman en actividades espirituales aquello que sería, de otra manera, una función animal. Al restringir el ego material, el Alma Divina puede brillar. Las muchas y variadas mitzvot que gobiernan las relaciones entre la gente: padres e hijos, marido y mujer, amigos y vecinos, prestamistas y prestatarios, compradores y vendedores, socios, etcétera, inculcan el respeto y la responsabilidad hacia los otros.

Las más importantes son aquellas mitzvot que se aplican constantemente, tales como la fe, el amor y temor a Dios y el amor al prójimo. Estas mitzvot estructuran profundamente, no sólo la manera en que desarrollamos nuestra vida, sino también nuestro ser más interior. "Y tú irás en Sus caminos" (Deuteronomio 28:9): tal como Dios es amante, misericordioso, paciente y lleno de piedad, así también debemos nosotros vestirnos con estas cualidades y transformarnos en verdaderos hijos e hijas del Rey. Mediante el estudio de la Torá hacemos penetrar nuestra mente y nuestro corazón en la Sabiduría Divina, refinando y elevando nuestro intelecto y emociones. A través de la plegaria y la meditación nos apegamos a la Divina Presencia, abriéndonos a impensados niveles de comprensión, conexión e iluminación.

El conjunto completo de las seiscientas trece mitzvot otorgan margen para el desarrollo completo de todos los aspectos de la personalidad, desde los más elevados hasta los más mundanos. Cada uno posee su único y propio potencial. Tanto en el hogar como en el trabajo o en el descanso, en la amistad, el matrimonio, el cuidado de los hijos, la educación, los negocios, la administración, el consejo, la salud, las artes, los oficios, el deporte o cualquier otra esfera, hay una manera de desarrollar y elevar las propias habilidades y tareas por amor a Dios, profundizando la conexión y manifestando la revelación Divina en el mundo. Cuanto más se anda en la vida de las mitzvot, tanto más se actualiza la propia y única Alma Divina.

Debido a que la Sabiduría Divina es infinita, las mitzvot están lejos de ser prescripciones limitadas para acciones repetitivas y estandarizadas. Uno puede recitar la misma plegaria todos los días, observar el Shabat cada semana y realizar las otras mitzvot de manera regular, pero la profunda e ilimitada dimensión interior que contienen, hace posible cumplirlas en niveles cada vez más profundos a medida que se crece en comprensión y experiencia.

Las mitzvot se expresan en el lenguaje de este mundo, e incumben a la manera en que nos relacionamos con los objetos o situaciones familiares. Pero el mensaje que contienen va más allá de este mundo, alcanzando los más altos mundos espirituales y a Dios. El mensaje que internalizamos a través de la práctica de las mitzvot puede llegar mucho más allá de nuestra comprensión consciente. De hecho, el sistema completo de las mitzvot fue diseñado para ser cumplido por nosotros en este mundo, dentro de los parámetros de nuestra existencia física. Ellas afectan de manera vital a este mundo, al igual que a la calidad de nuestras vidas y experiencias. Pero aun así, su propósito principal va más allá de este mundo: preparan el Alma Divina para el Mundo Que Vendrá. Al realizar las mitzvot en este mundo, estamos preparando las vestimentas que usará el alma en el banquete del Rey, en el Mundo que Vendrá.

Pero el Príncipe de nuestra historia se ha quitado las ropas. En lugar de sentarse a la mesa del Rey, está en el suelo, hurgando entre migajas y huesos. ¿Qué significan estas migajas y estos huesos?

Migajas y Huesos

Las migajas y huesos han caído desde los platos de los

invitados, quienes los descartaron mientras comían. Ellos son los desperdicios de la comida y simbolizan lo que nuestros Sabios denominan *Sitra Ajara*. Este término arameo significa, literalmente, "el otro lado", y se refiere al lado no santo de la Creación, a lo secundario y no esencial, al residuo, a aquello que es rechazado.

El propósito primario de la Creación fue otorgar el regalo de la Divinidad al hombre y, como hemos visto, sólo puede cumplirse poniéndolo a prueba. Esto determinó la existencia de condiciones en las cuales el hombre estaría expuesto tanto a lo no divino y al mal, como a la divinidad y al bien, de manera tal de poder elegir el bien por propia y libre voluntad. Dios no tiene ningún deseo del mal en sí mismo. La mentira, la corrupción, la maldad, las luchas, la destrucción y todo lo que es el mal son lo opuesto de la Divinidad, cuyo sello es la verdad, el bien, la pureza, la armonía y la vida. Dios creó el mal para un determinado propósito, luego del cual es descartado y desaparece.

La relación entre el mal y el bien es comparable a la de la cáscara con el fruto. La cáscara recubre el fruto durante el tiempo requerido para su crecimiento y maduración, pero ella no posee, en sí misma, ningún valor intrínseco. Es el fruto escondido detrás de ella lo que realmente apreciamos. Para poder obtenerlo, debemos romper la cáscara, sacarla y desecharla. Esto es lo que Dios quiere que el hombre haga con el mal: pelarlo y descartarlo, para poder disfrutar del bien. Así, el ámbito del mal es aludido como el ámbito de las *Klipot*, las cáscaras o coberturas. Tal como hay muchos y diferentes niveles y aspectos de la santidad, también hay muchos y diferentes niveles y clases de klipot, cada una de las cuales cubre y esconde, hasta cierto punto, un aspecto particular de la Divinidad.

La mentira es un ejemplo simple de klipá. Tom está disgustado con Dick y no le agrada que Harry mantenga una amistad con él. Tom, de manera artera, dice una mentira a Harry, relacionada con Dick: una mentira lo suficientemente plausible como para que Harry la crea. La mentira no tiene ningún fundamento verdadero, pero de ahora en adelante, cada vez que Harry ve o piensa en Dick, la mentira viene a su mente. Afecta toda su percepción de Dick. Tiñe la manera en la que interpreta lo que Dick hace. La mentira no tiene ninguna sustancia, pero encubre la verdad y arrastra un tren de fantasías; fantasías que pueden cambiar el curso de la relación entre Harry y Dick, y su comportamiento hacia él.

Las klipot son distorsiones, fantasías y mentiras que ensombrecen las posibilidades Divinas que hay en el mundo y dentro nuestro, llevando a la gente por senderos que los alejan de Dios. Las klipot nos rodean por todos lados. La descripción Rabínica de la gran ciudad como la "guarida" de las klipot, puede aplicarse a nuestro urbanizado y tecnológico mundo. Tanto al salir a las calles, o trayendo el mundo a nuestro hogar, encendiendo la televisión o la radio o mirando los periódicos y semanarios, se encuentra la ubicua y frenética carrera por el dinero y el placer, los brillos de las luces y señales, los estruendosos y llamativos eslóganes, las sonrisas frescas, las sugestivas imágenes, la indecencia explícita, las promesas pródigas: "Venga... compre esto... haga esto... ¡¡¡y será *feliz*!!!". ¿Y dónde encuentra uno, en medio de todo esto una sola señal o aviso para hacer una mitzva por amor al Cielo?

"Todo está permitido" es uno de los mensajes más insistentes transmitidos en la mayoría de las áreas del sistema educativo, en los medios masivos de comunicación, por muchos de los más respetados intelectuales contemporáneos, pensadores y escritores, por la psicología, la literatura, el arte, la música y por los entretenimientos populares y la cultura. La sabiduría y los valores tradicionales son el blanco de todo tipo de escepticismos e irreverencias, mientras que la mayor veneración le es acordada a cualquier idea pseudo-científica, filosófica, ideológica o sectaria, o a cualquier teoría que niegue, explícita o implícitamente, la verdad de la Torá, el origen Divino de la Creación y la naturaleza espiritual del hombre.

Para el Alma Animal, todo esto es alimento, ¡exquisito alimento! No sólo son atractivos estos aromas tentadores, estos rostros y figuras juveniles, las llamativas prendas y el resto de la "falsa y vana belleza" del mundo, sino que también se nos provee de las más excelentes racionalizaciones y justificaciones para ir tras ellos.

Verdad y Locura

"Pobre de aquellos que llaman al mal bien y al bien mal" (Isaías 5:20). El poder más importante del alma, aquel que nos ayuda a encontrar nuestro camino en este mundo de sombras, es el juicio: la habilidad para distanciarnos del mundo y de nuestro propio yo, y penetrar debajo de las apariencias, *evaluando* lo que vemos bajo la luz de la verdad. Inclusive aún cuando nuestros más fuertes instintos nos arrastran, tenemos el poder de refrenarnos y detenernos a considerar si la siguiente tentación es realmente para nuestro verdadero interés. El alma es pues la "lámpara de Dios, iluminando todos los rincones". La Torá es la luz de Dios y el alma tiene el poder de dirigir esa luz e iluminar los más intrincados rincones, tanto del mundo que nos rodea como de nuestro propio mundo interior, separando y discriminando entre la verdad y la falsedad, entre el bien genuino y el bien espurio y elegir el camino correcto hacia nuestro destino.

Cuando el Alma Divina brilla con la luz de la verdad, las klipot luchan contra ella con un arma de mortífera potencia: el engaño. Las klipot se presentan como siendo la verdad. Pero todas las falsas imágenes y mensajes serían impotentes si no fuese por la falla que aparece en el nefesh, producto de la unión del alma con el cuerpo. Como resultado, la clara visión espiritual del Alma Divina se enturbia en este mundo, exponiéndonos a las astutas persuasiones del Alma Animal. Todo el poder del Alma Animal proviene de su habilidad para borrar la línea que separa aquello que es realmente bueno para nosotros de aquello que no lo es.

Las satisfacciones de la vida espiritual no siempre se siente de manera inmediata. Perseguir objetivos espirituales requiere de disciplina durante largos períodos de tiempo. Las "migajas y huesos" de este mundo, en cambio, ofrecen gratificaciones mucho más inmediatas. El éxito fácil y rápido y el placer, son el soborno ofrecido por el Alma Animal, para "enceguecer el ojo del sabio" (Deuteronomio 16:19), distorsionando nuestro juicio e induciéndonos a separarnos de nuestro verdadero propósito.

El término hebreo que designa el desviarse es *SoTeh*. Y

esto se relaciona al vocablo "loco", que es *ShoTeh*. Nuestros Sabios enseñaron que "una persona transgrede sólo si un espíritu de locura se posesiona de ella" (*Sotah* 3a). La locura es del Alma Animal, el Pavo en nosotros. Y es literalmente una locura separarse del camino de las mitzvot, pues éste es el único medio para poder llegar al bien y a la alegría duraderos. Separarse del sendero de la Torá es estar, en última instancia, en contra de nuestros mejores intereses, sin considerar sus beneficios en el corto plazo.

Las trescientas sesenta y cinco prohibiciones de la Torá nos enseñan a evitar las klipot que existen en las diferentes esferas de la creación y mantener así la vista focalizada en la verdad para encontrar nuestro camino hacia Dios. Las prohibiciones de la Torá se aplican a todas las áreas de la actividad humana, desde aquello que comemos, bebemos y vestimos, la manera en que trabajamos la tierra, negociamos, nos relacionamos con nuestras familias, con los asociados, amigos y enemigos, etcétera, hasta la vida ritual y la manera de servir a Dios. Las prohibiciones de la Torá proveen la guía necesaria para poder movernos en un mundo engañoso; para evitar internarnos más allá de los límites de la santidad.

Por ejemplo: diversas clases de alimentos contienen "chispas Divinas" que otorgan la energía necesaria para poder estudiar Torá, orar, cumplir las mitzvot y conectarse con Dios. Por otro lado, existen en la creación ciertos alimentos que sólo generan en aquellos que los ingieren, pensamientos y sentimientos impuros, llevándolos a cometer acciones no santas. Sus mentes y corazones se cierran a la percepción de Dios. Más allá de las propiedades nutricionales físicas de estos alimentos, las energías espirituales que contienen están *atadas*, de manera inherente a ellas, a las klipot causantes del ocultamiento de Dios. El término hebreo para "atado" es *asur* (comúnmente traducido como "prohibido"). La Torá nos enseña cuáles alimentos están "atados" de esta manera y cuáles deben ser evitados, tal como las diversas especies de animales impuros, la sangre animal, carne cocida con leche, etcétera.

Todas las cosas y acciones prohibidas por la Torá están, de manera similar, unidas con klipot de diferentes clases, cada una de manera particular, tal como fue dispuesto por la sabiduría del

Creador. Todo tipo de relación con algo prohibido por la Torá desencadena, necesariamente, energías impuras que aumentan el ocultamiento de Dios. Y esto se aplica no sólo a las prohibiciones más serias, aquellas que la mayoría de la gente conoce como pecados, tales como la idolatría, el asesinato, el adulterio, etcétera, sino inclusive a aquellas que mucha gente no considera en absoluto como un pecado, tal como un pequeño enojo, un momento de orgullo, una o dos palabras de chisme, una mentira inocente, una mirada incorrecta, una sonrisa cínica y muchas otras.

Hemos visto que las doscientas cuarenta y ocho mitzvot positivas de la Torá son "vestimentas" para el Alma Divina. "Colocándose las vestimentas", es decir, practicando las mitzvot, es posible expresar y actualizar en este mundo el Alma Divina, preparándonos así para el "banquete", la reunión con Dios, en el Mundo que Vendrá. En su parábola sobre el banquete, el Rabí Natán cuenta que cuando el rey envió las invitaciones a sus amados vasallos, les advirtió que no se ensuciaran. La advertencia del rey simboliza las prohibiciones de la Torá. Su propósito es el limpiarnos de la "suciedad", de las klipot.

"El Príncipe se Sentía Compelido..."

Las transgresiones permiten a las klipot entrar al mundo interior del yo. La palabra hebrea para trasgresión es *aveira*, que literalmente significa: "pasar al otro lado". En la misma medida en que una persona transgrede en alguno de los niveles, tanto con el pensamiento, el sentimiento, la palabra o la acción, en la misma medida, se está llevando a sí misma y a su energía vital, desde el lado de lo santo hacia el "otro lado", el ámbito de las klipot. Y esto es lo que le otorga a las klipot dominio sobre ella.

Cada mitzva realizada por el hombre, tanto grande como pequeña, contribuye a la actualización de su Alma Divina, formando parte de la trama de su personalidad e influyendo sus estados de conciencia, sus pensamientos, sentimientos y acciones. Igualmente, cada movimiento que se hace dentro del ámbito de las klipot, deja su marca en la personalidad. El Alma Divina se opaca en proporción a la trasgresión, y el Alma Animal se fortalece, haciendo que aquella se retraiga cada vez más.

Hay una amplia gama de klipot del yo interior que van desde los meros sueños diurnos y fantasías que atraviesan la mente, hasta las más profundas y aferradas estructuras de creencia, de actitud y de personalidad. Distintas clases de klipot pueden oscurecer la conciencia espiritual del individuo de diferentes maneras. Aquellos pensamientos e impulsos insistentes que nos atacan repetidamente, pese a nuestra lucha en contra, son klipot que podemos reconocer fácilmente como tales. Pero por otro lado, los estados de tensión nerviosa, miedo, ansiedad, negatividad, depresión o desesperación que suelen experimentar las personas sin un motivo aparente, pueden resultar más difíciles de reconocer como klipot. Entre las klipot más poderosas se encuentran las pasiones compulsivas y las acciones enloquecidas que arrastran a tanta gente, consumiendo gran parte de sus vidas, la adicción al alcohol, a los cigarrillos, a las drogas, a la comida, al sexo, al consumo, a la televisión o a cualquier otra cosa.

Pero las klipot de la personalidad no causan necesariamente dolor consciente o angustia. La gente puede estar bajo el dominio de la más poderosa y destructiva de las pasiones, o permitir que sus vidas sean gobernadas por ideas y conceptos profundamente erróneos sobre ellos mismos, sobre otras personas o sobre el mundo en general y, sin embargo, seguir durante años sin preocuparse demasiado al respecto. La tragedia de esto radica en que su potencial para el genuino desarrollo espiritual y plenitud permanece, simplemente, embotado.

"Él Pensaba Que Era Un Pavo"

El Príncipe-Pavo es el arquetipo extremo de la personalidad gobernada por las klipot. Se encuentra dominado por una concepción completamente errada sobre sí mismo, sobre el sentido del mundo y sobre el propósito de la vida. La ilusión es total: está convencido que *es* un Pavo, viviendo en un mundo de Pavo. Y de hecho, y en cuanto a él concierne, ésta es la verdad más sólida y básica. ¿Qué motivo habría para tratar de ser alguna otra cosa?

En la feliz inconsciencia respecto de lo profundo de su propia tragedia, el Príncipe-Pavo es un símbolo de los millones de personas que se hallan convencidas que este mundo no es más que una aglomeración azarosa de polvo, que el hombre no es más que un mero animal y que la vida es cuestión de "ganarse el pan", hacer todo aquello que se deba hacer y pasar el resto del tiempo lo más plácidamente posible, antes de pasar al olvido. Y estas mismas personas pueden encontrar loables tales valores espirituales como: amar al prójimo, ser caritativo de vez en cuando, etcétera. Pero... ¿Orar? ¿Estudiar? ¿Guardar las mitzvot? ¿Crecer? ¡Usted debe de estar bromeando!

Si de hecho la vida tiene un propósito elevado, podemos preguntarnos cómo es que tanta gente está tan lejos de lograrlo. Si la tarea del alma en este mundo es pelar la cáscara de las klipot y elegir la Divinidad: ¿qué posibilidad tendrá toda esa gente que se halla sumergida en el estado de "Pavo" desde su mismo nacimiento, habiendo tenido una crianza y una educación secular y estando totalmente inmersos en la cultura materialista dominante? Debemos dar como un hecho el que ellos, sus padres y los padres de sus padres deben de haber estado sometidos al ataque de las klipot, como resultado de transgredir las prohibiciones de la Torá. Pero, ¿es que lo hicieron voluntariamente? ¿Es justo el que deban sufrir? ¿Es que alguna vez supieron algo acerca del código de la Torá o comprendieron su importancia?

El mismo Rebe Najmán no da ninguna explicación al respecto de *porqué* el Príncipe-Pavo se volvió loco, ni pregunta si era *justo* o no. Estos son temas que pueden ser discutidos ampliamente. Pero no sólo deberíamos profundizar en el campo de la Jasidut y la Kabalá, la psicología y la sociología, sino que deberíamos considerar el camino entero de la historia humana y porqué el mundo está tan lejos de la Torá. Pero todo esto está más allá del tema principal. Ahora que el Príncipe ha perdido la razón, *¿cómo puede llegar a curarse?*

La situación puede parecer muy mala, pero el Rebe Najmán nos incita siempre a observar el lado positivo de las cosas. ¿Qué es lo que puede llegar a ser positivo en la caída hacia la locura del Príncipe?

Lo positivo es que la caída... es el primer paso para levantarse. Y éste es uno de los principios más importantes de la vida espiritual. Antes que alguien pueda avanzar espiritualmente debe primero experimentar una caída. Es como un atleta de salto en alto que retrocede unos pasos para lograr una buena carrera. Cuando las cosas transcurren muy tranquilamente, la gente tiende a ser complaciente. Pero cuando algo va mal y "caen", esto los obliga a despertar y aplicar un mayor esfuerzo. Para encontrar a Dios, debemos buscar. Hay muchas maneras de caer, pero todas ellas nos obligan a comenzar la búsqueda con más fuerza. Estar concientes de esto puede ayudarnos a aprovechar plenamente nuestras fallas en la vida.

La historia del Príncipe-Pavo es un reto para cada uno de nosotros. ¿Cómo es que *hemos* caído? ¿Dónde estamos en *nuestras* vidas? ¿Es que estamos donde *deberíamos* estar? ¿Cuáles son las ilusiones y obsesiones que nos *retienen* e impiden ser la persona que deberíamos ser?

La clave para transformar toda caída en un avance es la honestidad y la verdad. "No importa quien eres", dice el Rebe Najmán, "siempre podrás obtener nueva vida y fuerza del hecho de ser honesto. Pues la verdad es la propia luz de Dios y no hay oscuridad en el mundo que sea lo suficientemente oscura para Dios. No hay impureza o cosa profana en el mundo que no tenga una salida para escapar de ella. Pero la gente no la percibe, debido a la intensa oscuridad que las rodea. A través de la verdad, Dios mismo brillará sobre ellos y los ayudará a ver la apertura de esperanza que existe, hasta en el más profundo de los abismos. Y ésta es la manera de escapar de la oscuridad y llegar a la luz y acercarse constantemente a Dios" (*Tzohar*, en el Libro *Cuatro Lecciones del Rabí Najmán de Breslov*).

Y la verdad fundamental de la creación es Dios mismo. Pero esta verdad está más allá de nuestra comprensión, en Sí Mismo, Dios es absolutamente incognoscible. Nuestra situación personal, pequeña, privada, semejante incluso a una prisión, puede parecernos una barrera que nos separa de Dios. Pero esta situación específica fue creada por Dios, hasta en sus más mínimos detalles, como parte de Su propósito final, que es el revelar la verdad en todos los niveles. Por lo tanto, cuando buscamos con honestidad la verdad de nuestra situación actual, cuando comprendemos que las cosas están de la manera exacta como Dios las planificó, la barrera misma se transforma en el sendero hacia Dios, pues nos damos cuenta que nuestra situación fue creada con la finalidad de llevarnos hacia Dios. Al observarla con la vista puesta en la verdad, la situación misma es en realidad nuestro camino hacia Dios.

La primera lección de la historia del Príncipe-Pavo es el ser honesto respecto del problema y llamarlo por su nombre: locura. El vivir en la creación del Rey y ser inconsciente de Su presencia y de nuestra cercanía con Él, es locura. La verdad es que "Ustedes son los hijos de HaShem, vuestro Dios" (Deuteronomio 14:1). El dejar de lado nuestras preciosas vestimentas y correr detrás de las migajas y huesos del mundo, es abandonar el más invalorable regalo que nos ha sido dado: la vida eterna. Y lo más trágico de todo esto es el creer que nos encontramos tan esclavizados por nuestras propias debilidades que nunca seremos capaces de cambiar.

El Pavo no puede cambiar. El Pavo es un Pavo y ésa es la manera en que Dios lo hizo. Pero el Príncipe sí puede cambiar, puede volver a ser él mismo. Y también podemos cada uno de nosotros. Y no importa cuán fuerte sea el Pavo en nosotros ni cuanto le hayamos permitido crecer, el Pavo es, en última instancia, sólo un impostor. El Pavo habla dentro nuestro como "Yo", pero el auténtico "Yo" es el Príncipe, o la Princesa, dentro de cada uno de nosotros. Como hijos del Rey, todos podemos apelar al poder de Dios Infinito, a la Fuerza de nuestro ser.

Y aunque todo esto sólo nos haga suspirar, eso es también muy bueno. "Cuando una persona se encuentra muy abajo y se da cuenta que se halla en el fondo y muy lejana de Dios, esto mismo deberá animarla. Esta es la manera que tiene Dios de atraerla hacia Él, pues *se da cuenta* que está lejos de Dios. Antes, estaba tan lejos que ni siquiera lo notaba. Ahora que *sabe que está lejos*, esto mismo es una señal del acercamiento. Esto debe darle nueva vida y esperanza y ayudarle a volver a Dios" (*Likutey Moharan* II:68).

"Si aprendes a comprenderte a ti mismo", decía el Rebe Najmán, "podrás desembarazarte de tus miedos irracionales y de tus deseos. Debes solamente comprender que algo más dentro de ti es responsable de ello. Comprende esto y superarás todo. Tú tienes libre albedrío. Puedes con facilidad entrenar a tu mente a evitar aquello dentro de ti que es responsable de tus miedos irracionales y tus deseos" (*Sabiduría y Enseñanzas del Rabí Najmán de Breslov* #83).

El Pavo no es el auténtico yo, sino un impostor. El Príncipe es el auténtico yo. No importa cuán lejos haya llegado en su exilio, inclusive debajo de la mesa, siempre será un Príncipe. Comprender esto es el primer paso para liberarnos de nuestras debilidades y llegar a nuestro completo desarrollo. En palabras del Rebe Najmán: "No seas como un gran elefante, o como un camello, que se dejan llevar por un pequeño ratón, y todo ello debido a un error demencial, porque no conocen su propio poder" (*Shir Naim*).

¡¡¡Conoce tu propio poder!!!

La Historia del Grano Contaminado

Existe el fragmento de otra historia del Rebe Najmán, que trata también el tema de la locura, sólo que esta vez la locura aún no ha atacado. Estaba justamente por hacerlo. Un rey le dijo una vez a su primer ministro, quién era además su mejor amigo: "He visto en las estrellas que todo aquel que coma de la cosecha de grano de este año, enloquecerá. ¿Qué crees que debemos hacer?". El primer ministro sugirió separar una cantidad de grano bueno ya cosechado para que no hubiera necesidad de comer del grano contaminado.

"Pero es imposible separar la suficiente cantidad como para todos", objetó el rey, "Y si sólo separamos una cantidad para nosotros dos, seremos los únicos cuerdos. Todos los demás estarán locos y nos verán a nosotros como a los enfermos. No. Deberemos comer también de ese grano. Pero nos pondremos ambos una señal en nuestra frente. Cuando yo mire tu frente y tu mires la mía, y veamos la señal, por lo menos podremos recordar que estamos locos" (*Los Cuentos del Rabí Najmán* p. 287).

Loco puede significar muchas cosas, desde agradablemente tonto, hasta decididamente desequilibrado. Todo aquel que ha visto el sufrimiento causado por la locura clínica, sabe lo serio que esto puede llegar a ser. La gente que está realmente desequilibrada es incapaz de funcionar apropiadamente frente a situaciones normales. Pero de esto no se puede deducir que todo aquel que funciona correctamente sea cuerdo. La historia del grano contraminado sugiere que incluso pueblos enteros pueden volverse locos. Y cuando eso sucede, hasta los mismos normales están locos.

Mirando al mundo contemporáneo, no podemos más que concordar con lo dicho. Una inmensa cantidad de gente parece creer que el único sentido de la vida es la pura gratificación del ego material. Los ricos de buen pasar sueñan con maneras cada vez más suntuosas y sofisticadas de gastar el dinero, mientras que millones sufren hambre y carencias. Desesperanzados y sin expectativas de poder alguna vez conseguir lo que anhelan de manera legal, los jóvenes alienados se transforman en duros gángsteres y terroristas, esgrimiendo eslóganes altruistas mientras golpean a civiles inocentes. Mientras tanto, las naciones del mundo se miran unas a otras con celo, se dan lecciones mutuas sobre la paz y derraman dinero y trabajo en ejércitos y armamento.

Muchos de nosotros estamos lejos de sentirnos golpeados por esto. Si alguna vez le prestamos atención a las últimas atrocidades y barbaries, simplemente nos encogemos de hombros y murmuramos: "¡Qué locura!" continuando luego con nuestros asuntos. De alguna manera, aceptamos y hasta nos agrada un poco de locura en el mundo que nos rodea. El ver cuán locos están los demás, puede ayudarnos a sentir que nosotros en cambio estamos básicamente sanos. Oh, bueno, somos los primeros en admitir que podemos llegar a estar un poco locos en algún momento. Pero... ¿realmente pensamos que nuestras pequeñas locuras son algo más que una broma? Si nos impiden ser lo que realmente somos... ¿No estamos así hiriéndonos a nosotros mismos?

En la historia del grano, el rey no tomó a la ligera el asunto de la locura. Comprendió su destructivo poder para confundir y supo que ello podía ser catastrófico. Si la enloquecida gente de su reino decidiera que él y su primer ministro eran los locos, lo más probable sería que buscaran matarlos. Pero, por otro lado, el sabio observador de las estrellas de seguro que no gustaba mucho de la idea de volverse loco. Pero la muerte sería un precio demasiado alto para pagar, incluso por mantenerse sano durante el año del grano contaminado. Lo mejor sería unirse al resto del país en su locura y esperar que las cosas cambiasen luego de la próxima cosecha.

¿Qué alternativa tenía? Incluso si el rey y su primer ministro guardasen algo del buen grano, ¿qué garantía podía haber de que pudiesen mantener su cordura cuando todo el resto se volviese loco? Evidentemente, el rey era lo suficientemente humilde como para saber que hasta las personas más fuertes no son necesariamente inmunes a la locura. Somos tontos si creemos que el encontrar locura en los otros significa que nosotros estamos cuerdos.

El rey tuvo el coraje de enfrentar su propia debilidad: a veces no podemos evitar el estar locos, dado que sólo somos humanos. Pero, el rey y su primer ministro se pondrían señales en la frente de manera de poder recordar constantemente que estaban locos. Esa era la honesta verdad, y el rey sabio sabía que la verdad es lo más valioso. La lección de esta historia: es mejor *saber* que uno está loco, que ser loco y pensar que se está cuerdo. Si nos engañamos a nosotros mismos respecto de la locura y nos decimos que estamos cuerdos, podemos perder todo. Pero el comprender que hay un problema es el primer paso hacia la solución. La verdad es la puerta hacia la redención.

3

EL HOMBRE SABIO
Y SU TERAPIA

Ningún médico podía hacer nada para ayudarlo, o curarlo,
abandonando la tarea desesperanzados. El Rey estaba muy triste...
Hasta que llegó un Hombre Sabio y dijo: "Yo puedo curarlo".

Y "médicos" no le faltan al mundo. Filósofos, terapeutas, gurús, periodistas, instructores, autores de manuales de auto-ayuda y muchos otros con cantidad de consejos para darnos, tanto gratuitos como de los otros, respecto de lo que debemos hacer con nuestros problemas. ¿Cuál es el camino hacia la felicidad?

Cualquier "solución" que no nos ayude a recuperar nuestra conexión con Dios, a través de la Torá y las mitzvot, nunca podrá traer una genuina curación y alegría. "El Santo, Bendito Sea, creó el *Ietzer HaRa*, la mala inclinación y a la vez creó la Torá como un remedio para mitigarlo" (*Bava Batra* 16b). Sólo mediante la Torá puede haber alguna cura para el alma judía.

La Torá es la cura, pero la cuestión es: ¿cómo podemos llegar a *practicar* la Torá de la manera en que deberíamos hacerlo?

La literatura del Musar y de la Jasidut es rica en guías y consejos sobre la *Teshuva*, la senda de "retorno" a Dios. Pero el sendero mismo puede llegar a intimidarnos. Los ideales de *Ahava*, amor y de *Yirá*, temor de Dios, son tan exaltados que bien podemos preguntarnos cómo es posible que gente como nosotros pueda llegar a acercarse a ellos alguna vez. Al leer sobre el gran daño que causan hasta la menor de las transgresiones y mirar nuestras vidas presentes y pasadas, bien podemos caer en la depresión y la desesperanza. ¿Cómo podremos llegar a rectificar el daño que hemos cometido, la mayor parte del cual fue hecho sobre nosotros mismos? ¿Cómo podremos llegar a limpiarnos alguna vez? Y ni pensar siquiera en transformarnos en los nobles santos que el Musar nos dice que debemos ser.

La depresión es la peor Klipa. Es como un agujero negro que absorbe todo pensamiento o sentimiento positivo, encerrando a la persona dentro de una presión de negatividad y de autorechazo, llevándolos al abandono y a la autodestrucción.

"El rey estaba muy triste". Dios se aflige con nuestra desesperanza, no con nuestras fallas. Este mundo se hizo de manera que la caída fuese fácil: abundan a nuestro alrededor las tentaciones y distracciones y dentro nuestro hay un "loco", el *Ietzer HaRa*, listo para saltar en cualquier momento. Por lo tanto, no es de extrañar que caigamos, una y otra vez. Pero "el Santo no observa a Sus criaturas escrupulosamente y con ira" (*Avoda Zara* 3a). Cuando los Rabinos dicen que "la Teshuva es algo grande y precedió a la creación del Mundo" (*Bereshit Raba* 1:5), quieren significar con ello que la posibilidad de salir del pecado y del error fue dispuesta dentro del mismo plan de la creación. Junto a las trampas de este mundo, Dios creó, en Su infinita bondad, todo lo necesario para que podamos retornar. Si nos desesperamos y caemos en la depresión, estamos corriendo una cortina negra sobre la misma bondad de Dios.

¿En qué se aflige realmente Dios? El propósito de la creación fue nuestro bien, no el Suyo; es decir, que podamos elevarnos y actualizar nuestro potencial espiritual por propia voluntad, de manera tal que podamos merecer compartir la bondad Divina. Si fallamos, ¿qué pierde Dios? ¿Acaso Dios Se "entristece" de la manera en que lo hace un humano? De hecho, en el nivel supremo de Dios, "en Su lugar", todo es "…esplendor y delicia" (I Crónicas 16:27).

Dios nos ama a cada uno de nosotros más de lo que

imaginamos, más que el más amante de los padres a su pequeño hijo. Es nuestra depresión y desesperanza la que nos mantiene alejados de Dios. La desesperanza es negar que Dios nos ama, impidiendo que avancemos por el sendero, que es la expresión máxima de Su amor: la Teshuva. Y entonces, el propósito final de Dios, en su creación, la revelación de Su compasión y bondad, se ve frustrado. Sí, Dios se entristece por esto, pero de una manera que está más allá de la comprensión humana. "En secreto, Mi Alma llora" (Jeremías 13:17).

En su parábola sobre el rey que invitó a su pueblo a un banquete, el Rabí Natán nos cuenta que el rey advirtió a sus súbditos que se mantuviesen alejados de todo aquello que los pudiese ensuciar. Pero también les enseñó lo que podían hacer en caso que cayeran por error: les otorgó las más maravillosas fuentes con el poder para limpiar y purificar hasta a los más sucios de entre ellos.

Las fuentes son las límpidas y dulces aguas de la Torá de la Teshuvá, la Torá de la compasión, que nos guía inclusive aunque nos hayamos alejado de las mitzvot y caído en las peores klipot. ¿Cómo podemos levantarnos? ¿Cómo podemos limpiarnos de la suciedad? ¿Cómo podemos volver a nuestro propio yo? ¿Dónde podemos encontrar esas dulces aguas, revitalizadoras del alma?

*

"El rey estaba muy triste". Imaginemos al padre en su cuarto más privado, llorando el lamento del corazón, entristecido y turbado: "¡Por favor, Dios, danos tu ayuda!".

¿Y qué no daría el padre por ver retornar a su hijo perdido? "¡Daré todo, pagaré lo que sea, sólo curen a mi precioso hijo!".

Cuando todo parece oscuro y te sientes completamente perdido, llama a Dios con tus propias palabras. Susurra. Llora en tu corazón, aún sin palabras. Pide a Dios que te ayude y te dé aquello que necesitas.

Y sé caritativo. Toma aunque más no sea una pequeña moneda y apártala, para entregarla en la primera ocasión que se te presente, a alguien que la necesite. Al enseñarnos a ser caritativos con los pobres, la Torá usa una expresión poco común: "Abrir, abre tu mano..." (Deuteronomio 15:8). La raíz hebrea que significa "abrir" aparece dos veces sucesivamente en el mismo versículo. Cuando abrimos nuestra mano, eso hace que algo más se abra. El acto caritativo abre un canal de amor hacia la creación, haciendo que la puerta que estaba cerrada para nosotros se abra, mostrándonos la salida de nuestra oscuridad (ver *Likutey Moharán* II:4,2).

*

Esas aguas, dulces y limpiadoras, son las enseñanzas de los verdaderos Hombres Sabios, de los destacados guías de la Torá, seres humanos que encarnan en sus propias vidas la sabiduría de la Torá. Y por medio de sus enseñanzas y de su ejemplo personal, nos muestran la manera de hacer lo mismo con *nuestras* vidas.

La habilidad de estos verdaderos Hombres Sabios para conectarse con nosotros, proviene del hecho de que, pese a sus logros espirituales, no son ángeles, sino seres humanos reales, como nosotros. Ellos también tuvieron que enfrentar las pruebas de la condición humana, sólo que lograron dominarse a sí mismos. Ellos conocen exactamente aquello que debemos enfrentar y pueden mostrarnos, por lo tanto, la mejor manera de superar nuestros obstáculos.

"Esto puede comprenderse pensando en uno de esos laberintos, como los que pueden encontrarse en los parques de las mansiones aristocráticas, donde altos cercos son plantados para producir una serie de paredes, entre las cuales corre una red de complicados y aparentemente idénticos senderos. El objetivo del juego es alcanzar una torre que se halla en el centro. Algunos senderos llevan directamente a la torre, mientras que otros son engañosos y alejan de ella. Pero, de hecho, cuando uno se encuentra caminando por un determinado sendero, le es imposible determinar si es el correcto o no. Todos los senderos parecen iguales. La única manera de saberlo es haber atravesado el laberinto con éxito, alcanzando la torre central.

"Aquél que se encuentre en la torre, estará en condiciones de ver todos los senderos y saber cuáles son los correctos y cuáles no lo son. Podrá comunicarle a la gente que se halla aún en el laberinto el camino exacto que deberá seguir. Aquellos que estén dispuestos a creerle llegarán a destino. Pero aquel que no acepte su consejo e insista en seguir a sus propios ojos, indudablemente se perderá y nunca llegará a la torre" (*Mesilat Yesharim* 3).

¿Quién es el Hombre Sabio? En ningún momento, a lo largo de la historia del Príncipe-Pavo, el Rebe Najmán llega a caracterizarlo. Simplemente nos dice lo que *hizo*. Puede que tengamos la curiosidad de saber más sobre el Hombre Sabio, y de hecho necesitamos identificarlo, de manera tal de saber a quién debemos acudir para aprender la compasiva Torá de la Teshuva. Pero la personalidad privada del Hombre Sabio es poco significativa para todos. Lo importante es aquello que viene a enseñarnos. Y esto lo aprendemos al examinar lo que de hecho *hace*, los pasos prácticos que toma para curar al Príncipe.

Muchas enseñanzas pueden extraerse de cada palabra y de cada movimiento suyo, algunas de las cuales serán exploradas en los próximos capítulos. Pero ahora, consideremos algunos de los aspectos más generales del Hombre Sabio.

Humildad

En cierto sentido, el Hombre Sabio posee personalidad. Aparece de pronto y no se sabe de dónde. Abandona sus propias y espléndidas vestiduras, sacrificando su dignidad, para descender al mismo lugar en que se halla el Príncipe. Inclusive cuando el Príncipe le pregunta quién es, esquiva la respuesta.

El Hombre Sabio es el modelo del autosacrificio, y la humildad es el fundamento de su sabiduría. "La Sabiduría proviene de *AIN*, de la nada" (Job 28:12). Por supuesto que esto no significa que la sabiduría proviene del quedarse sentado, sin hacer nada. Por el contrario, viene a enseñarnos que, para poder abrirnos a la auténtica sabiduría, debemos aquietar el yo inferior, que constantemente intenta hacerse presente diciendo "*ANI*": "Yo... mí... mío...". Debemos transformar *ANI* en *AIN*, en nada.

La gente tiene toda clase de ideas y teorías propias, pero la verdadera sabiduría comienza al aceptar que, en última instancia, no sabemos nada. Nunca podemos saber si aquello que pensamos es lo correcto o no. Sólo Dios sabe la respuesta. Y sólo Dios sabe qué es lo realmente bueno para nosotros. De aquí se deduce que es la Sabiduría de Dios, la Torá, la única guía cierta en la vida. Para poder superar nuestros problemas de Pavo, lo primero que necesitamos es la humildad como para admitir que debemos dirigirnos a la Torá y a sus maestros en busca de ayuda y guía.

La vida es inmensamente rica en posibilidades de todo tipo, especialmente en aquellas relacionadas con el crecimiento espiritual y la profundización de nuestra conexión con Dios. Pero durante la mayor parte del tiempo, no las podemos ver, debido a que nuestros preconceptos y compromisos se interponen en nuestro camino. En lugar de tratar constantemente de forzar la realidad dentro del rígido marco de tus puntos de vista y opiniones, debes aprender a evitar las conclusiones aceleradas respecto de la gente y de las circunstancias y escuchar el mensaje que la vida trata de darte a *Ti*.

Fe

El Hombre sabio llega y dice: "Yo puedo curar al Príncipe". ¿Qué es lo que lo hace tan confiado? Todos los otros médicos trataron y fallaron. ¿Cómo puede ser tan optimista?

El optimismo del Hombre Sabio proviene de su humildad. Cuando dice "Yo puedo curarlo", no se expresa de manera egoísta, en el sentido de: "mediante *mi* fuerza y el poder de *mis* manos" (Deuteronomio 8:17). El Hombre Sabio sabe que, independientemente de cualquier cosa que él mismo pueda hacer, todo depende de Dios. Cuando el Hombre Sabio dice "Yo", es como uno que trata de borrar constantemente su propio ego y entregarse a sí mismo y a sus facultades al servicio de Dios. Todo poder que posea, es el poder de la Torá, que es la sabiduría suprema de Dios. El Hombre Sabio tiene plena fe en Dios y en la Torá. Y esto es lo que le otorga confianza.

De hecho, Dios es completamente confiable. Dios quiere el bien. Y Dios tiene el poder de hacer cualquier cosa. Dios quiere que el Príncipe, el alma, se cure y Dios tiene una manera de hacer posible incluso aquello que parece imposible. "Incluso cuando las cosas parecen no poder estar peor, hay una manera en que la situación puede transformarse para nuestro bien" (*Rebe Najmán*).

También nosotros debemos creer que, sin importar la condición a la cual hayamos caído, el real deseo de Dios es que podamos alcanzar nuestro completo desarrollo. Debemos tener fe en que Dios tiene el poder de elevarnos, incluso con nuestras faltas y debilidades, aunque hayamos fallado una y otra vez. Debemos tener fe en el poder de la Torá y confiar en que, siguiendo sus sendas, llegaremos al verdadero bien y a la felicidad.

Encontrando el Bien

Cuántos médicos y psiquíatras miran a sus pacientes desde las alturas y fríamente les dicen: "hábleme de su problema". Pero no así el Hombre Sabio. En su humildad, desciende hasta donde se encuentra el Príncipe, bajo la mesa. El Hombre Sabio sólo podrá curar al Príncipe cuando logre extraerle una respuesta desde su abismado yo interior. Para lograrlo, el Hombre Sabio deberá primero llegar a la verdad de la situación del Príncipe. Y para esto, no desarrolla elevadas teorías al respecto, sino que se proyecta a sí mismo directamente hacia allí, buscando la empatía con el Príncipe. El Hombre Sabio se quita sus propias "vestimentas", sus prejuicios y preconceptos, se sienta junto al Príncipe y comienza a conocerlo.

La búsqueda honesta de la verdad es la clave de la redención. No es bueno vivir con ilusiones respecto de uno mismo. Para poder lograr algo en la vida, debemos ser realistas. Y una de las cosas más importantes que podemos aprender del Hombre Sabio es *cómo* ser honestos. Si el Hombre Sabio hubiese mirado solamente la patética apariencia externa del Príncipe, desnudo, graznando como un Pavo y hurgando en la suciedad, habría abandonado, desesperanzado, al igual que los otros médicos. Pero debido a su fe en la omnipresente bondad de Dios, se niega a ser abrumado por las apariencias externas y busca con determinación lo bueno en el Príncipe. El Hombre Sabio *sabe* que debajo del Pavo, la esencia real del Príncipe se halla intacta, aunque escondida. Todo lo que se necesita es despertarla, suavemente pero con determinación.

Necesitamos de esa misma fe al mirarnos a nosotros mismos. Puede que veamos muchas cosas que no nos gusten, pero también debemos buscar el bien que hay dentro nuestro. Debemos ser honestos con nosotros mismos respecto de nosotros mismos, pero la verdad no tiene porqué herir. La humildad no significa que no debe observarse de manera implacable, condenándose a sí mismo y a todo lo que hace como si no tuviese valor alguno. La verdadera humildad es reconocer el propio y real valor y saber que eso es un regalo de Dios a nosotros. Dios creó todo y Dios es bueno. Por lo tanto, el bien puede ser hallado en todas partes y en cada persona. Nunca nadie se encuentra tan alejado como para estar más allá de la redención.

De manera similar, al pensar sobre los diferentes problemas que uno enfrenta, debemos recordar que también en ellos hay un bien, en algún lugar. Dios tiene el poder de transformar todo para beneficio nuestro. Si bien es una locura el minimizar las verdaderas dificultades, debemos tratar de encontrar también los factores positivos. Si las cosas están en contra nuestra, o si nuestros esfuerzos se ven frustrados, no debemos desesperar. Si lo que quieres es la voluntad de Dios, fallar es sólo la preparación para el éxito: tómalo como una señal en el sentido de que debes profundizar tus esfuerzos. Y si luego de todos tus esfuerzos, aún no lo logras, debes tener fe en que sea lo que fuere que Dios desea, será en última instancia para bien.

Paciencia

La fe en Dios le permite al Hombre Sabio acceder a una de las más importantes cualidades necesarias para curar al Príncipe: la paciencia. Dado que está completamente seguro de la bondad de Dios y de Su ayuda constante, el Hombre Sabio no insiste en que las cosas sean de la manera exacta como él quisiese que fueran. Se contenta con aceptarlas de la manera en que Dios quiere que sean. Por el momento, el Príncipe piensa y actúa como un Pavo. Bueno, así es como están las cosas. Lamentarse de la situación o desear que fuese diferente, no es de ayuda alguna. La cuestión es: Qué pasos prácticos pueden darse para llevar esa situación lo más cercana posible a cómo deseamos que sea. Lo que puedas cambiar, cámbialo. Y con aquello que no puedas cambiar, convive de la mejor manera posible, hasta que llegue el momento en que *puedas* hacer algo al respecto.

Muchas veces las personas consideran que si no se puede lograr todo aquello que desean, no vale la pena ni siquiera intentarlo. Y esto es un error. Las cosas no tienen porqué ser "todo o nada". El Hombre Sabio está preparado para vivir con la imperfección, inclusive mientras intenta lograr algún progreso. Las cosas pueden ser "ambos... y...": "Puedes usar una camisa y seguir siendo un Pavo". "Puedes usar pantalones y seguir siendo un Pavo". "Puedes comer una buena comida y seguir siendo un Pavo".

El Rebe Najmán no desperdició una sola palabra al contarnos esta historia, y es notable que repitiera esta idea *tres veces*. Pues ésta es una de las enseñanzas más importantes de todo el cuento.

Cuando quieras cambiarte a ti mismo, de la manera que fuere, deberás ser realista respecto de aquello que eres capaz de lograr ahora y lo que se halla más allá de tu alcance. Debes ser paciente contigo mismo y andar despacio. Puede que seas muy ambicioso, pero es imposible transformarte a ti mismo en un solo paso. Si llegas a cargar un peso más grande del que eres capaz de soportar, puede que termines sin lograr nada. Si intentas cambiar demasiadas cosas de tu vida al mismo tiempo, puede que no puedas hacer frente a todos los cambios, y te arriesgues a terminar peor de lo que comenzaste. Para lograr progresos genuinos, debes contentarte con dar pasos modestos y cortos, uno detrás del otro. Esta es la manera de consolidar lo ganado y construir tu fortaleza.

Al intentar cambiar, puede que veas aspectos de "tu antiguo yo" que salen a la superficie una y otra vez. No permitas que esto te desanime. Continúa con tu trabajo en aquellas áreas en las que hayas decidido concentrarte por el momento. En lugar de dejarte deprimir por aquello que intentas suprimir pero que aún se aferra a ti, alégrate con el nuevo y mejor "yo" que está surgiendo.

Simpleza

Todos los otros médicos han fallado. Puede ser que alguno de ellos haya intentado lograr al menos una cura parcial. Pero aun así, ninguno de ellos pudo hacer nada por el Príncipe. El Hombre Sabio, por otro lado, sólo quería la perfección. Estaba decidido a curarlo completamente. Más allá de su paciencia y de su voluntad en aceptar una mejoría lenta y gradual, el Hombre Sabio era el más ambicioso de todos. ¿Cómo lo logró?

En esencia, mediante la simpleza. La simpleza es otra de las facetas de la humildad. Uno admite las propias limitaciones y en lugar de intentar cosas demasiado difíciles sólo trata de dar pasos simples. Dijo el Rebe Najmán: "Ser simple es el arte más grande de todos" (*Likutey Moharán* II:44). Y el punto está tratado en otra de sus historias.

"Había un rey que envió a su hijo a estudiar a lejanos países. Al tiempo, el hijo volvió al palacio del rey, conocedor de las artes y las ciencias. Un día el rey le dejó instrucciones a su hijo para tomar una determinada roca, grande como la piedra de un molino, y llevarla al piso más alto del palacio. De más está decir que la roca era tan pesada que el príncipe no podía siquiera moverla. Y se deprimió mucho.

"El rey le dijo entonces a su hijo: '¿Realmente imaginaste que yo te pediría realizar algo imposible? ¿Te pediría acaso subir esta roca así, tal cual es? ¿Aún con todo tu conocimiento, cómo lo hubieras logrado? Lo que debes hacer es tomar un martillo y demoler la roca en pequeños trozos. De esta manera podrás subirlos uno por uno y así llevar la roca hasta el último piso'" (*Tzadik* #441).

Demoliendo el Todo en Pequeñas Partes

A veces nuestras personalidades son como pesadas rocas. Se nos pide que elevemos nuestro corazón y que llevemos la conciencia de la Divinidad a todos los aspectos de nuestro ser. "Conoce en este día y asiéntalo en tu corazón, que HaShem es el único Dios en los cielos arriba y abajo en la tierra" (Deuteronomio 4:39). Pero la razón es "un corazón de piedra" (Ezequiel 36:26). La única manera de levantar el corazón es tomar un martillo y romper nuestros objetivos principales, nuestras ambiciones y proyectos, transformándolos en pequeñas tareas, más fáciles de realizar.

El Hombre Sabio quería curar al Príncipe-Pavo de manera total y completa. Su objetivo último era la perfección. Pero al contemplarlo se dijo a sí mismo: "Es imposible lograr todo de una sola vez. Involucra tanto que es abrumador. No puedo intentar algo difícil y complicado. Sólo puedo hacer cosas simples y fáciles. Debo desmenuzar el objetivo a largo plazo y transformarlo en pasos pequeños y manejables".

El Hombre Sabio analiza el objetivo último y lo divide en sub-objetivos y sub-sub-objetivos y desarrolla un orden de prioridades. ¿Qué es lo que se espera del Príncipe una vez curado? Deberá comportarse normalmente, sentándose a la mesa. El sentarse a la mesa implica comer la comida real y usar ropas reales.

Lo primero entonces es lograr que el Príncipe se vista. Pero eso mismo, de por sí, es bastante complicado. Nunca podrá lograr que se ponga todas sus vestimentas de una sola vez. Este sub-objetivo también tendrá que ser dividido en sus partes componentes. El Príncipe tiene que colocarse su camisa, sus pantalones, las medias, los zapatos... El Hombre Sabio desmenuza todo en tareas simples y manejables y procede a cumplirlas una por una. "Se puso una camisa".

En verdad a veces se debe ser paciente y esperar. Pero llegado el momento, se debe *actuar*. Muchas veces la gente se queda sentada sin hacer nada. Pues la tarea que los enfrenta parece abrumadora. Debemos simplificar los grandes objetivos en una serie de pasos pequeños y fáciles. ¿Cuál es el paso siguiente? Entonces ir y cumplirlo.

Tiempo

Para curar al príncipe, el Hombre Sabio dejó de lado toda otra actividad y se hizo del *tiempo* necesario. Y no es que *perdió* el tiempo. Cuando llegó el momento de actuar, ponerse la camisa y los pantalones, o comer la comida real, se lanzó a ello como una flecha e hizo lo que debía ser hecho. Pero una de las partes más importantes de la curación del Príncipe era llegar a conocerlo íntimamente y establecer una buena relación de trabajo con él. Y esto sólo podía lograrlo sentándose pacientemente junto a él durante largos períodos de tiempo, sin apuro para levantarse.

Independientemente de lo que uno quiera lograr en la vida, así sea una tarea específica o el objetivo último de encontrar la plenitud y la felicidad, se le debe dar tiempo. Y no solamente el tiempo requerido para tomar los pasos prácticos necesarios. Más importante aún es el tiempo invertido en determinar *cuál* paso se debe tomar y *cómo* se podrá llegar a lograr lo que uno desea.

La gente tiene todo tipo de ideas respecto de lo que les *gustaría* lograr y que oscilan desde los simples objetivos cotidianos, hasta las ambiciones más grandiosas y todo abarcadoras. Muchas de nuestras ideas no son en absoluto realistas y puede que lo sepamos. Son fantasías que nunca se podrán materializar: nunca abandonarán el ámbito del pensamiento. Puede ser que otras ideas sean más realizables. Potencialmente al menos, tienen esa posibilidad. Y puede que incluso deseemos mucho materializarlas, o pensemos que así lo deseamos. Pero, por alguna causa, nunca lo logramos. Nunca se actualizan. A veces no importa. ¡Las ideas son gratis! ¡Pueden ser algo divertido! ¿Pero qué sucede si los objetivos son importantes?

Tener éxito significa lograr la transición de lo potencial a lo actual. El objetivo comienza como una idea. Puede ser clara o difusa. Para actualizarla, la idea debe ser desarrollada y trabajada. ¿Cuál es la clave del éxito?

Muchas de las cosas que hacemos en nuestras vidas son mera rutina: no necesitamos pensar mucho respecto de ellas. Otras cosas requieren un esfuerzo más consciente. Y éste es precisamente el caso si queremos cambiar algo, tanto en nosotros como en el mundo externo, o si deseamos crear algo nuevo. Cuánto más ambicioso sea el objetivo, más esfuerzo consciente requerirá.

Querer triunfar no es suficiente. Desear algo no lo traerá a nosotros. ¿Cuál es la diferencia entre desear algo y tener la voluntad de lograrlo? No hay magia alguna respecto del poder de la voluntad. Alguna gente consigue que las cosas se hagan. Y no es que tengan un misterioso poder de deseo que les permite automáticamente lograr sus objetivos. Para ello trabajan. Pero el trabajo duro no es suficiente. Para lograr que nuestros esfuerzos nos lleven al éxito, éstos deben estar a tono con el objetivo que buscamos. Debemos tener en claro cuál es nuestro objetivo. El tiempo, la energía y otros recursos, no son ilimitados. Para lograr un objetivo puede que haya que dejar de lado algunos otros. Es posible que tengamos que moderar algunos de nuestros deseos y ambiciones. Habiendo decidido respecto de cuál sea nuestro objetivo, deberemos tomar en cuenta todas las circunstancias relevantes y determinar con exactitud qué es lo que debemos hacer para poder lograrlo, paso a paso. Todo esto requiere un pensar cuidadoso y planificación. Y lleva *tiempo*. Pero tomarse el tiempo para hacerlo, *ahorrará* a la larga nuestro tiempo.

El tiempo es precioso. Todos lo sabemos. El tiempo es vida. Todos debemos morir y nuestro tiempo en esta vida es limitado. Queremos aprovecharlo al máximo. De hecho, puede que queramos obtener tanto de él que sentimos que estamos demasiado ocupados para poder detenernos por un momento y pensar de qué manera estamos usando nuestro tiempo. ¿Y el resultado? Cuán seguido llegamos a situaciones que nos causan una colosal pérdida de tiempo, dejándonos frustrados y desanimados. A veces surge una verdadera crisis que nos fuerza finalmente a pensar las cosas. Pero puede que para ese entonces sea demasiado tarde. Nadie sabe durante cuánto tiempo estará sano o cuándo morirá. ¿Por qué esperar? El tiempo es más precioso que el dinero. El tiempo es amor. Todas las mejores ideas del mundo no te podrán ayudar si no te tomas el tiempo para ponerlas en práctica. Dándote tiempo, para desarrollar tus objetivos, para analizar lo que te retiene, para decidir cómo superar los obstáculos y lograr lo que deseas, es el más grande amor que puedes mostrarte a ti mismo.

El Sabio Dentro de Nosotros

En la historia, tanto el Hombre Sabio como el Príncipe-Pavo son dos personajes distintos. Pero también es posible verlos como simbólicos de dos facetas diferentes de nosotros mismos. Puede que seamos Príncipes o Princesas con nuestros propios problemas de Pavo, pero también tenemos al Sabio dentro de nosotros, un nivel de nuestro ser desde el cual somos capaces de observarnos a nosotros mismos con calma y claridad, sin engañarnos y sabiendo qué es lo que realmente debemos hacer, llevándonos de la mano para realizarlo.

Para lograr nuestra verdadera plenitud, debemos fortalecer a este Sabio dentro nuestro. Y lo hacemos estudiando las enseñanzas de los más sobresalientes maestros y guías de la Torá. Observando seriamente cómo ellas se aplican a nosotros y estudiando la manera de cómo podemos ponerlas en práctica.

"Con inteligencia", dijo el Rebe Najmán, "puedes sobreponerte a todas las debilidades humanas... Todos tienen el potencial de la sabiduría. Lo único que hace falta es actualizarlo... Puede que hayas sucumbido al deseo y pecado de muchas maneras. Puede ser que hayas dañado tu intelecto, haciéndolo confuso y débil, pero aún tienes alguna inteligencia y esto es suficiente para superar todas las debilidades humanas. Un grano de inteligencia puede sobreponerse al mundo y a todas sus tentaciones" (*Sabiduría y Enseñanzas del Rabí Najmán de Breslov* #51).

4

EL ARTE DE SENTARSE

El Hombre Sabio se quitó todas sus ropas y
se sentó debajo de la mesa...

*El único motivo por el cual la gente se encuentra lejos de Dios,
y no se acerca a Él, es que no posee yishuv ha-daat, calma y
claridad, y no se sienta a pensar. Lo más importante es tratar
de sentarse con calma y pensar cuidadosamente hacia dónde
llevan en definitiva todos los deseos del cuerpo, las ansias
psicológicas y las ocupaciones materiales de este mundo,
y entonces de seguro que uno retornará a Dios.*

Likutey Moharán II:10

E l Hombre Sabio descendió bajo la mesa y lo primero que hizo,
su primera lección, fue simplemente sentarse. Uno podría
haber pensado que estaría ansioso por comenzar y dar el primer
paso en su plan para curar al Príncipe. De hecho, sentarse *fue* el
primer paso.

Si se piensa la historia en su conjunto, se observa que el
tiempo que le insumió al Hombre Sabio curar al Príncipe, consistió,
en su mayor parte, simplemente en estar sentado junto a él (además
de picotear migajas y huesos y cloquear como un Pavo, charlar,
etcétera). La acción misma, ponerse la camisa y los pantalones y
comer la comida real, ocupó sólo una pequeña parte del tiempo
necesario para la curación.

Si se quiere pensar con claridad, es necesario poder sentarse. Para encontrar la felicidad duradera, hay que tomarse el tiempo para pensar. Es necesario sentarse y, con calma, determinar con exactitud la manera en que uno quiere vivir. Se debe pensar respecto de quién es uno y qué es lo que quiere y respecto de lo que deberían ser sus objetivos. Luego, hay que analizar lo que se está haciendo en la vida y preguntarse si eso nos está llevando hacia nuestras metas, o si, de hecho, nos aleja de ellas. Debemos desarrollar programas de acción práctica en vista de lograr nuestros objetivos y ambiciones. Y pensar todo esto lleva tiempo. No es algo que uno pueda hacer en una sola sesión. Para lograrlo de manera apropiada, se debe invertir en sesiones regulares, privadas y sin interrupciones. Puede ser que ésta sea la cosa más importante que uno pueda hacer, para realizarse en la vida y encontrar a HaShem.

"Es un obsequio", decía el Rebé Najmán, "que uno pueda sentarse con calma, durante un tiempo cada día, observar la vida de uno y trabajar sobre los sentimientos y pesares, etcétera. No todos logran este estado de calma y contemplación durante un tiempo, diariamente: los días pasan y se van y uno está demasiado ocupado como para sentarse y aquietar la mente, aunque sea una sola vez en la vida.

"Debes hacer el esfuerzo y separar un momento especial dedicándolo a reflexionar cuidadosamente respecto de todo lo que estás haciendo en la vida. Debes examinarte a ti mismo y examinar tu comportamiento, y preguntarte si todo aquello que estás haciendo redunda a favor de tus mejores intereses.

"Al no darse el tiempo necesario para examinarse a sí misma, la gente atraviesa la vida en forma inconsciente. Incluso aquellos momentos en que puede lograr algo de claridad y comprensión, suelen ser cortos y fugaces. Hasta la claridad y comprensión que uno posee no es lo suficientemente fuerte y penetrante. Y por esto la gente no comprende la locura del mundo material. Si se posee una fuerte y clara comprensión, es posible llegar a entender cómo todo es locura y vanidad" (*Sabiduría y Enseñanzas del Rabí Najmán de Breslov* #47).

Yishuv Ha-Daat

Para poder pensar con calma, uno debe ser capaz de sentarse en calma. Pero, ¡inténtelo! Busque un lugar privado, tenga un reloj a mano para controlar el tiempo y siéntese en una silla, durante veinte minutos. Fíjese lo que sucede.

¿Cómo le fue? ¿Pudo pensar? ¿Tenía una idea clara respecto de cómo quería pasar esos veinte minutos? ¿O se sentó allí, sin saber lo que se supone que debería estar haciendo? ¿Se sintió aburrido e inquieto? ¿Quiso levantarse y hacer algo? ¿Tuvo ganas de encender la radio, escuchar música, leer algo, hacer una llamada telefónica, volver al trabajo...?

El pensamiento se encuentra en la mente y en el corazón. Para poder pensar con claridad, uno debe evitar ser distraído. Y éste es el motivo de buscar un lugar privado: minimizar la distracción externa. Pero inclusive encontrando un lugar donde se pueda estar solo, la fuente de distracción más activa en la vida, proviene de dentro de uno: del propio cuerpo. El cuerpo se expresa en su propio lenguaje: sintiéndose incómodo, moviéndose, tratando de acomodarse, volviéndose inquieto, etcétera. Y además, el cuerpo habla fuerte y claro, dentro de la mente y del corazón, compitiendo con nuestros esfuerzos para pensar, comprender y seguir nuestra cadena de razonamientos y sentimientos hasta el final. Interfiere en medio de nuestra reflexión: "¡Tengo hambre!". "Tengo sueño!". "Tengo que moverme... hacer una llamada...", etcétera.

De hecho, el cuerpo y su fiel embajador, el Alma Animal, son tan activos y poderosos en la vida de la mayoría de las personas, que puede resultar *imposible* disciplinarse y tener el tiempo para sentarse y pensar. Solemos planificar nuestras cosas a medias (si es que las planificamos) y saltar a la acción de inmediato. Muy seguido nos encontramos divididos respecto de lo que realmente queremos: el Príncipe quiere una cosa y el Pavo otra. En lugar de seguir nuestro objetivo de manera coherente, nos dejamos distraer y nos vamos por las ramas. Inclusive los obstáculos más simples nos sacan de nuestra ruta, así sean obstáculos del mundo externo o de dentro nuestro. Terminamos entonces desanimados debido a estas idas y vueltas y fracasos.

O también, puede que nos encontremos tan ocupados y tensos que no tengamos *tiempo* para pensar en las cosas; o tan desanimados y depresivos que no *queramos* pensar en nada.

Para poder curar al Príncipe-Pavo demente, el Hombre Sabio comenzó por sentarse, pues la habilidad de sentarse con calma es uno de los requisitos más importantes para la claridad mental. Para ser capaz de pensar con claridad y encarar las situaciones, el cuerpo debe estar confortable y quieto. El término hebreo que designa el estado de calma y mente aquietada, *yishuv ha-daat*, está unido al concepto de sentarse. *Daat*, comúnmente traducido como conocimiento, se refiere al estado de atención consciente, intelectual, emocional, meditativa, intuitiva, o a alguna de sus combinaciones. La palabra *yishuv* es un sustantivo proveniente de la raíz hebrea *yashav*, que significa sentarse, descansar o habitar.

El verbo *yashav* posee también una forma transitiva, *le-yashev*, que significa *hacer* que alguien o algo se siente, o habite (un buen equivalente en el idioma castellano sería el verbo "asentar", que puede ser utilizado de ambas formas, de manera intransitiva: "se asentó en un lugar" y de manera transitiva: "asentó a alguien en algún lugar"). *Le-yashev et ha-daat* significa, entonces, asentar la mente, preparar a la mente para recibir *daat*. Un *yishuv* es un asentamiento y *yishuv ha-daat* significa el asentamiento de la conciencia, un marco mental definido y asentado.

Lo primero que se debe hacer para esto es sentarse confortablemente. En su comentario al versículo primero del Libro de Ester, los Rabinos muestran una conexión entre la claridad y calma de la mente y el estar sentado: "Y fue en los días de Asueros… cuando el Rey Asueros se *sentaba* en su trono real… en el tercer año de su reinado…" (Ester 1:1-3). "Porqué se nos dice que estaba *sentado*?", preguntan los Rabinos. "Significa que ahora *su mente estaba asentada*" (*Meguila* 21a).

Sentarse en este sentido no significa sólo el acto físico de descansar el cuerpo. Sugiere el principio de hacer un alto en las actividades cotidianas para poder pensar y desentrañar los problemas. La palabra hebrea que designa el sentarse, *shevet*, está conectada con la idea de *Shabat*, que es cuando hacemos una pausa y nos separamos de las actividades cotidianas para poder cultivar el espíritu.

Bilbul Ha-Daat

El opuesto de *Yishuv ha-daat* es *bilbul ha-daat. Bilbul* significa confusión, turbulencia y desorden: el estado de *bilbul ha-daat* es aquel en el cual es imposible concentrarse con claridad en una sola idea, o seguir una cadena de pensamiento. La mente corre, incontrolada, de una distracción a otra. Los pensamientos compulsivos, las necesidades internas, los impulsos, los miedos y las preocupaciones compiten para captar nuestra atención, en una interminable sucesión de distracciones externas. También puede suceder que uno se sienta tan aplastado por el cansancio, la dejadez y la depresión que la entera conciencia parezca enturbiada.

Bilbul ha-daat es el equivalente mental de la tensión corporal. En un estado de tensión, los músculos del cuerpo se contraen en exceso, más de lo necesario para la acción emprendida. Puede que usted esté tratando de hacer algo determinado, mientras que su cuerpo, consciente o inconscientemente, está ocupado en alguna otra cosa, algo que lo pone en contra de usted. De manera similar, en un estado de *bilbul ha-daat*, puede que usted esté tratando de dirigir su mente en una dirección y se encuentre constantemente arrastrado por otras sendas de pensamiento, sentimiento y deseo. El Alma Divina busca en una dirección, pero el Alma Animal interfiere constantemente.

No toda tensión es mala. Así como la actividad corporal requiere la contracción de los músculos apropiados, de manera similar, la actividad mental efectiva requiere *atención* y completa dedicación de las facultades relevantes. La mala tensión es una tensión excesiva o contraria, respecto de lo que se necesita y busca.

Sentarse en Calma

¿Cómo podemos liberarnos de la tensión innecesaria y de la

estrechez que nos impide pensar con claridad y actuar con determinación en la búsqueda de nuestros objetivos?

Es importante comprender que la tensión corporal y la turbulencia mental se encuentran, la mayoría de las veces, profundamente enraizadas en uno o en varios factores físicos, emocionales, espirituales y ambientales. Las tensiones generadas por la vida contemporánea, las condiciones de trabajo y los problemas diarios, con frecuencia se combinan, reforzando el conjunto de las poderosas barreras interiores, que se han ido construyendo desde la temprana niñez y a lo largo de nuestra educación y experiencias. A la larga, la única manera de lograr una profunda y duradera liberación, es mediante un completo proceso de autocomprensión y autotransformación.

Pero, hay un procedimiento simple y práctico que puede ayudar a romper el ciclo vicioso de la tensión y la estrechez, permitiendo enfrentar las raíces más profundas del problema. Sentarse simplemente en una silla, con calma y en un estado de relajación, puede liberar la mente y ayudar a ponerse en contacto con los pensamientos, los sentimientos y los poderes creativos. Una a una se aflojan las tensiones y ellas desaparecen, dejando un sentimiento de profunda calma, de liberación, claridad, elevada sensibilidad y alerta. Los sonidos, la vista, los gustos, los olores y los sentimientos se tornan más vívidos. Se hace más fácil el pensar, comprender, recordar y trabajar sobre los problemas. Se pueden entonces lograr nuevas percepciones y una creciente conciencia de la dimensión espiritual de la vida.

Los beneficios derivados del sentarse en calma y relajadamente son tan grandes que bien vale la pena dedicar tiempo al aprendizaje de este arte. Al principio, tendrá que concentrarse más en la técnica de la relajación corporal, pero una vez que la domine podrá entrar al estado de relajación rápidamente y disfrutar de los beneficios intelectuales, emocionales y espirituales que ello puede otorgar.

Aprendiendo la Técnica

Disponga de alrededor de veinte minutos para la sesión

inicial, tanto como para darse el tiempo de experimentar una relajación profunda. No es bueno practicar estando apurado, pues lo inhibirá de una relajación completa. No practique inmediatamente después de las comidas o cuando esté cansado, pues puede quedarse dormido. Las sesiones deberán ser tranquilas y descansadas, otorgándole nuevas energías. Pero si las usa solamente como una forma de descanso, es probable que no logre la completa experiencia de liberación y aumento de la conciencia que ella induce.

Busque un lugar tranquilo donde pueda estar a solas, preferiblemente con luz tenue, un mínimo de distracciones y sin música de fondo. La habitación deberá tener una temperatura ambiente agradable y estar libre de olores y asociaciones desagradables. Arregle las cosas de tal manera que alguien se pueda hacer cargo de las llamadas telefónicas, o desconecte el teléfono, si es que no tiene un contestador automático. Use ropa confortable. Antes de comenzar, y de ser necesario, vaya al *toilet* y si también lo desea, refrésquese lavando sus manos y rostro. Puede ser útil el hacer un suave estiramiento y movimientos flojos antes de comenzar.

La posición sentada es la más indicada para lograr el alerta mental deseado y para un pensar claro. Las posiciones reclinadas pueden ser más apropiadas para la relajación pura del cuerpo. El Rebe Najmán recomienda acostarse con los ojos cerrados durante media hora como una excelente manera de descansar (*Avanea Barzel* #33). Pero el estar acostado de espalda no es una postura apropiada para el trabajo espiritual. Se puede con facilidad quedar soñoliento y dormido (ver también *Shuljan Aruj, Even HaEzer* 23:3).

Elija una silla de respaldo recto, con un asiento plano y firme, o si lo prefiere, un sillón donde pueda apoyar su cabeza. Los pies deberán estar bien planos contra el suelo, separados unos quince centímetros o cruzados a la altura de los tobillos. Siéntese bien atrás, de manera que la pelvis y la base de la espalda tengan un soporte (de ser necesario puede agregar un pequeño almohadón contra la base de la espalda). Siéntese erguido pero no con rigidez: permita que su cuerpo se alargue y expanda naturalmente.

Su cabeza debe estar encima del cuello, en suave alineación con el cuello y el torso, como si una línea recta invisible se extendiera hacia abajo, desde el centro del cráneo, a través de la columna vertebral. De esta manera, la cabeza estará bien asentada en el cuello y no se caerá hacia adelante o atrás, al profundizar la relajación. Las manos pueden descansar en el regazo o sobre los muslos, con los dedos flojos.

Relajación Progresiva

Hay dos disolventes que remueven la tensión de los músculos: la conciencia y la confianza. La conciencia ilumina como una linterna sobre cada parte del cuerpo. Primero se localiza la atención en aquello que se está sintiendo en un punto determinado. Luego se relaja, confiando en HaShem. La relajación es esencialmente simple. Proviene del *no*-hacer. Uno simplemente *deja ir* la tensión. En lugar de tratar de mantener sus músculos en tensión, confíe en HaShem y entréguele el control miembro por miembro. Él se hará cargo de usted y llenará su cuerpo con nueva energía.

Al aprender el proceso de relajación, lo primero es comenzar tensando cada grupo de músculos por separado y ser conscientes de cómo se sienten. Luego, aflojarlos y entregarlos a HaShem, experimentando cómo se sienten al estar relajados. Más tarde, al haber aprendido la técnica, ya no será necesario tensar los músculos primero: estará lo suficientemente sensibilizado como para reconocer cuándo los músculos están tensos y tendrá el hábito de entregarlos a HaShem.

Cierre los ojos y respire con calma, profundamente, un par de veces. Focalice su atención en cómo lo siente. Su respiración pronto se acomodará a un ritmo parejo. Luego de un momento, cierre su puño derecho y manténgalo así durante cinco segundos; tome conciencia de la sensación de tensión. Afloje el puño y deje ir la tensión, note la diferencia en la sensación.

Ahora repítalo con el puño izquierdo (puede que una persona zurda desee comenzar con esta mano). Luego haga lo mismo con los músculos de la parte superior del brazo (bíceps) y del hombro derecho; después con el bíceps y hombro del brazo izquierdo. Ahora lleve la atención hacia sus pies. Comience con el pie derecho (o izquierdo si así lo prefiere) y cierre los dedos. Luego relájelos. Haga lo mismo con el otro pie. Ahora contraiga el músculo de la pantorrilla, en la cara posterior de la parte inferior de la pierna derecha (si comienza a acalambrarse, deténgase y descanse un momento, luego inténtelo nuevamente, con más suavidad). Luego contraiga la pantorrilla de la pierna izquierda. Ahora relájese. Luego trabaje de manera similar y por turno, con los muslos y glúteos.

Es importante aprender a relajar el abdomen, pues es un área que comúnmente y de manera inconsciente, tensamos en respuesta a los miedos, la ansiedad, etcétera. Vacíe los pulmones de aire, empuje los músculos abdominales hacia atrás, hacia la columna vertebral y aflójelos. Luego, tome conciencia de las tensiones en la parte inferior de la espalda arqueando la columna mientras mantiene la pelvis y los hombros abajo; luego descienda la columna a su lugar de descanso. Empuje los omóplatos hacia adentro, para tensar la parte superior de la espalda y luego aflójelos. Ahora lleve los hombros hacia delante, curve la espalda y hunda el pecho. Y afloje. Encójase de hombros y luego déjelos caer de manera que pueda sentir cómo los brazos cuelgan de ellos.

El cuello es otra de las partes del cuerpo que refleja las tensiones internas. Ahora tensione los músculos del cuello y aflójelos. Y por último lleve la atención hacia su rostro. Los músculos faciales reflejan de manera directa sus sentimientos y pueden ser los más difíciles de relajar. Endurezca la mandíbula apretando los dientes. Y afloje. Apriete los labios uno contra otro y afloje. Curve la lengua hacia arriba y presione sobre el paladar, adelante y atrás, y afloje. Manteniendo los ojos cerrados, gire los ojos lo máximo posible hacia la derecha, luego hacia la izquierda, arriba y abajo. Y afloje. Ahora cierre los párpados con fuerza y afloje. Finalmente, frunza el ceño lo más fuerte que pueda y afloje los músculos de la frente y el cuero cabelludo.

Relajación Física y Atención Mental

Ahora, inspire lentamente y en profundidad, dejando luego salir el aire de los pulmones lentamente hasta llegar al final natural de la exhalación. Su cuerpo comenzará automáticamente la siguiente inspiración. Ahora entregue su respiración a HaShem. Con cada nueva exhalación, deje que el aire salga de los pulmones, permitiendo que la exhalación termine por sí misma. Entonces deje que la inspiración se produzca *sola*. Permita que su cuerpo respire de manera completamente natural, sin su intervención.

Luego, deje todo como está. Disfrute de la sensación de completa relajación y de pasividad corporal. Por el momento, no trate de dirigir a su mente. Simplemente, tome conciencia de cómo puede estar completamente relajado a nivel corporal, mientras que mentalmente se encuentra alerta y atento. Al principio, la sensación puede ser extraña. Pero al ir acostumbrándose notará que en esos preciosos momentos el tiempo parece detenerse. Si lo desea, puede aprender a dirigir la mente de la manera que quiera. Con experiencia, verá que en este estado se pueden lograr algunas de las más claras ideas, pensamientos creativos e inspiración.

Al finalizar, cuando sienta que desea levantarse, piense en cuánto ha disfrutado la paz y la tranquilidad de la sesión. Agradezca a HaShem por la experiencia. Exprese su gratitud en su corazón o susurre algunas palabras de agradecimiento. Luego haga cuatro o cinco inspiraciones. Comience moviendo los dedos de la mano y de los pies, lentamente, luego los brazos y piernas y cuando se sienta dispuesto, levántese.

No se sorprenda si en la primera sesión no logra una relajación completa o duradera, ni claridad o comprensión. Incluso en los mejores momentos los estados de claridad y comprensión vienen y van. Por naturaleza, el despertar espiritual y la comprensión son espontáneos y no pueden ser forzados. Puede que usted haga todo lo necesario para una buena sesión de relajación y al final se dé cuenta que se encuentra más encerrado en sus tensiones, preocupaciones, pensamientos molestos y emociones que antes, y más aún, dado que ahora usted *sabe* lo tenso que está.

La sola relajación no alivia las causas profundas de la constricción mental. Pero puede ayudar a *ablandar* suficientemente nuestras tensiones y otros factores inhibitorios, colocándonos en un marco mental correcto y permitiéndonos profundizar en nosotros mismos, trabajando sobre las causas básicas y lograr cambios profundos en nuestros hábitos y estilos de vida, cambios que son necesarios si es que realmente queremos alcanzar nuestro verdadero potencial espiritual.

Aplicaciones

Al ir ganando experiencia en la práctica del "sentarse en calma", llegará a tener una mayor comprensión respecto de los lugares en donde su cuerpo tiende a tensionarse y bajo qué condiciones. Conocer las diferentes localizaciones de la tensión, le permitirá relajarse más rápidamente. Con el tiempo, la relajación dejará de ser un simple ejercicio, permitiéndole alcanzarla con mayor flexibilidad, pudiendo así aprovecharla para el trabajo mental y espiritual específico que desee realizar.

Al llegar a este estado, no será ya necesario ser riguroso respecto del tiempo de las sesiones, o mantener una posición de inmovilidad. A veces puede ser que desee un período corto de relajación o sólo algunos minutos. En otro momento puede que quiera permanecer sentado por períodos más largos de contemplación. Si al estar sentado se encuentra algo incómodo e inquieto, pero aún desea continuar, puede levantarse y caminar un poco, estirándose con suavidad, volviendo luego a sentarse. Si comienza a adormilarse, respire profundamente dos o tres veces y luego continúe con el trabajo que desea.

Hay muchas maneras en las que puede utilizarse este ejercicio de relajación, en vistas a potenciar su vida y actividades. Una sesión realizada como primera actividad en la mañana, puede permitirle recibir a HaShem con alegría y encarar su día con más calma y fuerza interior. Luego de períodos de intensa actividad, cinco o diez minutos de una relajación profunda, le permitirán recuperar las fuerzas y continuar con aquello que debe realizar con un mayor ímpetu y atención. A veces, cuando se sienta particularmente tenso y nervioso, una sesión de relajación puede ayudarle a desenmarañar sus pensamientos y emociones, permitiéndole una valiosa comprensión respecto de lo que subyace en la raíz de la tensión. Si tiene un problema en particular, o un tema sobre el que necesite trabajar, trate de pensar en ello mientras se halla sentado en este estado de relajación.

La técnica de relajación puede servir como una actividad preliminar de suma importancia, respecto de diferentes tareas y especialmente del *Hitbodedut,* que es la meditación regular sobre la vida y actividades de cada uno, técnica que será discutida en detalle más adelante (Capítulo 6). También es importante como preparación para el estudio de la Torá y la plegaria. Así, encontramos que "los hombres piadosos de antaño hacían una pausa antes de la plegaria, con la finalidad de dirigir sus corazones a su Padre en el Cielo" (*Berajot* 30b). De manera similar, Rabi Jaim Vital, maestro cabalista del siglo dieciséis, menciona un estado de completa relajación física como condición previa a la meditación profunda: "Cierre sus ojos y elimine de su mente todos los pensamientos mundanos, como si su alma hubiese salido de su cuerpo y se encontrara vacío de toda sensación física (*Shaarey Kedusha* 3:8).

El Arte de la Pausa

Luego de aprender a obtener claridad y control durante los períodos del "sentarse en calma", el próximo paso consiste en cultivar este mismo estado mental en la vida diaria. Para lograrlo es necesario crearse el hábito de hacer pequeñas pausas de un minuto o dos, o a veces inclusive de segundos, a lo largo de los períodos de actividad cotidiana.

Los ritmos de actividad y descanso son parte integral de nuestra constitución. Estamos despiertos y luego nos vamos a dormir; picos de actividad mental o física son seguidos por períodos de relajación y descanso. Nuestra vida diaria es una sutil mezcla, en la cual la actividad y el descanso se dejan lugar, uno al otro, al ritmo de los sucesivos pensamientos, sentimientos, palabras, acciones y movimientos que aparecen y desaparecen de continuo. La pausa es algo que hacemos de manera natural en nuestras vidas.

Tenemos el poder de hacer ajustes concientes en nuestros ritmos de actividad, de manera tal que podamos mejorar la cualidad de sus rendimientos. La tendencia a dilatar o retrasar lo que debemos hacer es algo contra lo que debemos luchar si queremos triunfar en nuestro emprendimiento. Pero las pausas creativas no son en absoluto una indulgencia perezosa. Son una parte vital del proceso de logro, en todas las esferas.

A veces puede ser que necesite sólo unos segundos, otras algo más, quizás un minuto o dos, y a veces un período más largo. La manera cómo utilice el tiempo, tanto para una relajación rápida, como para realizar una o dos respiraciones profundas, o concentrarse en lo que está haciendo, ofrecer una plegaria de ayuda, etcétera, depende de las necesidades específicas de cada momento, antes, durante o después de sus diversas actividades. Inclusive cuando se está apurado, la mejor manera de hacer las cosas no es necesariamente corriendo. Con la práctica, incluso pausas de fracciones de segundo serán suficientes para liberarlo de la tensión y prepararlo para la nueva fase de la actividad en la que se halla involucrado, otorgándole un sentimiento de calma y confianza, inclusive cuando se halle trabajando bajo una gran presión.

La pausa es de especial importancia para todas las clases de trabajo espiritual. "Al encarar un acto de devoción espiritual o una mitzva, no se debe entrar a ello súbitamente y con prisa, pues la mente no estará preparada y será imposible reflexionar sobre lo que uno está haciendo... Uno debe tomarse el tiempo de preparar el corazón, entrando a un estado de contemplación en el cual se pueda reflexionar sobre lo que uno va a hacer y delante de quién lo hará. Concentrándose de esta manera, es más fácil eliminar las motivaciones y pensamientos extraños y enfocar el corazón con la intención correcta" (*Mesilat Yesharim* 17; ver también *Jaiei Adam*, Leyes de la Plegaria y Bendiciones 68:25).

Antes de recitar una bendición o plegaria, haga una breve pausa y enfoque su mente. Cuando está por realizar una mitzva, deténgase un momento y piense en lo que está por hacer. Los libros de plegarias suelen incluir una serie de meditaciones cortas que deben ser dichas antes de ponerse el Talet y los Tefilin, al entrar a la sinagoga, al recitar ciertas plegarias, estudiar Torá y cumplir otras mitzvot (ver *Iesod ve-Shoresh Ha-Avoda*, passim). Durante el hitbodedut, mientras dice sus oraciones, o durante una sesión de estudio, deténgase de tiempo en tiempo, para relajar y aclarar su mente. Recuérdese respecto de sus objetivos y vuelva a concentrarse en lo que está haciendo. Al terminar sus sesiones y tareas, etcétera, tómese uno o dos minutos para relajarse simplemente, dejar a su mente ordenarse respecto de lo que estuvo haciendo y agradecer a HaShem por Su bondad y maravillas.

5

MIGAJAS Y HUESOS

El Hombre Sabio hurgaba también migajas y huesos...

La salud física y el bienestar corporal son algunas de
las sendas hacia Dios, dado que es virtualmente imposible
comprender o saber algo sobre el Creador si uno está enfermo.
Por lo tanto, se debe evitar todo aquello que pueda dañar
al cuerpo y seguir las prácticas conducentes a la
salud y la curación.

Rambam, Mishne Torá, Hiljot Deot 4

Por lo pronto, inclusive las sutiles delicias del sentarse en calma
y la contemplación tenían muy poco atractivo para el Príncipe,
comparadas con la excitación del hurgar entre migajas y huesos.
Lo primero que hizo el Hombre Sabio para traer de vuelta al Príncipe
y, paso a paso, llevarlo a ser él mismo, fue descender al lugar
adonde él estaba. El Hombre Sabio también comenzó a hurgar
migajas y huesos y, de hecho, lo hacía a su propia y sabia manera.
Pues una de las más importantes lecciones que el Hombre Sabio
debía enseñar al Príncipe era *cómo* debía ser un Pavo, cómo
debía vivir en su cuerpo.

Cuerpo, Mente y Alma

Al sentarnos y tratar de aclarar nuestra mente, comenzamos
a darnos cuenta de lo lejos que nos hallamos de la claridad real.

La gente que experimenta con la práctica de "sentarse en calma", con frecuencia se encuentra luchando contra el sueño, la inquietud, la tensión nerviosa y demás. La mayoría de nosotros sufre de problemas similares también durante el curso de otras actividades, pero puede ser que estemos tan acostumbrados a ello que las demos por descontadas. Pero al sentarnos y tratar de lograr un estado de conciencia elevada, nos damos cuenta de su efecto perturbador, no sólo sobre nuestros esfuerzos para permanecer en calma y pensar con claridad, sino en nuestras vidas en general. Inclusive podemos llegar a preguntarnos si es que, en definitiva, podremos hacer algo al respecto.

Algunos de los más significativos factores fisiológicos y psicológicos que contribuyen a generar esos problemas, se encuentran en nuestros patrones de conducta relacionados con la alimentación, la respiración y el ejercicio (o la falta de éste). La relación entre los desórdenes físicos y los estados mentales no es un tema del cual trataremos en este trabajo. Así y todo, mucha gente que aparentemente posee un perfecto estado de salud, encuentra que problemas tales como falta de ánimo, opacidad mental, dificultad en la concentración, pereza, negatividad y depresión, etcétera, tienden a interferir con sus esfuerzos para encaminarse a una vida más espiritual.

A veces, estos problemas pueden estar asociados con una mala alimentación y con malos hábitos respiratorios, o con ejercicios inadecuados. Inclusive pequeños ajustes en estos patrones de conducta pueden tener un marcado efecto en la tensión física, la claridad mental, la eficiencia y la productividad, la espiritualidad y el disfrute general de la vida.

COMER

El hombre justo come para satisfacción de su alma.
Proverbios 13:25

Tan pronto como esos llamativos trozos de comida empezaban a caer de la mesa, comenzaba el accionar del Príncipe-Pavo... Lanzándose hacia aquí, corriendo para allá, tomando el trozo en plena caída, aferrándolo, engulléndoselo, gorgoteando… El éxtasis gastronómico es el todo en la vida de Pavo.

Este picotear entre migajas y huesos era mucho más que un síntoma de la locura del Príncipe. Era uno de los factores principales que lo mantenían encerrado en ese estado. Sus hábitos compulsivos de alimentación eran como los de un Pavo y en sí mismos lo hacían sentir como tal. Y más aún, pues las migajas y huesos y toda la otra comida de deshecho que componía la dieta del Príncipe, agregaba combustible a los estados Pavos de conciencia, los que se aferraban a su mente y oscurecían la percepción de su verdadera esencia.

Al describir la manera como el Príncipe-Pavo pasaba su tiempo, hurgando entre migajas y huesos, el Rebe Najmán enfatiza la relación existente entre los malos hábitos de alimentación y la falta de espiritualidad. "Comer correctamente disminuye la tendencia hacia la locura, ampliando las capacidades intelectuales y espirituales… Pero cuando uno se sobrepasa y come como un glotón, la locura le ganará de mano y abrumará sus facultades intelectuales y espirituales" (*Likutey Moharán* I:17,3).

Nuestra cultura se interesa sobremanera y, obsesivamente, respecto del efecto que tiene la dieta sobre la salud corporal. Pero mucha menor atención se le presta al efecto que la dieta tiene sobre la salud de la mente y del alma. Una correcta nutrición es crucial para la salud del cuerpo y la salud del cuerpo es un factor vital en la salud mental y espiritual. Pero, la comida que ingerimos no es meramente una sustancia física. Todo en la creación contiene "chispas divinas", energía espiritual. Cuando comemos y digerimos nuestro alimento, el cuerpo extrae de él no sólo las sustancias que necesita para formarse y obtener su combustible. Al mismo tiempo, las energías sutiles de ese alimento se elevan hasta el cerebro y el alma, influyendo sobre nuestros estados mentales, nuestros pensamientos, sentimientos, palabras y acciones.

"Nuestros estados mentales", dice el Rebe Najmán, "se corresponden directamente con aquello con lo cual nos alimentamos. Cuando el cuerpo es puro, la mente está clara y uno puede pensar con propiedad y saber lo que tiene que hacer en la vida. Pero las impurezas del cuerpo hacen que los gases pútridos se eleven hasta el cerebro, arrojando a la mente en una confusión tal que le es imposible pensar correctamente" (*Likutey Moharán* I:61,1). Es tan directo el efecto de lo que comemos y nuestra manera de pensar y sentir, que el Rebe Najmán, al hablar de la relación entre la comida y los sueños nos dice que "si una persona comiera su segunda cucharada antes de la primera, tendría sueños diferentes" (*Ibid*, I:19: final).

El tipo de comida que ingerimos, sus cantidades y hasta el momento y el lugar en donde la comemos, puede tener una influencia decisiva en nuestros niveles de energía, modos, actitudes, habilidad para pensar, sentir, etcétera. Comer la comida incorrecta, o inclusive la comida apropiada pero de una manera incorrecta, puede ser la causa de un exceso de fatiga, somnolencia, dejadez, depresión, opacidad mental, nerviosismo, tensión, ansiedad, impulsividad, excitabilidad, etcétera.

Aquello que Usted Come: Kashrut

Hasta los alimentos más simples deben pasar a través de muchos procesos con el fin de extraer de ellos las sustancias no aptas para el consumo humano. Por ejemplo, para hacer pan, los granos de trigo deben ser separados del rastrojo, la suciedad y las piedras deben ser quitadas, los granos triturados y la cáscara separada. Sólo entonces la harina resultante puede ser mezclada con el agua y luego horneada.

En el plano espiritual, también hay procesos paralelos de purificación. Las diversas y elaboradas leyes de la Kashrut, son una guía para evitar que introduzcamos en nuestro cuerpo sustancias que dañen el alma, tales como las especies prohibidas de animales, pescados e insectos, la sangre, la grasa prohibida de los animales, las mezclas de carne cocida con leche, etcétera.

Todo aquel que busque claridad mental y pureza espiritual hará bien en prestar una dedicada atención a la Kashrut. Por ejemplo, un pequeño insecto ingerido con la fruta o con un vegetal, que no haya sido apropiadamente revisado, puede dar origen a una serie de destructivos pensamientos de negatividad, cerrando las sendas de la espiritualidad, sin que uno siquiera se haya percatado de ello. Lo mismo se aplica a las otras comidas prohibidas tanto por la Torá como por disposición rabínica.

Se le debe dedicar tiempo al estudio de los diferentes aspectos de las Leyes de la Kashrut y de ser necesario, considerar cómo reestructurar los propios hábitos alimenticios.

Aquello que Usted Come: Dieta para una Mente Clara

Asegurarnos que nuestra comida es técnicamente kosher, es sólo el primer paso en el comer para bien de nuestras mentes y almas. Las fuentes tradicionales de la Torá hacen referencia respecto de aquellos alimentos que son saludables, de algunos otros que lo son menos y de otros que son extremadamente dañinos. Pero, debido a la revolución producida en la agricultura y en las técnicas de producción de alimentos, de su preservación y transporte, la mayoría de la gente tiene acceso, en la actualidad, a una amplia gama de alimentos mucho mayor que la de sus abuelos y antepasados. Y éstos incluyen comidas exóticas, alimentos fuera de estación, pre-cocidos, comidas rápidas y también alimentos que contienen todo tipo de preservativos y aditivos. Por lo tanto, no debemos esperar, al respecto, una guía directa por parte de las fuentes clásicas de Torá, en relación a nuestras compras de alimentos en la actualidad.

La constitución física de las personas varía enormemente. Diferentes personas tienen diferentes necesidades alimenticias y pueden reaccionar a determinados alimentos de manera distinta. "Cada individuo debe consultar con los médicos expertos respecto de los mejores alimentos necesarios para su constitución particular, el lugar y el tiempo" (*Kitzur Shuljan Aruj*, 32:7). Las personas que no puedan recurrir a un nutricionista competente, pueden consultar textos referentes al tema. Lo importante es apuntar al desarrollo de una dieta que le provea de todas las necesidades nutricionales, de una manera balanceada y le otorgue una genuina y duradera satisfacción. Para descubrir la manera en que reacciona respecto de los diferentes alimentos, puede llevar un cuaderno de notas en el cual consigne aquello que come, cuándo y cómo se sintió después.

Obviamente, el café, el té y otros estimulantes no son aconsejables para aquellos que busquen reducir la tensión y experimentar una mayor calma. El exceso de alimentos muy refinados y procesados puede llevar a un desequilibro nutricional, generando una amplia gama de problemas. El consumo de azúcar refinada, en grandes cantidades, causa fluctuaciones rápidas en los niveles de azúcar de la sangre y es uno de los responsables de la fatiga, la depresión, la falta de claridad, etcétera. En cambio, un aumento en la proporción de los carbohidratos complejos en la dieta diaria (derivados de granos como el mijo, el arroz integral, cereales, vegetales, semillas, nueces, trigo sarraceno y frutas en cantidades moderadas), puede ayudar a estabilizar los niveles de azúcar en la sangre, generando un funcionamiento óptimo y eliminando el deseo por las comidas dulces, complejas y nada saludables. En general, lo aconsejable es, en la medida de lo posible, comer comidas en su estado natural, sin procesar. No sólo *aquello* que se come, sino también la manera en que se *combinan* los diferentes tipos de alimentos en la dieta pueden tener un efecto significativo en los niveles de energía durante el día y sobre la manera en que se piensa y se siente.

El vegetarianismo como tal, no es una parte integral del camino espiritual judío, y algunos Rabinos notables de Kabalá enseñan que la carne de los animales y de los peces contiene poderosas chispas de Divinidad, y que debe ser comida con gran santidad, para poder así elevarlas. El Rebe Najmán aconsejaba a algunos de sus seguidores abstenerse de comer productos animales durante veinticuatro horas, una vez por semana (*Sabiduría y Enseñanzas del Rabí Najmán de Breslov* #185).

Cuándo y Cuánto se Debe Comer

1– Coma solamente cuando tenga hambre.

2– Beba solamente cuando tenga sed.

3– No coma hasta el punto en que su estómago esté completamente lleno, sino un cuarto menos de esa cantidad.

4– Beba lo mínimo con la comida. Sólo cuando la comida haya comenzado a ser digerida debería beber y aún entonces,

solamente lo necesario.
5– Siempre trate de comer sentado, en un solo lugar.
6– No se dedique a ninguna actividad física cansadora hasta que el
alimento haya sido digerido. No se acueste a dormir inmediatamente
después de comer, sino luego de tres o cuatro horas.

Rambam, Hiljot Deot 4:1-3, 5.

"Comer en demasía", dice el Rambam, "Es como veneno para el cuerpo... La mayoría de las enfermedades se deben tanto a la ingestión de alimentos dañinos, como al comer en demasía, inclusive alimentos aptos" (*Ibid.* 4:15). "Y esto sucede en el plano físico", dice el Rebe Najmán. "En el plano espiritual, la persona que come como un animal pierde la comprensión espiritual" (*Sabiduría y Enseñanzas del Rabí Najmán de Breslov* #143).

La mayoría de la gente es conciente que comer en demasía puede producirles somnolencia, pesadez, depresión y dificultad en la concentración, pero en general no se dan cuenta que inclusive comer moderadamente puede tener también un efecto negativo en las funciones físicas y mentales y embotar su sensibilidad espiritual.

Si sospecha que sus actuales patrones de alimentación tienen una influencia negativa sobre sus niveles de energía, estados de ánimo, alerta y claridad perceptiva, a lo largo del día y en especial cuando desea concentrarse, pensar con claridad, estudiar, orar, meditar, etcétera, intente experimentar con sus horarios de comida y con la clase, cantidad y combinación de alimentos que ingiere en los diferentes momentos del día. Evite organizar sus sesiones de estudio, plegaria y meditación inmediatamente después de las comidas.

La Manera en que Usted Come: Por Favor y Gracias

La mesa es comparada al altar del Templo (*Berajot* 55a). Allí eran llevados los representantes de los mundos mineral, vegetal y animal, en forma de sal, harina, aceite, vino, pájaros y animales. Eran sacrificados y transmutados en un "perfume dulce para HaShem" (Levítico 1:9). De la misma manera, cuando comemos, nuestra tarea es elevar la energía de la comida material que consumimos, dedicándola a la Torá, a la plegaria, a las mitzvot y al servicio de HaShem (ver *Iesod ve-Shoresh Ha-Avoda* 7:2).

Espiritualizar el acto de comer requiere concentración. Se debe preparar la mesa antes de comenzar la comida y sentarse a comer y beber con un estado mental de tranquilidad. Cuando sea obligatorio, como antes de comer pan, uno debe realizar el ritual del lavado de las manos, que son los instrumentos de la acción material, elevándolas hacia arriba, hacia la cabeza, para demostrar que deseamos usarlas para alimentar nuestros cuerpos en bien de nuestra alma.

Los momentos más importantes son el recitado de las bendiciones de antes y después de la comida. Mediante estas bendiciones, elevamos las chispas Divinas que se hallan en el alimento. Cuando esté por decir la bendición de antes de la comida, haga una pausa y prepárese. Reflexione respecto de cómo ese alimento específico llegó a ser, a través de las maravillas del Creador y sobre la energía que contiene, la que le será útil para servir a Dios a través de la Torá, la plegaria y el cumplimiento de las mitzvot. Mientras recita la bendición, piense en Dios y en la gratitud que Se le debe por ese alimento.

"Tenga cuidado de no tragar la comida apresuradamente. Coma de manera moderada, con calma y con las mismas maneras que tendría de hallarse frente a un huésped importante. Siempre debe comer de esta manera, inclusive cuando lo haga estando solo" (*Tzadik* #515). Mastique con cuidado, pues éste es el comienzo de la digestión (*Kitzur Shuljan Aruj*, 32:13). Y esto también le dará una mayor satisfacción. Mientras mastica y saborea la comida, tenga en mente cómo la energía espiritual de la comida está siendo refinada y elevada.

Mucha gente olvida lo que ha comido tan pronto como lo ingiere (al menos que tenga una indigestión). Pero, incluso después de haber tragado, el cuerpo continúa trabajando, disolviendo el alimento y distribuyendo los nutrientes según la necesidad. En el plano espiritual, el proceso de refinación y elevación continúa, transformando la energía espiritual del alimento en nuestros pensamientos, palabras y actos de santidad.

Por lo tanto, finalizamos el acto de comer con la bendición apropiada para después de la comida. Agradecemos a Dios por el alimento y por la energía física y espiritual que contiene, recordándonos que Dios se ocupa de nosotros y nos provee de todo lo necesario. Rogamos por la restauración espiritual del Pueblo Judío y del santo Templo, reafirmando así nuestras más preciosas esperanzas y aspiraciones de la vida.

Si a menudo le sucede tener que comer con apuro, o bajo presión, no abandone la esperanza de poder hacerlo alguna vez de la manera correcta. Descubra qué comida rápida le satisface más, esté más de acuerdo con sus necesidades de trabajo y le ofrezca el mejor equilibrio de nutrientes. Trate de prepararla con anticipación, de manera tal que no tenga que arreglarse con la comida incorrecta, pues "eso era todo lo que se podía encontrar en ese bar". Inclusive estando apurado, es posible tomarse un momento extra y decir las bendiciones con la debida concentración.

El principal objetivo al comer durante los seis días de la semana, debe ser nutrir nuestro cuerpo para que pueda funcionar correctamente durante el desarrollo de nuestras actividades. Pero, en Shabat, el propósito al comer es totalmente distinto: es para el deleite del alma. Se debe poner un especial cuidado y esfuerzo en el embellecimiento de la mesa de Shabat, y usar las tres comidas del Shabat como momentos para concentrarse en las dimensiones espirituales del comer.

Ayuno

En otras épocas, el ayuno era una parte importante del sendero espiritual Judío. Pero una de las innovaciones del movimiento Jasídico fue tomar en cuenta la mayor debilidad física de las últimas generaciones y utilizar otros caminos para lograr la pureza espiritual y la devoción. Así, el Rebe Najmán indicó explícitamente a sus seguidores que no debían ayunar, excepto, por supuesto, en los días dispuestos para ello en el calendario religioso (*Tzadik* #491).

Esto no significa que el Jasidismo otorgue licencia para comer sin disciplina. De alguna manera, el comer moderadamente y con decencia, en todo momento, es una disciplina mucho más dura. Si bien no se recomienda más la abstinencia completa de comida y bebida, hay veces en que un ayuno parcial (por ejemplo, sólo jugos o una dieta cuidadosamente restringida) durante períodos limitados de tiempo, puede ser de gran valor para la limpieza del cuerpo y la claridad de la mente. Pero esto sólo debe ser realizado bajo la guía de un experto.

Considere los días de ayuno prescriptos en el calendario religioso como una oportunidad para limpiar su cuerpo y alma. Si toma la precaución de cuidar la forma como se alimenta antes del ayuno, sin comer en demasía o en defecto, eso le ayudará a hacer más fácil el ayuno y a tener más fuerzas y claridad mental. Uno de los aspectos más importantes del ayuno es la manera cómo se lo termina: es muy destructivo y desmoralizante terminar un buen ayuno con una comilona desenfrenada.

Cambiando los Hábitos Alimenticios

La relación entre los hábitos alimenticios, los niveles de energía y los estados mentales es tan sutil, que bien pueden pasar años de prueba y error antes que uno pueda descubrir los patrones de comida y de alimento que mejor se avengan a su única y propia constitución y estilo de vida; desarrollando además la suficiente disciplina como para comer correctamente.

Nunca trate de introducir cambios repentinamente. Corre el riesgo de hacer más un daño que un bien, pudiendo además reaccionar y regresar con más fuerza a sus hábitos anteriores. Si reconoce que las malas comidas juegan un rol muy importante en su dieta actual, no es lo más inteligente cortar todo de una sola vez. La mejor manera es encontrar alimentos mejores que las vayan suplantando. La manera más fácil de eliminar un mal hábito es desarrollando uno bueno en su lugar. Haga lo que pueda para mejorar sus hábitos alimenticios, paso a paso, pero recuerde que necesita de la ayuda de Dios. Ore con regularidad pidiendo ayuda en el comer para satisfacción de su alma.

RESPIRAR

El aliento es la vitalidad del hombre.
Si falta el aliento, falta la vida.

Likutey Moharán I:8

Es de suponer que además de hurgar entre migajas y huesos, el Príncipe se sentaba a descansar. Y que también antes de la llegada de su extraño compañero, quizás pasara esos momentos mirando indiferente hacia la nada. Pero ahora sí que había algo interesante para observar. El Hombre Sabio, fingiendo ser un Pavo, estaba sentado allí, en calma contemplación, durante largos períodos de tiempo. Y todo lo que podía observar el Príncipe, y con creciente curiosidad, era su pausada y profunda respiración.

La Respiración y el Alma

Mientras estamos vivos todos respiramos y la manera en que lo hacemos afecta nuestra salud corporal y fuerza, nuestros niveles de energía y los estados de nuestra mente y de nuestra alma. Cada una de las actividades de la vida se halla relacionada con este proceso fundamental, mediante el cual el oxígeno, vital para nuestras células, entra a la sangre a la vez que se elimina el deshecho de dióxido de carbono.

Las criaturas vivas se definen como "todo lo que tenía en sus narices hálito de espíritu de vida" (Génesis 7:22). La vida del hombre comenzó cuando Dios "sopló en sus narices el aliento de vida" (*Ibid.* 2:7). La íntima relación entre nuestros estados espirituales y la respiración está reflejada en el modo en que se describe a los Hijos de Israel durante el exilio en Egipto. Estaban demasiado impacientes y desesperanzados como para escuchar el mensaje espiritual que les traía Moisés "debido a la *falta de aliento* y al trabajo duro" (Éxodo 6:9). Cuando oramos para obtener una renovación espiritual, le pedimos a Dios: "crea dentro mío un corazón puro y renueva un *aliento* recto dentro de mí" (Salmos 51:12).

"Lámpara de Dios es el alma del hombre" (Proverbios 20:27). La Jasidut explica la relación existente entre el corazón y el cuerpo, entre la respiración, la mente y el alma, mediante la imagen de una lámpara de aceite. La luz de la llama es la mente y el alma. La mecha de la lámpara corresponde al cerebro físico. El aceite que se eleva por la mecha, para combustión de la llama, simboliza los aceites vitales y fluidos del cuerpo, los que se elevan hasta el cerebro y se "queman", dando energía a las actividades de la mente y del alma.

La Jasidut enseña que la combustión pareja de la llama, la mente y el alma, depende de la respiración. Si no fuese por las alas de los pulmones que abanican y soplan sobre el corazón, éste, con sus arrasadoras pasiones, quemaría todo el cuerpo. El efecto enfriador de los pulmones, trayendo el aire frío desde el exterior, impide que el corazón queme todos los fluidos del cuerpo, permitiendo así que el aceite se eleve hacia la lámpara, el cerebro, manteniendo su combustión pareja, en clara contemplación y entendimiento.

"El alma, la *neshamá* del hombre, es una lámpara de Dios". La palabra *neshamá* está relacionada con la palabra hebrea *neshima*, que significa respiración. Podemos leer el versículo, entonces, como si dijese: "Lámpara de Dios es la *respiración* del hombre", lo que nos enseña que cuando se respira con plenitud, la lámpara se enciende con brillo y el alma Divina ilumina en nosotros (ver *Likutey Moharán* I, 60:3).

Controlando los Estados Mentales mediante la Respiración

La respiración es una de las actividades más importantes mediante la cual podemos afectar no solamente nuestro funcionamiento físico, sino también nuestra calma, nuestra claridad y el estado mental y espiritual. Todos sabemos que el esfuerzo físico causa agitación y un aumento en el ritmo respiratorio y que el nerviosismo y la tensión están acompañados por la falta de aliento. En cambio, los estados de descanso y tranquilidad están asociados con el respirar más profundo y suave.

Y nuestro respirar no solamente responde a cambios temporarios y casuales. En mucha gente, cierto grupo de comportamientos que han llegado a formar parte de sus personalidades, crean patrones distintivos de respiración desordenada, que a su vez afectan su completo funcionamiento y estados de conciencia. En su conjunto, nuestra cultura frenética y materialista, bien puede ser denominada cultura de la falta de aliento.

Pese al hecho de que el aire es una de las pocas cosas en la vida que no cuestan nada, la inmensa mayoría de la población tiene muy poca conciencia respecto de la importancia de la manera en que respira. Por supuesto que hay una noción del daño causado por la polución del aire, sobre todo en las áreas urbanas. Hace casi ochocientos años, el Rambam, discutiendo el tema de la calidad del aire en la ciudad medieval, escribió que "un pequeño cambio en la calidad del aire causa, en una mucho mayor proporción, un cambio en la calidad de la actividad mental y esto explica porqué mucha gente funciona de manera disminuida en proporción a la baja calidad del aire; es decir, que muestran signos de confusión mental, baja comprensión, mala habilidad de razonamiento y una pobre memoria" (*Hanjagat Ha-Briut* 4:2).

Si esto es lo que produce la poca cantidad de aire sobre nuestras funciones mentales, es fácil deducir el efecto desastroso que tendrá sobre la conciencia la mala respiración que exhibe mucha gente, al restringir el fluir del aire en los pulmones, muchas veces de manera drástica. Las condiciones estresantes de la vida contemporánea en general, y nuestros propios problemas como individuos, tienden a causar contracturas y distorsiones en nuestra postura corporal, inhibiendo así la exhalación del aire usado y haciendo inadecuada la inhalación del aire fresco.

La respiración es una función autorregulada y tiene la capacidad de recuperarse del cansancio y el mal funcionamiento, de manera automática, tan pronto como termina la situación que produjera el disturbio. Pero, en general, desafortunadamente, en lugar de permitir a nuestra respiración el retorno a su curso normal, nos aferramos a las maneras alteradas de respiración, incluso después que desaparezcan los eventos que produjeron la distorsión. Eventualmente, se hacen habituales y nuestro respirar no recupera su fluir original.

La respiración es un proceso orgánico auto-regulado, controlado por el sistema nervioso involuntario, pero, a diferencia de otras funciones involuntarias, se encuentra bajo la influencia parcial del sistema nervioso voluntario. En otras palabras, tenemos la habilidad de controlar conscientemente nuestra respiración.

Respirar es, pues, uno de los medios físicos más importantes para influenciar nuestros estados psicológicos y espirituales. Un mejoramiento en la respiración puede llevar a un nuevo mundo de bienestar, agregando energía, ausencia de fatiga, calma interior, aumento en la sensibilidad y mayor claridad mental.

La Respiración en la Kabalá y en la Jasidut

Entre las técnicas de meditación Kabalistas practicadas en la época de los Profetas y hasta la Edad Media, e inclusive en nuestros días dentro de unos pocos círculos herméticos, se encuentran complicadas meditaciones en las cuales la contemplación de las letras de los Nombres de Dios, en hebreo, van asociadas con determinadas pautas de respiración (ver Rabi Aryeh Kaplan, *Meditation and the Bible* y *Meditation and the Kabbalah*, esp. pp. 87-106). De hecho, es necesario un profundo conocimiento de la Kabalá para comenzar a comprender estos métodos, sin hablar siquiera de practicarlos.

Las enseñanzas Jasídicas abren una senda de devoción accesible inclusive a quien no posee conocimientos de Kabalá, y en los escritos del Rebe Najmán, donde la respiración es un tema recurrente, el énfasis está puesto sobre el respirar profundo y suave (ver en especial *Likutey Moharán* I:8, 60, 109 y II:5, etcétera y *Tzadik* #163). Por lo tanto, pondremos aquí especial énfasis sobre el respirar profundo y pleno, como manera de maximizar nuestro funcionamiento físico, mental y espiritual.

Práctica de Respiración

Para llegar a desarrollar hábitos respiratorios correctos es muy útil comprender primero cómo funciona el proceso fisiológico de la respiración. Le será de mucha utilidad dedicar algún tiempo a la realización de algunas sesiones de exploración y práctica con la finalidad de sensibilizar las diferentes partes del cuerpo que intervienen en el proceso y darse cuenta de cualquier hábito enquistado que pueda estar inhibiendo su respirar, aprendiendo así y controlando hábitos más sanos con los cuales remplazarlos. (Aquellos que estén enfermos no deberían trabajar con su respiración, salvo bajo supervisión médica).

Tómese el tiempo para sentarse y ser consciente de la manera en la cual respira. Concéntrese en el proceso respiratorio. Es bueno cerrar los ojos, pues lo ayudará a focalizar en las sensaciones y sentimientos. Si bien es imposible, en estado saludable, sentir en sí mismos el diafragma y los pulmones, en cambio es posible sentir el efecto del respirar en otras partes del cuerpo, especialmente el abdomen, que se hunde al contraerse el diafragma y la caja torácica, que se expande al acomodar el aire que entra en los pulmones.

La Exhalación

Una buena respiración comienza con una lenta y completa exhalación. Esta exhalación es el pre-requisito absoluto para una correcta y completa inhalación, pues, a menos que el recipiente esté vacío, no podrá ser llenado. Si no exhalamos totalmente, es imposible respirar con corrección. Por lo tanto, una respiración normal comienza con una lenta y calma exhalación, llevada a cabo mediante la relajación de los músculos inspiratorios. El pecho se hunde bajo su propio peso, expeliendo el aire. Para terminar la exhalación, los músculos abdominales ayudan a vaciar los pulmones lo más completamente posible, por medio de una contracción que expele los últimos restos del aire usado.

Debido a la característica esponjosa de su tejido, siempre

queda un residuo de aire impuro en los pulmones. Debemos tratar de minimizar este residuo, pues conjuntamente con el aire fresco que proviene de la inhalación, conforma la totalidad del aire que respiramos. Cuanto más completa sea la exhalación, mayor será la cantidad de aire fresco que entre a los pulmones y más puro será el aire en contacto con las superficies alveolares.

Observe cómo exhala. ¿Siente que está inhibiendo su exhalación, impidiendo la exhalación completa del aire usado? Unos suspiros podrán ayudarle a respirar con normalidad. Otra forma simple de superar una exhalación incompleta es contar hasta tres, lentamente, a final de la exhalación, antes de volver a tomar aire. Repita esta operación en un ciclo de cinco a seis respiraciones.

La Pausa

Mucha gente cree que nuestra función respiratoria está compuesta por el rítmico sucederse de dos fases: exhalación e inspiración. Pero no es así. El ritmo respiratorio tiene tres componentes: exhalación, pausa e inspiración. La pausa nos da un descanso al esfuerzo de la exhalación y nos permite recuperar la energía necesaria para la próxima inspiración. La pausa no es un período neutro donde nada sucede, sino una parte vital del proceso respiratorio.

Si se interfiere con el largo de la pausa respiratoria, acortándola aunque sea un poco, nos encontraremos agitados y presionados. Una pausa prolongada en el ritmo respiratorio tendrá un efecto calmante y traerá un sentimiento de tranquilidad, desplazando la sensación de estar bajo presión. No se deberá tratar de hacer la pausa de manera voluntaria, dado que su duración varía de acuerdo a las diferentes demandas respiratorias y a los diferentes momentos. Deberá tratar de ser consciente de las maneras en las que puede llegar a inhibir la pausa, generando así sentimientos de estrés.

La Inhalación

La inhalación está compuesta de tres fases, siendo necesario aprender a distinguirlas antes de comenzar la práctica de la respiración. Identifique la sensación muscular asociada a cada fase.

Respiración diafragmática: Es la respiración abdominal, inducida por la contracción de las fibras musculares del diafragma, que como una cúpula, se aplana y se levanta. Esto aumenta el volumen de los pulmones, trayendo el aire hacia ellos, a través de la tráquea, la nariz y la boca. Al contraerse el diafragma, la base de los pulmones se llena de aire y la región abdominal se dilata. Este método de respiración es el más adecuado. Será más fácil llegar a reconocerlo, practicándolo acostados boca arriba, dado que en esta posición es más fácil relajar los músculos de la pared abdominal que son los que nos permiten mantenernos erguidos al estar sentados o al caminar. Más adelante aprenderá a respirar desde el diafragma cuando lo requiera, incluso al caminar o correr.

Respiración intercostal: Se logra elevando las costillas mediante la dilatación de la caja torácica, o la pared del pecho, como si fuesen un par de fuelles. De esta manera se expande la sección media de los pulmones, permitiendo que entre el aire, pero en menor cantidad que en la respiración diafragmática. La respiración intercostal requiere algo más de esfuerzo. Combinada con la respiración diafragmática ventila adecuadamente los pulmones.

Respiración clavicular: Es la respiración generada desde la parte superior de los pulmones, producida por la expansión de esa zona mediante la elevación de la parte superior del tórax, levantando las clavículas y los hombros. Esta respiración con la parte superior del pecho es poco profunda e inadecuada, asociada normalmente con posturas encorvadas o rígidas y con estados de ansiedad y tensión.

Observe la manera como respira sin intentar modificarla. ¿Suele privilegiar alguno de estos tres métodos de respiración por sobre los otros? ¿Está inhibiendo inconscientemente, de alguna manera, el instinto natural de su cuerpo en el uso de estos tres métodos, restringiendo el libre fluir que debe existir entre uno y el otro?

La Respiración Completa

Una buena respiración incorpora los tres métodos, integrados en un solo movimiento, completo y rítmico. Salvo que esté resfriado, es importante respirar por la nariz. Tanto la exhalación como la inhalación deben hacerse de manera silenciosa, lenta, continuada y fácil. No se infle como un globo. Respire con facilidad sin esforzarse.

Permita que sus pulmones se vacíen completamente. Al final de la exhalación hay un breve momento de pausa, mientras detenemos la respiración con los pulmones vacíos. Habiendo llegado a ese punto, se dará cuenta que la respiración comienza por sí misma. Relaje el estómago y deje que el aire entre.

Los músculos abdominales deberán estar relajados. Mucha gente cree, equivocadamente, que están respirando desde el estómago, debido a que tensan los músculos abdominales, pero de hecho el aire entra en sus pulmones debido al aplanamiento de la cúpula del diafragma. La sensación deberá ser la de llenado y elevación natural del abdomen... Luego, expanda las costillas sin forzarlas... Finalmente, deje que los pulmones se llenen completamente. Permita que las clavículas se eleven por sí mismas sin levantar los hombros deliberadamente. Evite tensar los músculos de las manos, cara y cuello, particularmente durante esta última etapa de la respiración.

A lo largo de este proceso, el aire deberá entrar como una corriente continua, sin sobresaltos. Si la nariz, la garganta, el cuello y los músculos de la espalda están relajados, no deberá haber ruido alguno. Cuando el respirar es lento, profundo y completo, el intercambio de gases en los pulmones se encuentra en su punto óptimo, con un máximo de absorción del vital oxígeno y la expulsión del desperdicio de dióxido de carbono.

Cuando los pulmones se hallen completamente llenos, exhale, bajando primero las clavículas y las costillas y dejando que el diafragma se expanda y lleve el aire usado fuera de los pulmones.

Hiperventilación

Si durante la práctica llega a respirar de una manera más plena que la normal, es posible que tenga una hiperventilación. Esto es resultado de haber espirado tan profundamente, que la cantidad de oxígeno en la sangre llega a ser superior a la que puede utilizar. Se puede reconocer este estado por la sensación de mareo, por un sentimiento súbito de cansancio o un pequeño malestar.

La solución radica en utilizar el exceso de oxígeno en la ejecución de algunos movimientos vigorosos, tales como levantarse y caminar, o estirar los brazos con los puños cerrados un par de veces. Tan pronto como se sienta bien, continúe la práctica. Si vuelve a sentirse mareado, detenga la práctica por el momento. Puede ser que necesite esperar una hora o más, o incluso hasta el próximo día, antes de continuar.

Cuando su respiración se haga más eficiente y aumente su capacidad vital, desarrollará una mayor tolerancia al oxígeno y difícilmente vuelva a sufrir de hiperventilación.

La Respiración en la Vida Cotidiana

Se puede practicar la respiración en cualquier momento que uno lo desee: en casa, en el trabajo, cuando se descansa, esperando el autobús o una reunión, caminando, viajando, etcétera. Sea consciente de la manera como respira y respire lo más hondo posible. Gradualmente adquirirá el hábito de la respiración plena, mejorando su método de respirar.

No hay una sola y única manera correcta de respirar, válida para todas las personas, en todo momento. Tenemos diferentes necesidades respiratorias en momentos diferentes. De hecho, necesitamos respirar más rápido durante los períodos de actividad física, ejercicios y demás, que cuando estamos sentados concentrados, descansando, meditando, etcétera. Incluso movimientos comparativamente simples, tales como el levantarse de la silla necesitan de un incremento en el ritmo respiratorio.

Lo mejor es dejar que nuestra respiración se ajuste libremente a las necesidades específicas de cada momento. El objetivo deberá ser *eliminar el mal funcionamiento respiratorio*, evitando las tensiones y corrigiendo los malos hábitos que inhiben el ritmo respiratorio largo y pleno al cual tiende nuestro cuerpo de manera instintiva. Dedique una especial atención a la relajación de los músculos del estómago y del pecho.

Al despertar, en la mañana, unas diez respiraciones lentas y profundas lo ayudarán a eliminar la somnolencia y la pesadez y lo prepararán para las actividades del día. De vez en cuando, a lo largo del día, deténgase para re-energizarse mediante algunas respiraciones lentas y profundas. Si se siente adormilado cuando necesita estar despierto, respire profundamente y de manera plena. Incluya la respiración en la práctica de la pausa a lo largo de sus actividades (ver más arriba).

Trate de estar consciente de su respiración mientras trabaja, estudia, ora y medita. El respirar de manera profunda y plena lo mantendrá fresco, alerta y equilibrado, ayudándolo en su concentración. No olvide respirar mientras está interactuando con otras personas: utilice las pausas en la conversación o en los momentos en que la otra persona está hablando, para respirar plenamente, una o dos veces. Respirar profundamente antes de ir a dormir, en la noche, lo relajará, preparándolo para un sueño descansado y renovador.

La Respiración en la Meditación y la Plegaria

Una manera de desarrollar la práctica sentada de relajación es dedicarle un tiempo para la respiración. Concentrarse en la respiración permite entrar en un estado de profunda calma y clara contemplación. Durante la sesión de práctica sentada, luego de haber eliminado las tensiones corporales y alcanzado una completa relajación, concéntrese en su respiración. Observe cada fase del proceso respiratorio: la lenta y prolongada exhalación, la pausa, la manera en que el abdomen comienza a elevarse... Sienta cómo la corriente de aire fresco entra por su nariz y desciende hasta los pulmones.

Entregue su respiración a Dios, permitiendo que el cuerpo respire de manera natural, completa y profundamente, sin ninguna clase de interferencias. Piense cómo el aire fresco que está entrando en sus pulmones es suavemente ventilado hacia el corazón, permitiendo que la sangre enriquecida y vital se eleve y alimente el cerebro, haciendo que brille la lámpara de su mente, de su alma y de su conciencia.

Antes de comenzar a orar, concéntrese y respire profundamente, pensando como Dios le está enviando vida a través del aire que respira. La plegaria está hecha de palabras y canciones y tanto unas como otras dependen de nuestro aliento. Piense cómo su respiración es parte de la canción universal en la cual "el aliento de toda vida bendecirá Tu nombre, HaShem, nuestro Dios, y el espíritu de toda carne glorificará y exaltará Tu memoria siempre..." (de *Nishmat*, de la liturgia de la mañana del Shabat).

Manténgase consciente de su respiración mientras recita las oraciones. Con el tiempo, podrá llegar a respirar rítmicamente, siguiendo las plegarias y utilizando el momento de tomar aire para hacer una pausa y concentrarse en el significado de las palabras que está por decir, de manera tal que al pronunciarlas durante la exhalación, ellas estén llenas de sentido.

En los momentos más importantes del servicio, tales como el recitado del Shemá y la Amidá, y en especial el primer párrafo, tómese un tiempo extra para respirar en profundidad y concentrarse cuidadosamente en el significado de las palabras. Cuando desee orar con especial intensidad, respire profundamente antes de cada oración o frase de la plegaria, concentrándose para recitarla y expresando con fervor las palabras al exhalar.

Renovación: Una Kavaná para Respirar

El significado básico de la palabra hebrea *Kavaná* es apuntar o dirigir, tal como el arquero apunta una flecha. En la literatura espiritual judía, se denomina Kavaná al pensamiento que se tiene en mente al recitar una oración o realizar una acción santa, una mitzva o una buena acción. De esta manera, se dirige la mente, concentrándola en un pensamiento determinado.

El Rebe Najmán nos ha dado una Kavaná muy simple referente a la respiración; es decir, un pensamiento que hay que tener en mente al respirar y al cual podemos retornar cuando queramos, tanto durante las horas de actividad diaria como en los momentos especiales de meditación.

La idea es considerar la respiración como una renovación. Nunca dejamos de respirar, haciendo salir constantemente el aire usado y tomando el aire fresco. El Rebe Najmán enseña que el aire físico que respiramos tiene una contrapartida espiritual: está el aire fresco, bueno y santo, del cual toma su energía el Tzadik, y el aire malo, estancado e impuro que hace surgir el pecado.

Para renovarse a uno mismo y acercarse a Dios, es necesario deshacerse del aire malo y respirar el bueno. Cuando una persona muere, exhala un largo suspiro y la vida la abandona. De alguna manera, cada exhalación es una muerte: la muerte del momento pasado al exhalar el aire usado. Esta muerte es la preparación para un renacimiento: el nacimiento de un nuevo momento.

Al exhalar, saque todo el aire usado de dentro suyo, teniendo en mente que se está deshaciendo del aire malo, de la impureza. Entonces, al volver a respirar, concéntrese en cómo trae el aire fresco, puro y bueno y cómo se está uniendo así a la santidad y a la vida. Exhale recordando todo aquello que haya hecho mal en su vida, sacando el aire usado e impuro que se encuentra dentro suyo, afectándole la mente. Exhale sus tensiones y malos sentimientos, e inhale el aire fresco y bueno de la santidad. Inhale nueva vida. Esta es la manera de pasar de la impureza a la santidad (*Tzadik* #163).

Esta Kavaná puede ser usada en cualquier momento, a lo largo del día, cuando desee concentrarse en la respiración. Si la usa regularmente, tendrá un constante sentimiento de revitalización, al obtener más vida con cada inspiración, a cada nuevo momento.

Esta Kavaná puede ser usada también en las sesiones de

meditación, para liberar tensiones, sentimientos y patrones negativos de conducta profundamente arraigados. Al exhalar, traiga a la conciencia sus sentimientos malos y colóquelos en el aire que expele. Exhale profundamente y descargue toda la negatividad fuera de su sistema. Luego, al inspirar, concéntrese en los pensamientos y sentimientos positivos, trayendo así dentro suyo, junto con el aire fresco que ingresa, bondad, santidad y pureza.

EJERCICIOS

Aunque coma buenos alimentos y cuide su salud, si se sienta confortablemente y no se ejercita, sufrirá de constantes dolores y su fuerza disminuirá.

Mishne Tora, Hiljot Deot 4:15

Inclusive los pavos parecen apreciar la importancia del ejercicio físico. Los buenos observadores saben que los pavos tienen momentos especiales para abrir sus colas, dejar caer las alas, retraer la cabeza, sacudir sus crestas y andar pavoneándose de aquí para allá, hasta que sus cabezas se colorean de azul y blanco.

Es muy probable que el Hombre Sabio siguiera su propia rutina para mantenerse en forma, pues "el ejercicio es fundamental para el mantenimiento de la buena salud y la resistencia ante la mayor parte de las enfermedades" (Rambam, *Hanhagat Ha-Briut* I:3), y la Torá nos ordena "cuidar vuestra alma vital" (Deuteronomio 4:9).

El ejercicio mejora la circulación sanguínea, trae más oxígeno a cada célula del cuerpo, acelera los metabolismos lentos, estimula el funcionamiento de las glándulas y órganos internos, mejora la digestión, facilita la evacuación de las sustancias venenosas del cuerpo, reduce el riesgo de muchas enfermedades, mantiene los músculos en forma, firmes y flexibles, desarrolla la coordinación y el equilibrio, aumenta los reflejos, reduce el estrés, mejora el sueño, aumenta la energía y ayuda a mantener el cuerpo relajado y la mente tranquila.

Como dice el Rambam: "No hay sustituto para el ejercicio. El ejercicio aumenta el calor natural del cuerpo y facilita la eliminación de las sustancias de deshecho. En cambio, una vida puramente sedentaria disminuye el calor natural del cuerpo de manera que aunque los productos de deshecho se generan constantemente, no son expelidos. Las sustancias de deshecho se generan aunque uno ingiera alimentos de las más alta calidad y en la cantidad adecuada. El ejercicio permite deshacerse de estas sustancias, e incluso neutralizar los daños producidos por muchos hábitos malsanos" (*Hanhagat Ha-Briut* I:3).

La Guemará dice: "en Shabat no hacemos ejercicios" (*Shabat* 147a), reconociendo así, de manera implícita, los beneficios que se derivan de los ejercicios durante los otros seis días de la semana. El trabajo sobre el cuerpo, por motivos puramente materiales, fue siempre mal visto en los círculos Judíos, en especial desde el tercer siglo A.E.C., cuando la gimnasia era uno de los instrumentos más importantes utilizados por los griegos en su intento por subvertir la cultura de la Torá. Y esto, conjuntamente con cientos de años de exilio y persecución que no dieron mucha posibilidad a los Judíos para ocuparse específicamente de sus cuerpos, puede explicar en parte la difundida falta de atención al ejercicio en las comunidades religiosas Judías de hoy en día.

Sin embargo, en las últimas generaciones, importantes maestros de la Torá, incluyendo al Rabí Israel Meir Kagen, el "Jofetz Jaim", han sido conscientes de la gran importancia que tiene el ejercicio para el bienestar espiritual, alentando a sus discípulos a salir y caminar, etcétera. El Rabí Israel Salanter, fundador del Movimiento Mussar, tenía una rutina regular de ejercicios y seguía escrupulosamente cada detalle de las instrucciones de un manual de ejercicios recomendado por su médico (*Tnuat Ha-Mussar* Vol. I, p. 342).

Una rutina de ejercicios es virtualmente indispensable para la buena salud física y deberá ser parte integral de un estilo de vida basado en la Torá. La práctica de las mitzvot requiere energía y determinación y actividades tales como el estudio, la plegaria y la meditación requieren de claridad y concentración, estados que sólo pueden ser mantenidos si el cuerpo se halla en buena forma y con un funcionamiento óptimo. El ejercicio libera las tensiones del cuerpo, facilitando una profunda relajación, valioso preliminar para la meditación y promoviendo el sentimiento general de calma y bienestar que debe acompañar todo trabajo espiritual.

¿Qué Clase de Ejercicio?

"No todo movimiento del cuerpo es un ejercicio", dice el Rambam. "El ejercicio se define como una forma de movimiento que puede ser tanto vigoroso como delicado, o una combinación de ambos, que involucra algún esfuerzo y causa un aumento del ritmo respiratorio. Cualquier cosa más que esto es ejercicio pesado y no todos están capacitados para soportarlo ni tampoco todos lo necesitan" (*Hanhagat Ha-Briut* I:3).

La persona, que durante el día realiza tareas que involucran actividades físicas, no necesita dedicarle mucho tiempo al ejercicio formal, pero no así aquel que pasa la mayor parte del día sentado en una oficina o en una Yeshiva. Esta persona deberá, definitivamente, disponer de un momento, tres o cuatro veces por semana, para la realización de algún tipo de ejercicio.

La clase de ejercicio requerido depende del estado de salud, de la aptitud y de otros factores personales. Nadie debería comenzar un programa de ejercicios sin antes consultar a un médico, un fisioterapeuta, etcétera. El cuerpo es un maravilloso instrumento, sutil y delicado, que debe ser tratado con el máximo de cuidado y respeto. Si hace mucho que no practica ningún tipo de ejercicio y no se halla en condiciones, deberá ser paciente y gentil mientras lleva lentamente a sus entumecidas articulaciones y músculos a trabajar otra vez.

La gente intenta a veces, y de manera forzada, superar su capacidad, lo que puede ser físicamente peligroso, existiendo el riesgo de generarse algún tipo de daño que le impida seguir ejercitándose. Puede ser bueno forzarse un poco más allá de donde el Pavo nos dice que es momento de descansar, pero nunca continúe más allá del momento en que es el Hombre Sabio el que le dice que debe detenerse.

La definición del Rambam relativa a los ejercicios, que presentáramos anteriormente, parece corresponder a lo que llamamos ejercicios aeróbicos; es decir, un movimiento constante y parejo, que lleva a un aumento del pulso, sin exigir el sistema cardiovascular. Algunos ejemplos de este tipo de ejercicios son: caminar, que es la forma más antigua y natural de ejercicio, utilizando la mayor parte de los músculos; correr, preferentemente sobre césped o una senda de tierra, reduciendo así la presión sobre el sistema muscular y esquelético y sobre los órganos internos; nadar y andar en bicicleta.

La forma más perfecta del ejercicio aeróbico es la danza Jasídica, en la cual todas las partes del cuerpo se mueven con gracia y alegría, en alabanza al Creador. ¿Por qué no colocar, entonces, una grabación con sus *nigunim* favoritos (canciones sagradas) y bailar, en un estilo libre, tan suave y vigorosamente como lo desee, expresando su yo interior a través de los diversos movimientos de su cuerpo?

Otro componente importante en un programa de trabajo físico lo constituye una serie de ejercicios de contracción y flexibilización que permiten mantener los músculos con una buena tonicidad. Cuanto más flexible y fuerte esté su cuerpo, más protegido estará contra el dolor y los daños. En toda buena librería hay una sección dedicada a la gimnasia y allí podrá encontrar una variedad de programas que combinan aerobismo con contracción y elongación y que requieren muy poco equipamiento, e inclusive ninguno. Esta gimnasia puede hacerse hasta en un lugar pequeño, en privado, en su hogar y no lleva más de doce o quince minutos por sesión.

El Rambam describe de la siguiente manera el procedimiento ideal de ejercicios: "Se debe disciplinar el cuerpo y ejercitarlo todos los días, a la mañana, hasta que comience a entrar en calor. Se debe entonces descansar un momento para calmarse y luego comer. También es bueno, luego de la práctica, bañarse con agua caliente; después descansar un poco y comer" (*Hiljot Deot* 4:2).

"El mejor momento para los ejercicios", dice el Rambam, "es al comenzar el día, luego de despertarse del sueño… Se debe hacer ejercicios con el estómago vacío y luego de aliviar los intestinos... No se debe ejercitar con demasiado calor ni demasiado frío... Así como es bueno ejercitarse con el estómago vacío, es extremadamente malo hacerlo después de comer" (*Hanhagat Ha-Briut* I:3).

La gente con problemas en la vista debe consultar un especialista de ojos, pero aquellos bendecidos con una buena visión pueden ayudar a mantenerla con unos simples y suaves ejercicios para los ojos.

El Alma y el Cuerpo

El cultivar hábitos de vida sanos puede ser el comienzo de la autorecuperación espiritual.

"Si una persona no se dirige hacia el verdadero objetivo de la vida, ¿qué sentido tiene su vida? El Alma Divina constantemente anhela hacer la voluntad de Aquel que la formó, pero cuando ella ve que la persona no lleva una vida espiritual, de acuerdo a la voluntad de Dios, anhela entonces retornar a su Fuente y comienza a alejarse del cuerpo, intentando abandonarlo. Y así, la persona puede enfermar físicamente, pues resultado de esto, el poder del alma se debilita...

"La razón por la cual una persona recobra la salud como resultado de un tratamiento médico es que el alma ve que esta persona tiene la habilidad de forzarse y oponerse a sus apetitos corporales y hábitos. Puede que esté acostumbrado a comer pan y otros alimentos, pero ahora controla su apetito y se somete al tratamiento y a los medicamentos amargos, para bien de su salud. El alma ve que es capaz de controlar sus excesos en aras de un objetivo superior y entonces retorna a él, con la esperanza de que controlará sus apetitos en aras de seguir el verdadero propósito de la vida, hacer la voluntad de su Hacedor" (*Likutey Moharán* I:268).

El comer bien, la respiración y los ejercicios pueden constituir un agradable proceso de auto-descubrimiento, en especial para aquellos que tienden a negarse a sí mismos. Es posible que al comienzo se encuentre con algunos problemas menores al experimentar con las nuevas prácticas y al ajustarse a nuevos patrones. Pero en poco tiempo se encontrará experimentando mayores niveles de energía y un creciente sentimiento de bienestar, relajación y claridad.

El principal motivo para ocuparse del cuerpo debe ser el transformarlo en un recipiente adecuado para recibir el alma. La salud física es una de las bases más importantes para un exitoso trabajo espiritual, pero no significa que uno debe comenzar a trabajar sobre el alma luego de lograr un estado físico perfecto. Por el contrario, la motivación y la disciplina personal requeridas para desarrollar un genuino y sano estilo de vida provienen sólo del trabajo espiritual y, en particular, de la plegaria regular y la meditación.

Así, los diversos patrones de alimentación, respiración y ejercicio deberán ser parte integral de un camino espiritual completo, en el cual el lugar de privilegio lo tendrá el estudio de la Torá, la plegaria y la meditación, que en sí mismas son las llaves para todo lo demás.

6

"¿QUIÉN ES USTED Y QUÉ ESTÁ HACIENDO AQUÍ?"

El Príncipe preguntó al Hombre Sabio: "¿Quién es Usted y qué está haciendo aquí?". El Hombre Sabio respondió: "¿Y qué es lo que tú estás haciendo aquí?". "Yo soy un pavo", dijo el Príncipe. "Bueno, yo también soy un pavo", dijo el Hombre Sabio. Y los dos estuvieron allí, sentados, durante algún tiempo, hasta que se acostumbraron el uno al otro.

Uno debe preguntarle a la gente "¿Qué?". La gente no piensa respecto del porqué de sus vidas. "¿Qué?". Luego de todas las frustraciones y distracciones, luego de todas las quejas y las excusas vacías que da por estar lejos de Dios, cuando todo se termine. ¿Qué va a quedar de Usted? ¿Qué hará al final de todo? ¿Qué contestará a Aquel que lo ha enviado? ¿Qué es Usted sino un visitante en esta tierra? La vida es vanidad y vacío, una sombra pasajera, una nube que se esfuma. Usted lo sabe. ¿Qué dice entonces?

Sabiduría y Enseñanzas del Rabí Najmán de Breslov #286

E l Hombre Sabio se encuentra debajo de la mesa. El Príncipe está sentado allí, observándolo. De pronto, el Príncipe rompe el silencio y articula la primera pregunta que viene a la mente cuando dos personas se encuentran por primera vez: "¿Quién es *Usted* y qué está haciendo aquí?".

Pero el Hombre Sabio no le responde. No le dice al Príncipe quién es él, ni siquiera que es un Pavo. El Hombre Sabio no tiene ningún deseo de verse envuelto en una charla formal. Por el contrario, le devuelve al Príncipe su propia pregunta. Desea que el

Príncipe se haga a *sí mismo* esa misma pregunta. "¿Quién eres Tú? ¿Qué es lo que estás haciendo aquí?". Esta es la pregunta más importante que uno debe hacerse en la vida. ¿Quién es uno en realidad? ¿Qué es esto de vivir y qué es lo que hace uno al respecto?

"¿Qué?"

Hay veces en que la vida misma lo fuerza a uno a hacerse estas preguntas. Quizás una situación difícil lo ponga contra la pared, o los eventos lo despierten de golpe. Estas pruebas son enviadas para incitarnos a encontrar las respuestas y buscar a Dios. Así, la palabra hebrea que designa una dificultad o un problema, es *KaShYA*, que consiste de las letras iniciales de las palabras *Shma HaShem (IHVH) Koli Ekra* (Salmos 27:7): "Dios, escucha mi voz, estoy llamando". La dificultad es enviada para incitarnos a llamar a Dios.

Y sólo será libre cuando tenga la voluntad de enfrentarse con estos problemas. En lugar de aceptar indiscriminadamente las respuestas que ha absorbido y heredado de su familia, sus amigos y de la cultura que lo rodea, usted decide lo que *usted* desea hacer con su vida. Mucha gente cree que es libre porque puede hacer lo que quiera. En realidad, son prisioneros de su propio corazón, persiguiendo compulsivamente los objetivos que le han sido impuestos por sus padres, educadores, líderes, locutores, la moda, etcétera.

La libertad es la habilidad de elegir con sabiduría los propios objetivos y actuar en concordancia, persiguiéndolos, sin dejarse arrastrar por los dictados de otros o de la propia debilidad. El primer paso hacia la libertad es confrontarse con uno mismo, de manera franca y honesta y ser consciente de quien se es en realidad.

¿Qué es lo que está haciendo con su vida? ¿Adónde va su tiempo? ¿Cuáles son los pensamientos que atraviesan su mente durante todo el día? ¿Cuáles son sus patrones típicos de comportamiento, sus actitudes y reacciones? ¿Qué es lo que quiere lograr en esta vida? ¿Cuáles son sus objetivos y valores más importantes? ¿Es que su rutina diaria lo está acercando a esos objetivos y valores? ¿O por contrario, su accionar es incierto, inútil o incluso contradictorio con aquello que busca? ¿Cómo puede librarse de las compulsiones que lo esclavizan? ¿Qué tiene que hacer para poder lograr sus objetivos?

Meditación

Es necesario un esfuerzo para enfrentarse con esas preguntas y llegar así a ser libres y responsables de la propia vida. El trabajo requerido para poder contestarlas lleva tiempo, siendo esencial el darse ese tiempo. La única manera de avanzar es *fijar* un momento especial de meditación durante el cual pueda aquietar su mente y pensar con calma respecto de su vida y de sus objetivos y trabajar para lograrlos. Esto es el *Hitbodedut*, la técnica de meditación judía más importante y relevante de nuestro tiempo. "Hitbodedut es el nivel más alto. Es más grande que cualquier otra cosa" (*Likutey Moharán* II:25).

El uso de la palabra "meditación" es problemático, pues pueden atribuírsele diferentes significados. Algunos aún la usan en el sentido clásico de reflexión o contemplación seria y sostenida, en especial sobre verdades religiosas. Otros lo utilizan para referirse a una técnica de aquietamiento de la mente sin una significación religiosa especial. Y para mucha gente la "meditación" no es más que un sinónimo de relajación profunda.

Con el sentido de devoción espiritual, la meditación fue y es una parte integral del misticismo judío. Entre los diferentes métodos discutidos en la Kabalá, se encuentran elaboradas meditaciones sobre las letras hebreas y sus complejas combinaciones, los Yijudim, relacionados con los Nombres Sagrados, las Sefirot y los Partzufim, etcétera. Estas técnicas meditativas sólo pueden ser utilizadas de manera significativa por aquellos que estén profundamente comprometidos con una vida de Torá, sean conocedores de las enseñanzas Bíblicas y Rabínicas y hayan pasado años dedicados no sólo al estudio de la Kabalá, sino sometiéndose a sí mismos a la rigurosa disciplina personal que ello demanda.

Para aquellos Judíos profundamente piadosos y eruditos, que han alcanzado avanzados niveles de conocimiento y desarrollo espiritual, estas meditaciones forman parte integral de la vida de devoción, en la plegaria, en el estudio de la Torá y en el cumplimiento de las mitzvot.

Sin embargo, para la mayoría de nosotros el tema espiritual más importante es cómo llegar a practicar lo básico del Judaísmo en medio de los problemas cotidianos del mundo contemporáneo. Al buscar a Dios a través de los patrones fundamentales de la vida de Torá, tales como el Talet y los Tefilin, las bendiciones diarias y las plegarias, el Shabat y las Festividades, la Kashrut, la pureza en la familia, la caridad, la integridad personal, etcétera, nos encontramos comúnmente con profundas barreras interiores, sin hablar de los obstáculos externos generados por la gente que nos rodea y por la cultura y la sociedad en la que vivimos. El hitbodedut es la manera para sobreponerse a todo esto.

HITBODEDUT:
El Tiempo para Uno Mismo

La palabra *hitbodedut* deriva de la raíz Hebrea *bod*, que significa separado o solo. *Hitbodedut* es la forma reflexiva que significa "quedarse solo": separarse de la gente y de las actividades durante un periodo de tiempo, con la finalidad de dirigir la atención hacia adentro. Una buena traducción de *hitbodedut* podría ser "tiempo privado" o "tiempo para uno mismo". La idea no es transformarse en un ermitaño, sino apartarse de las presiones de la vida, con regularidad y constancia y retornar a ellas desde una posición más fuerte, clarificando los objetivos y desarrollando una manera más efectiva de alcanzarlos.

El objetivo del hitbodedut es más que una mera relajación, aunque aquellos que lo practican suelen sentirse más relajados y confiados frente a la vida. Dado que el estado más deseable para practicarlo es el de calma y tranquilidad mental, puede ser necesario dedicar un cierto tiempo del hitbodedut para la preparación y el aquietamiento mental. Pero el hitbodedut es mucho más que un método pasivo de relajación y meditación.

Es necesario mucho más que una profunda relajación o la contemplación de una simple palabra o frase para lograr la conexión con Dios y una transformación personal.

El hitbodedut puede ser clasificado como una *meditación orientada hacia el interior, desestructurada y activa.*

– Orientada para el interior: pues el sujeto es *usted*. Dirige el foco de atención sobre usted mismo y su vida, preguntando sobre su ubicación respecto de Dios.

– Desestructurada: pues el tipo de trabajo que hace durante la sesión de hitbodedut, depende en gran medida de usted. ¿Dónde está en ese momento y cuán dispuesto está a comprometerse en su propio desarrollo espiritual? Al tiempo que se examina y aprende respecto de usted mismo, va creando la estructura de su sesión en relación a su situación individual y a las necesidades del momento.

– Activa: pues si bien el propósito al observarse a sí mismo es llegar a ser más autoconsciente, esto es solo el comienzo. El objetivo mayor es *trabajar* activamente sobre usted mismo, con la finalidad de desarrollarse y llegar más cerca de Dios.

El Poder de las Palabras

Justamente debajo de su misma nariz se encuentra el arma más poderosa para el crecimiento espiritual: ¡su boca! La inocente pregunta del Príncipe: "¿Quién es Usted y qué está haciendo aquí?" era sólo una fórmula de conversación cotidiana. Estaba usando el lenguaje de la manera en que lo hace la mayoría de la gente: para hablar con otro ser humano. Pero el Hombre Sabio le devolvió la pregunta: "¿Quién eres *tú*?". Quería que se interrogara a *sí mismo*. De esta manera, el Hombre Sabio le estaba enseñando al Príncipe una manera distinta de usar el lenguaje: para hablarnos a nosotros mismos, para buscarnos y *crecer*.

El hitbodedut es un tiempo personal para trabajar sobre uno mismo y la manera de hacerlo es mediante la palabra. Usted habla consigo mismo y con Dios, con sus propias palabras. La idea es expresar y articular en voz alta las diferentes facetas de usted mismo: quién es, cuáles son sus anhelos más profundos, hacia dónde va, qué es lo que lo retiene y cómo puede superar los obstáculos y lograr lo que desea. Mediante la palabra hablada se actualiza lo potencial, haciendo que las esperanzas, los deseos y las intenciones se transformen en ideas concretas que lo lleven hacia la acción práctica y su realización.

Algunas veces necesitará hablar directamente con usted mismo, respecto a lo que hay en su mente y en su corazón, diciéndose a usted mismo lo que desea de usted, dándose ánimo y empujándose hacia la acción. En otro momento puede que clame *más allá* de usted mismo, a la misma fuente del yo, a Dios, llorando y rogando ayuda.

Por supuesto que no es sólo hablar lo que deberá hacer durante el hitbodedut. No hay necesidad de parlotear como un loro del principio al fin de la sesión. Hay momentos en que será necesario sentarse simplemente, relajarse y respirar, aquietando la mente. Deberá observarse a sí mismo y pensar respecto de su comportamiento general y actividades. De esta manera, estará en contacto con sus pensamientos y sentimientos y llegará a conocerse a usted mismo. De esta manera, el tiempo del hitbodedut podrá ser utilizado para diferentes trabajos espirituales, desde el pensamiento profundo y la contemplación, hasta cantar, bailar y reír... Pero la herramienta esencial de búsqueda, desarrollo y cambio será siempre el lenguaje.

Hablando con Usted Mismo

La gente piensa que hablar con uno mismo es una forma de locura, pero de hecho, es el mejor método para curar al Príncipe.

La Torá nos dice que cuando Dios creó al hombre, le sopló vida dentro de él, "... y el hombre fue un alma viviente" (Génesis 2:7). Onkelos, el traductor de la Biblia al Arameo, traduce la expresión "alma viviente" como "espíritu que *habla*", enseñándonos así que el lenguaje es la característica determinante del hombre.

Todos estamos familiarizados con el uso del lenguaje en la comunicación interpersonal. Nos hablamos los unos a los otros de las maneras más variadas, desde la más simple y directa hasta la más sutil y sofisticada: para solicitar algo, compartiendo o pidiendo información, expresando nuestros pensamientos y sentimientos, etcétera. Pero el uso del lenguaje para comunicarse con uno mismo, con nuestra alma y con Dios, es algo totalmente inexplorado por la cultura contemporánea. El hecho es que inclusive nuestro aparato auditivo está dispuesto de tal manera que no sólo escuchamos lo que los otros nos dicen, sino también lo que nosotros hablamos. De hecho, ¡estamos programados para escucharnos a nosotros mismos!

La mayoría de los niños pequeños hablan consigo mismos en voz alta, naturalmente, expresando lo que sienten, de manera simple y directa. A menudo interpretan diferentes roles, reflejando los distintos patrones del comportamiento adulto, tal como lo observan en el mundo que los rodea. El dialogar consigo mismo es una parte importante del desarrollo y aprendizaje en los niños y una de las principales actividades, mediante la cual llegan a desarrollar su sentido del yo.

Pero, al crecer, el niño aprende que en el mundo adulto el hablar con uno mismo en voz alta es muy sospechoso. Se lo asocia a los locos y excéntricos. Sólo sobre el escenario los héroes monologan. Para la mayoría de la gente "normal, el diálogo natural con el yo es silenciado en algún momento durante la infancia. El diálogo continúa entonces dentro de nuestras mentes, en el sucederse de los pensamientos. Y, muchas veces, tampoco de esto nos damos cuenta.

Pero de hecho, la gente habla consigo misma, y posiblemente más de lo que estaría dispuesta a aceptar. Es muy común escuchar a la gente murmurarse a sí misma, mientras realizan sus tareas. Algunos se la pasan diciéndose lo que quieren o lo que no quieren hacer. A veces se recriminan a sí mismos. Otro fenómeno común es el exteriorizar los sentimientos fuertes, en voz baja, o en privado, en especial cuando no se los puede expresar abiertamente frente a la gente que los excita, tales como padres, esposas, rivales, matones, jefe, entre otros.

Cuando la gente comienza a sentir que sus vidas y su desarrollo se ven excesivamente restringidos por aquellos que los rodean, o por las convenciones sociales en general, es posible que recurran a un terapeuta para hablar sobre sus problemas. Es importante tener alguien allí que escuche y el "*feedback*" del terapeuta puede ser muy valioso. Pero lo más importante de todo esto es el proceso mismo de hablar sobre las cosas. Al expresar nuestros sentimientos y nuestros problemas internos, obtenemos una mayor comprensión y comenzamos a encontrar las soluciones.

Hoy en día existe un creciente interés respecto del uso del lenguaje como medio para trabajar sobre uno mismo. Por ejemplo, el vendedor que se detiene frente al espejo todas las mañanas y se habla a sí mismo de manera entusiasta. Las personas que desean dejar de fumar, perder peso o cambiar de alguna manera, conocen el valor de repetirse afirmaciones constantemente. Y, de esta manera, estamos en camino de redescubrir algo que la religión ha estado enseñando durante miles de años: la plegaria.

La Plegaria

Existe un gran error respecto de la interpretación que se le da a la plegaria. La principal connotación de la palabra "plegaria", tiende a relacionarla con el acto de pedir, cosa que ha llevado a la difundida imagen de la plegaria como una actividad centrada en el pedido de cosas: salud, riquezas, éxito, etcétera. Es muy común pensar en la plegaria como en un recurso casi mágico al cual apelan los primitivos y los ignorantes en un esfuerzo por sobreponerse a su desprotección frente a las avasallantes fuerzas de la naturaleza. Para mucha gente, la plegaria ritual religiosa es una ceremonia formal, carente de sentido y arcaica, llevada a cabo en una lengua que no comprenden y sin relación alguna con sus vidas y problemas personales.

Se ha olvidado que incluso hasta en la generación de nuestros bisabuelos mucha gente encontraba de lo más natural el hablar directamente y de manera espontánea con Dios, con sus propias palabras, tratando de sus necesidades y abriendo sus corazones. Pero, para la mayoría de la gente de hoy en día, la sola idea de hablar directamente con Dios, con el lenguaje propio de cada uno, es considerada una mistificación distorsionada e irreal. Es que Dios es tan terrible y se encuentra tan lejano... ¿Cómo se supone que uno pueda hablarle a Él? ¿Cómo es posible que Dios se interese en nuestros pequeños e insignificantes problemas y necesidades? ¿Y, en todo caso, si Dios conoce todo, incluyendo nuestros pensamientos, para qué es entonces necesario hablarle? Y, por otro lado, ¿qué clase de conversación será esa? Cuando se habla con otra persona, uno puede ver sus reacciones y escuchar lo que tiene que decir, ¿cómo es que contesta Dios?

Pero "no está en los cielos... La palabra se encuentra muy cerca de ti, en tu boca y en tu corazón para hacerlo" (Deuteronomio 30:12-14). La plegaria no significa dirigirse a Dios "allí afuera". Puede ser tan íntima y directa como el hablarle al propio corazón. Si se analiza el contenido de los Salmos y de las plegarias del Siddur, se verá que aunque el lugar preeminente lo ocupan las plegarias de súplica y petición, en especial para el logro de la iluminación espiritual, ellas constituyen sólo un aspecto. También hay muchas descripciones de los trabajos y actividades de Dios en la naturaleza y en la historia, en forma de alabanzas, gracias y reconocimientos, pues el admitir la presencia activa de Dios en nuestras vidas y en el mundo es una de las formas más importantes de experimentar nuestra conexión con Él.

Además de las súplicas *a* Dios y de las afirmaciones *respecto de Él*, los Salmos le ponen voz a los sentimientos y a los pensamientos más íntimos del buscador espiritual, en cada uno de los momentos de su búsqueda: introspección y autocrítica; la alegría respecto de lo bueno en uno mismo y la tristeza por lo malo; la lucha con las malas inclinaciones; miedos, dudas y preguntas; la alegría de la devoción; reverencia, amor, temor y anhelo de Dios, etcétera. Otra importante faceta de la plegaria es la afirmación: constantemente nos recordamos respecto de nuestra fe, nuestra esperanza y nuestra confianza en Dios; nos exhortamos a no tener miedo, a no desmoralizarnos ni desesperar y dirigimos nuestra mente hacia las cualidades que deseamos cultivar en nuestra vida: justicia, rectitud, bondad y misericordia.

Las primeras palabras que Dios le dijo a Abraham, fundador del pueblo Judío, fueron: *"Lej Leja − ve a ti mismo"* (Génesis 12:1).

Lo esencial del viaje espiritual es el adentrarse profundamente en uno mismo con la finalidad de descubrir el yo superior del Príncipe y extraerlo de donde está hundido, de entre los pensamientos y sentimientos de nuestra personalidad de Pavo. Extraerlo, expresarlo y llevarlo hacia la perfección. Y esto se logra a través de la plegaria, hablándole directamente al corazón y al alma; es decir, al yo, con nuestras propias palabras.

En última instancia, la plegaria y la autocomunión llegan a unirse, pues el yo, el alma, deriva de Dios: el alma es "parte del Dios de arriba" (Job 31:2). Por lo tanto, cuanto más descubrimos y revelamos nuestro lado espiritual, más se manifiesta la Presencia Divina en nosotros, comenzando a experimentar lo íntimamente unidos a Dios que estamos en nuestra esencia y lo cercano y a mano que está Él en nuestros pensamientos, nuestros sentimientos y nuestra conciencia.

En las obras del Rebe Najmán, que son nuestra única fuente de enseñanza respecto del hitbodedut, la práctica es llamada *sija beino le-bein kono* (conversación entre uno mismo y su Dueño) (ver *Likutey Moharán* II: 25, etcétera). Se podría decir que la conversación se encuentra siempre en algún lugar *entre* nosotros y Dios, a veces más con nosotros mismos y otras más con Dios.

En una de sus obras, el Rebe Najmán caracteriza nuestra relación con Dios durante el hitbodedut, como la de "un niño pidiéndole a su padre... quejándose y acosándolo. Cuán bueno es cuando puedes despertar tu corazón y clamar, hasta que las lágrimas corran desde tus ojos y te sientas como un niño pequeño llorando frente a su Padre" (*Sabiduría y Enseñanzas del Rabí Najmán de Breslov* #7). En otra parte, el Rebe Najmán sugiere que deberíamos hablar con Dios "como alguien que conversa con su amigo" (Éxodo 33:11, ver *Likutey Moharán* II:99), discutiendo con franqueza y cariño, de corazón a corazón, buscando la solución del problema. En otra lección, el Rebe Najmán nos pide que tratemos de hablarnos a nosotros mismos, directamente, dirigiéndonos a las diferentes partes de nuestro ser, incluso a cada miembro de nuestro cuerpo físico, guiándonos y llevándonos hacia donde queremos y a vivir como deberíamos (*Tzadik* #442).

En Voz Alta

Uno de los problemas esenciales con el que nos enfrentamos es el de la multitud de voces contradictorias. El mundo entero nos confronta con un clamor de gritos y mensajes que requieren nuestra atención y que van desde las personas que nos rodean, pasando por los teléfonos que suenan, avisos, señales, eslóganes... "¡Oiga, usted! ¡Deténgase! ¡Vaya! ¡Venga! ¡Haga esto! ¡No haga eso!". Es posible intentar aislarse de todas esas distracciones externas yendo a un lugar tranquilo, pero tan pronto como se mira dentro de nuestro mundo interior, vemos una interminable caravana de pensamientos, sensaciones, impulsos, necesidades, deseos, ansiedades, miedos, estrategias, planes, etcétera.

El Príncipe dentro nuestro envía sus mensajes, pero el Pavo atrapa nuestra atención con un continuo torrente de mensajes urgentes. Uno quiere estudiar... pero de pronto se siente una irresistible urgencia de comer, dormir o leer los periódicos, etcétera. Uno quiere orar y meditar en calma... pero toda clase de cosas necesitan ser atendidas, así que uno no debe apurarse. Uno quiere ser bueno y paciente con los otros... pero de alguna manera parece haber una cantidad de buenas razones para irritarse. Y el comentario interior que nos provee el Pavo, el más insidioso, es un interminable y negativo juicio respecto de nuestras experiencias, de la gente que conocemos y de las cosas que hacen y (el peor de todos) sobre nuestro propio yo.

La única manera de sobreponerse a la voz del Pavo es alzando *nuestra propia voz*, la voz que realmente se desea oír y seguir. Repitiendo en voz alta aquellas ideas que se saben verdaderas, aquello que más profundamente se desea en la vida, lo importante que son sus objetivos para usted y cómo planea llevarlos a cabo, de esta manera se refuerza aquel aspecto de la personalidad que se desea cultivar, encarando en la dirección deseada. *"Hakol meórer et ha-kavaná – La voz llama la atención"* (*Kitzur Shuljan Aruj* 6:1). Cuando se alza la voz, la atención la sigue: las palabras que se dicen en voz alta son entonces el foco de los pensamientos.

Algunas veces deberá *encontrar* su verdadera voz, pues su

verdadero yo, aquel que usted está buscando, puede estar sepultado debajo de años de represión, timidez, poca autoestima, negatividad, autonegación, etcétera. Debe aventar las llamas de su yo naciente, aprendiendo a expresar nuevos y delicados sentimientos. A veces tendrá que rescatar voces de su pasado, o experimentar con otras nuevas. Una de las voces más importantes que deberá buscar, es la voz de la canción, su propio canto de alegría, amor y devoción a Dios.

Lo importante de expresarse en voz alta no es sólo el hablar, sino también el *escuchar* aquello que se está diciendo. Si usted solamente piensa sus pensamientos, estos pueden volar de su mente rápidamente, dejando sólo un recuerdo vago e incoherente, e incluso pueden desaparecer por completo. Al expresarlos en voz alta, el hecho mismo de articularlos lo está forzando a darles claridad. Usted escucha lo que dice y eso produce un impacto. E inclusive a veces, al escuchar lo que se está diciendo, se toma conciencia que eso no es correcto, que no está bien. Se podrá entonces desarrollar más la idea y expresarla de manera más clara, redefiniendo lo que se quiere decir y examinándolo nuevamente, hasta llegar a decir exactamente aquello que se quiere. De esta manera se aprende a pensar y a hablar con más claridad y efectividad.

En la literatura mística, el habla es llamada *maljut*, reino y poder. La palabra puede usarse tanto para comunicarles a otros lo que usted quiere de ellos, como para dirigirlo y programarlo a usted mismo. Cuando desee pensar respecto de un determinado asunto, formule la pregunta y preséntesela a usted mismo, tal como el Hombre Sabio hizo con el Príncipe al devolverle la pregunta: "¿Quién es usted?". Este es un método para concentrarse en el tema sobre el cual se quiera pensar. Al tratar de determinar qué aspectos de su personalidad son los que más desea desarrollar o cambiar, es conveniente expresar lo que quiere conseguir, mediante fórmulas simples y usarlas para dirigirlo hacia el objetivo. Por ejemplo, si desea relajar el cuerpo, puede enfocar la luz de su conciencia sobre cada grupo de músculos por separado y susurrarles suavemente: "Relájense". Si desea cambiar sus hábitos alimenticios, puede elaborar afirmaciones que podrá repetirse a sí mismo en la cocina, o cuando se sienta a la mesa, etcétera.

Utilice la voz para crear la atmósfera en la que *usted* desea vivir. Incluso cuando se encuentre rodeado de negatividad, podrá susurrarse mensajes positivos: "Paz, calma, bondad...". Cuando quiera elevar su percepción espiritual y aumentar su conciencia de Dios, diga en voz alta una y otra vez: "Dios", "*HaShem*" o "*Ribonó Shel Olam*", etcétera. Entone en voz baja las canciones de alegría y devoción que más le agraden y escuche su melodía, dejando que ella llene toda su conciencia y lo eleve a un plano superior.

La Práctica del Hitbodedut

Donde quiera que vaya, su boca va con usted. Hablarle a su alma y a Dios es algo que puede hacer prácticamente en cualquier momento del día o de la noche. En cualquier instancia puede usar palabras, risas, llantos, canciones y cualquier otro medio vocal que *usted* elija, para modificar su estado, concentrar su atención y encarar un logro espiritual más profundo.

Pero para obtener un sólido crecimiento personal y un constante desarrollo espiritual, el hitbodedut se transforma en el centro de la disciplina espiritual, siendo el momento en el que usted puede experimentar y desarrollar las maneras de hablar más efectivas. En verdad, se deberían fijar momentos especiales para estar en algún lugar donde haya la suficiente privacidad y libertad como para permitirle expresarse sin inhibiciones. Cuanto más persistente y regular sea en el hitbodedut, más progresos logrará.

¿Cuánto Tiempo?

De ser posible, el tiempo empleado para una sesión regular de hitbodedut debería ser lo que en hebreo se denomina una *shaá*. ¿Y cuánto es eso? La palabra *shaá* se traduce como "una hora", pero no significa necesariamente una hora de sesenta minutos exactos. En la literatura de la Torá encontramos que el largo de una *shaá* es flexible: por ejemplo, aunque el largo del día y de la noche varían de acuerdo a las estaciones, sin embargo, por cuestiones halájicas, el día y la noche están divididos ambos, siempre, en doce *shaót* cada uno. Esto significa que en el verano las horas del día son más largas y las horas de la noche más cortas, mientras que en invierno es a la inversa.

De esta manera, puede que la "hora" de hitbodedut no sea necesariamente de una hora de reloj: puede durar más o puede durar menos. Lo realmente importante es darse el tiempo suficiente como para calmar y concentrar la mente, realizando con seriedad el trabajo espiritual. Si usted quisiera discutir respecto de asuntos importantes con su médico, abogado, contador, etcétera, seguro que querría tener el tiempo suficiente como para explicar todos los puntos importantes, con calma y en detalle, y determinar con ellos el camino correcto a seguir. Este es el criterio que se deberá tomar respecto de la sesión de hitbodedut. En hebreo, *Shaá* es también un verbo que tiene la connotación de "girarse hacia, prestar atención de" (como en Génesis 4:4). Permita que su *shaá* de hitbodedut sea lo suficientemente extendida como para permitirle volverse hacia Dios y dirigir toda su atención hacia la tarea más importante: el crecimiento espiritual.

Sesenta minutos de hitbodedut es mucho tiempo. Alguna gente puede encontrar beneficiosas las sesiones de este largo y ocuparlas con trabajo útil. Otros pueden sentir que es demasiado para ellos. Es posible que se encuentren sin nada más que decir, o simplemente que no puedan dedicarle tanto tiempo. Si una hora de reloj es algo exesivo para usted, ello no significa que no deba practicar el hitbodedut. Incluso pequeños períodos de hitbodedut son muy valiosos. Se pueden lograr grandes cosas en apenas diez o quince minutos y de hecho es mejor disponer períodos más cortos y *cumplirlos*, que prometerse una hora completa y nunca realizarla.

Debe haber también un límite superior para el hitbodedut, pues de lo contrario éste se vuelve contraproducente. En la literatura Jasídica abundan las historias relativas a individuos excepcionalmente piadosos que pasaban horas y horas e incluso días recluidos en la plegaria y la devoción. Algunos principiantes, con tiempo a su disposición, se vuelven tan entusiastas que piensan poder hacer lo mismo. Y esto es un error. Sin los años de preparación y práctica, las sesiones excesivamente largas de hitbodedut pueden llegar a transformarse en obsesivas, terminando en la introspección y estados depresivos (*Likutey Moharán* II.96; *Sabiduría y Enseñanzas del Rabí Najmán de Breslov* #41).

Hay momentos apropiados para tener sesiones de hitbodedut más largas, como en el mes de Elul, en preparación para las Grandes Festividades, o cuando uno se halla frente a un serio problema personal o una decisión importante, etcétera. Es posible que en esos momentos quiera tomarse un tiempo extra para ir a un parque o al campo y trabajar intensivamente durante un período más largo o bien durante un número de períodos más cortos separados entre sí por intermedios dedicados a la relajación. Aquellos que puedan tomarse unos días de retiro lejos de las presiones de la vida, encontrarán en ello un instrumento muy útil para la renovación espiritual.

Pero el objetivo del hitbodedut no es escapar de la vida, sino, por el contrario, lograr una ruptura temporal con las demás actividades para luego retornar y vivir con más plenitud y eficacia. Sucede a menudo que, cuando alguien comienza con el hitbodedut y llega a comprender su poder, se da cuenta entonces del trabajo personal que se ha acumulado luego de tantos años de dejadez. Imagina entonces que las sesiones largas lo ayudarán a clarificar toda esta deuda más rápidamente. Pero eso es una ilusión. Más importantes que el largo de la sesión es el trabajo que se hace para integrar la comprensión que se logra durante ella, con la práctica de vida cotidiana.

¿Cuán seguido?

La práctica diaria es lo indicado si se quiere progresar continuamente con el hitbodedut. Estas sesiones diarias de hitbodedut pueden compararse con la reunión diaria del director de una organización con su personal. El éxito y la salud de la organización dependen del cuidado con el cual se monitorean las actividades y progresos y la determinación con la que se encara aquello que deberá hacer cada departamento para colaborar en la obtención del objetivo general. Se debe conducir la reunión de manera cuidadosa pero ágil y luego de finalizado el encuentro, retornar al trabajo con una nueva dirección y energía.

Si siente que por el momento no puede dedicarse a una sesión larga de hitbodedut todos los días, comience al menos con sesiones cortas. ¿Puede dedicarle quince o veinte minutos por día, o al menos algunas veces por semana? En los días que no consiga ubicar un momento para ello, trate de encontrar al menos cinco minutos para sentarse, cerrar los ojos, decir unas palabras a Dios y afirmar su deseo de practicar el hitbodedut con regularidad. Esto lo ayudará a mantener la continuidad de su trabajo espiritual.

¿Cuándo?

Si comprende el valor e importancia del hitbodedut y desea seriamente que sea una parte integral de su vida, dedíquese un tiempo a considerar cómo darle un lugar en su programa de actividades diarias. Trate de encontrar un momento conveniente, cuando no esté demasiado cansado. El hitbodedut es un proyecto muy serio: para lograr el máximo progreso en él, es necesario dedicarle toda su atención.

Cada uno tiene su propio esquema y cada día es diferente. Sea realista. ¿Qué sección de su programa diario es fija e inamovible y dónde hay lugar para la flexibilidad? ¿Está utilizando todo su tiempo de manera inteligente? ¿Es posible reorganizar algunas de sus actividades actuales? ¿De las cosas que está haciendo, hay algunas *menos* importantes que el hitbodedut?

Si su programa cambia de manera impredecible de un día para el otro, no habrá otra alternativa que tomarse el tiempo para el hitbodedut cuando ello sea posible. ¿Puede ser que se levante veinte minutos más temprano en la mañana? Si no está demasiado cansado, ¿podría tomarse unos minutos, como última actividad de la noche, antes de ir a dormir? La gente con mayor flexibilidad puede organizarse en dos sesiones diarias de veinte minutos cada una, a la mañana temprano y otra a la noche. Esto puede ser una muy buena manera de comenzar el día de manera positiva y de terminarlo, realizando un resumen y volviendo a ponerse en contacto consigo mismo.

El Rebe Najmán dice que el momento ideal para el hitbodedut es ¡luego de la medianoche! (*Likutey Moharán* I:52). Incluso hoy día hay Jasidim de Breslov que se acuestan luego de la caída de la noche, duermen cinco o seis horas y luego se levantan, a eso de las dos o tres de la mañana, para realizar el hitbodedut. A esa hora las actividades del mundo están detenidas y la mayoría duerme. En estos dulces y silenciosos momentos es posible lograr una calma completa y deshacerse de las tensiones de la vida diaria, concentrándose entonces con mucha más claridad en el objetivo último de la vida.

Para mucha gente, el hitbodedut a esas horas puede parecer un objetivo inalcanzable, pero no deseche la idea. Puede que de vez en cuando logre levantarse una o dos horas antes del alba. Y aunque no pueda hacerlo, es bueno tratar de imaginarse la calma y quietud de esos momentos nocturnos y así comprender el ideal del hitbodedut. Inclusive durante el día, al sentarse y comenzar a relajarse, preparándose para el hitbodedut, puede cerrar los ojos y *verse* a usted mismo sentado en completa quietud, en el silencio de la noche. Esto en sí mismo puede ayudarlo a lograr un estado de calma.

¿Dónde?

El mejor lugar para practicar el hitbodedut es aquel donde usted se sienta cómodo y donde no sea molestado ni escuchado cuando hable, clame o llore en voz alta. De esta manera no se sentirá inhibido o preocupado de que otros puedan conocer los detalles de su vida interior.

El Rebe Najmán enseña que el lugar ideal para el hitbodedut es un paraje desolado, adonde la gente no suele ir (*op. cit.*) o en los bosques y colinas (*Sabiduría y Enseñanzas del Rabí Najmán de Breslov* #98). Si hay un lugar de esta clase, seguro y de fácil acceso para usted, será entonces ideal como para dejar fluir sus verdaderos sentimientos, experimentando con gritos y en voz alta, exteriorizando y desarrollando las partes más ocultas de su yo. En caso que no haya un lugar así a su alcance, posiblemente pueda, de vez en cuando, hacer un viaje especial a un paraje adecuado, en el campo, quizás en compañía de un amigo.

El Rebe Najmán recomienda también la práctica del hitbodedut en una habitación aislada (*Sabiduría y Enseñanzas del Rabí Najmán de Breslov* #274). Y es de esta manera que le es posible a la mayoría de la gente hacer la práctica la mayor parte de las veces. Si tiene la posibilidad, elija aquella habitación en la cual se sienta más cómodo. Trate de minimizar las distracciones potenciales dentro de la habitación misma: saque los periódicos, semanarios y todo lo que pueda tentarlo a interrumpir su hitbodedut. Arregle con los demás habitantes de la casa para no ser interrumpido durante la sesión. De ser posible organice para que otra persona atienda las llamadas telefónicas o conecte su respondedor automático, si posee uno. Si siente aprensión respecto a lo que puedan pensar los demás si escuchan que está hablando en voz alta, deberá considerar explicarles lo que está haciendo.

Aunque no se tenga acceso a un lugar privado, es posible igualmente practicar el hitbodedut. ¿Hay un rincón de la casa donde nadie lo moleste durante un tiempo? ¿Tiene un patio o un jardín? ¡El Rebe Najmán sugiere que dejando caer el talet sobre los ojos se puede crear un ámbito propio y conversar con Dios como se desee! Puede hablar con Dios en la cama, bajo las mantas, como hizo el Rey David ("Cada noche hablo en mi cama..." Salmos 6:7), o susurrar a Dios mientras está sentado frente a un libro. ¡Que los otros piensen que está estudiando! Inclusive, aquellos lugares públicos donde nadie lo conoce pueden llegar a darle cierta clase de privacidad. Con un poco de imaginación, será capaz de encontrar muchos lugares donde practicar el hitbodedut.

En términos generales, es preferible mantener las sesiones regulares de hitbodedut en un mismo lugar: esto ayuda a darle una continuidad a su trabajo. Sin embargo, a veces puede ser estimulante ir a un lugar diferente, a un parque, un bosque, una sinagoga tranquila, etcétera. Es interesante intentar el hitbodedut de manera no programada, allí donde se encuentre, en el automóvil, la oficina, el supermercado, etcétera. Esto puede otorgarle un fuerte sentimiento de la presencia de Dios, llevándolo hacia una autocomprensión más profunda y hacia una mayor confianza y libertad.

Postura

Mucha gente asocia la meditación con posturas especiales tales como la posición de loto o la postura sentada con la espalda recta, tal como se trató más arriba (Capítulo 4). Sin embargo, no existe una postura específica para el hitbodedut. Aquella postura que se encuentre más conducente al propio *yishuv ha-daat* es la que se deberá utilizar para la práctica.

En el Shemá decimos: "Deberás hablar de estas cosas cuando te *sientes* en tu casa, cuando *andes* por el camino y cuando te *acuestes* y cuando te *levantes*" (Deuteronomio 6:7). Estar sentado, caminar, reclinado o parado, son todas posturas posibles para el hitbodedut.

Sentado: Hemos visto anteriormente (Capítulo 4), que el estar sentado se asocia directamente con el *yishuv ha-daat*, y de hecho, la mayoría de la gente encuentra que esta postura es la más conducente para lograr la calma y la concentración necesarias al hitbodedut. Si se desea practicar la relajación y la respiración en esta postura, como preparación previa al hitbodedut, se podrá pasar luego a la práctica sin cambiar la posición. Mucha gente asocia la meditación con la quietud física, pero esto no es necesario en el hitbodedut. Siéntese lo más confortable que pueda y muévase cómo y cuándo quiera. Lo más importante es poder pensar con claridad y expresarse a sí mismo. Puede ser útil para algunas personas, en algunas fases del hitbodedut, estar sentados quietos y en la postura de relajación. Otros pueden encontrar la oscilación acompasada y suave asociada comúnmente con la plegaria Judía, como más conducente a la concentración y la devoción.

Caminando: Algunas personas encuentran que el caminar ayuda a concentrarse, mientras que para otras es una distracción. Este es un asunto personal. Si encuentra que caminar por un parque o un bosque, incluso andar por la propia habitación lo ayuda a pensar y expresarse, ¡entonces hágalo!

Reclinado: El estar acostado de espaldas no es una postura apropiada para el trabajo espiritual, pero el estar reclinado sobre un costado puede ser útil. Como se ha mencionado más arriba, el mismo Rey David practicaba el hitbodedut en la cama, de noche. Hable con Dios en la noche, antes de dejarse llevar por el sueño. Sus plegarias susurradas y las afirmaciones a usted mismo respecto de sus objetivos en general y de aquello que desea hacer al día siguiente, son poderosos instrumentos de crecimiento y cambio.

Parado: Si usted puede hacerlo de manera confortable, con tal que se encuentre relajado y claro mentalmente, el estar parado frente a Dios es una de las más nobles y apropiadas posiciones para el hitbodedut.

Procedimiento

El hitbodedut es, por definición, una actividad que se practica de manera individual. La plegaria y la meditación en grupos de dos, tres o más personas pueden ser muy poderosas. Y el estar con amigos en un bosque, por ejemplo, practicando el hitbodedut, puede ser de gran ayuda y apoyo. Pero el trabajo esencial del hitbodedut, la introspección, el hablar y la plegaria, es algo que cada uno debe hacer por sí mismo y lo mejor para ello es estar solo.

Trabajar con uno mismo requiere cierta autodisciplina. El hitbodedut tiene sus altos y sus bajos (ver adelante) y cuando la marcha comienza a hacerse algo difícil no hay nadie que le impida levantarse y abandonar la sesión. Puede ser útil tener un reloj frente a uno y decidir el tiempo que se quiere ocupar en el hitbodedut, para entonces poder decirse: "Durante los próximos *x* minutos voy a realizar el hitbodedut". Debe prometerse a usted mismo que no se levantará antes que pase ese tiempo, no importa lo que suceda durante la sesión, inclusive si nada sucede o si se siente cansado o adormilado, etcétera.

Es muy útil dar unas monedas para caridad antes de comenzar la sesión de hitbodedut (*Shuljan Aruj, Yoreh Deah* 249:14; ver también *Likutey Moharán* II:4,2). Tenga una caja para depositar el dinero destinado a la caridad en el lugar donde practica el hitbodedut y coloque allí unas monedas antes de comenzar, más tarde podrá donar ese dinero a aquella causa que usted considere apropiada. Mientras da el dinero, ruéguele a Dios que abra las puertas a su plegaria y a su meditación.

Comience su sesión de hitbodedut con la afirmación de querer empezar y acercarse a Dios nuevamente: *"Ribonó shel Olam,* Señor del Mundo, quiero acercarme a Ti y servirte. ¡Quiero comenzar *ahora*! Por favor, ayúdame".

Cerrar los ojos durante la sesión de hitbodedut puede ser una gran ayuda para la focalización y la concentración. Uno se aparta del mundo visual exterior y de sus engañosas imágenes, del mundo de "Debajo de la Mesa" y se focaliza sobre el mundo interior, buscando la luz de la verdad. En la medida en que le sea confortable, mantenga sus ojos cerrados, es útil, pero no esencial. Si no está acostumbrado a mantener los ojos cerrados durante un lapso prolongado de tiempo, puede intentarlo por periodos más cortos. ¡No se desanime si abre los ojos de vez en cuando!

¿Qué es lo que se hace durante el Hitbodedut?

De hecho, lo que haga durante la sesión de hitbodedut depende de usted. Por naturaleza, el hitbodedut es una práctica individual. El hitbodedut es un tiempo privado para usted mismo. Es *su* tiempo, para trabajar sobre usted, sobre su vida y su crecimiento. Lo que haga puede variar de acuerdo a sus necesidades individuales e intereses, en los diferentes períodos de su vida y desarrollo, e inclusive de día en día. Las posibilidades son infinitas. Una misma sesión puede ser utilizada para diferentes tipos de trabajos, uno después del otro.

Para algunas personas, el aspecto más importante del hitbodedut puede ser la oportunidad que les da para relajarse y liberarse de las tensiones diarias, pudiendo así revisar con calma sus diversas actividades y tareas, logrando una mejor perspectiva respecto de sus vidas.

También puede utilizarse el hitbodedut para el trabajo creativo. Aquel que desee desarrollar un nuevo proyecto (privado, de negocios, para la comunidad, académico, literario, artístico o de alguna otra clase), puede dedicarle una o más sesiones para explorar las diferentes ideas y aspectos y desarrollar los planes respectivos. Otra aplicación del hitbodedut es el pensar y orar con intensidad sobre los problemas específicos que nos enfrentan, personales, sociales, financieros, de negocios, de carrera, salud, etcétera.

Para aquellos interesados en su crecimiento personal y desarrollo, las posibilidades del hitbodedut abarcan desde el cultivo de las aptitudes personales o la resolución de los problemas específicos: miedos, falta de confianza, adicciones de diferente clase, etcétera, al autoanálisis más profundo y a la transformación. El hitbodedut puede ser usado como complemento del trabajo personal realizado con un consejero o terapeuta. Esto puede ser especialmente útil cuando se busque la implementación práctica de aquello visto y comprendido en las sesiones conjuntas y quizás más importante aún, para desarrollar la habilidad de enfrentar las pruebas de la vida de manera independiente y madura.

Por sobre todas las cosas, el hitbodedut es un tiempo de exploración espiritual y desarrollo. La literatura del Musar y de la Jasidut ofrece numerosos caminos de devoción, desde la observación del mundo externo, contemplando las maravillas de la Creación y de su Fuente, o bien volviéndose hacia el interior, "desde mi carne veré a Dios" (Job 19:26). Es en el hitbodedut donde uno puede experimentar y profundizar estos caminos en la práctica, utilizando el tremendo poder de las palabras, del llanto, los suspiros, las plegarias y las canciones, para elevar la propia conciencia y llegar así más cerca de Dios. El hitbodedut puede llevarnos a los más altos niveles del amor, el temor y la devoción Divina.

Sentarse, Respirar y estar Conscientes

Salvo que tenga una idea precisa de lo que quiere hacer durante la sesión, una de las mejores maneras de comenzar una sesión de hitbodedut es sentándose y buscando una relajación profunda. En especial, si usted es una persona tensa o ha estado preocupado con pensamiento y acciones mundanas, la relajación le será de utilidad, tranquilizando y abriendo su mente, permitiéndole contemplarse a sí mismo y a su vida desde una perspectiva más amplia.

Al relajarse puede también respirar profundamente, librando así su mente de la pesadez, el adormecimiento y la interferencia. El entonar una suave melodía de devoción puede ayudarlo también a ubicarse en el marco mental adecuado para el hitbodedut.

Luego, entonces, el estar sentado en calma, trate simplemente de tomar conciencia de lo que ocurre en su mente, sin tratar de dirigir sus pensamientos. Es posible que muchas y diferentes clases de pensamientos y sentimientos lleguen a su mente, totalmente mezclados, algunos profundos y altamente significativos, otros triviales y sin importancia y otros sin ninguna relevancia aparente. En lugar de tratar de definir y analizarlos, simplemente dedíquese a observarlos. ¿Qué sucede?

Tomando Contacto

Debido a las presiones de la vida cotidiana, tendemos a suprimir de nuestra conciencia normal el yo superior del Príncipe. Comúnmente estamos tan ocupados haciendo todo lo que tenemos que hacer, que no tenemos tiempo de escuchar lo que nuestra conciencia nos está diciendo. Y más aún, existe en nosotros una parte importante que de hecho no *quiere* escuchar.

En cierto modo puede que nos sintamos responsables, heridos o sensibilizados por las cosas que tanto nosotros como los demás hemos estado haciendo, pero es posible que estemos tan ocupados en las tareas prácticas del vivir, que no seamos capaces de tratar con esos pensamientos y sentimientos, o inclusive admitirlos conscientemente, de manera tal que ellos se vuelven inconscientes. El hitbodedut es el momento para permitirles salir a la superficie, para explorarlos y trabajar con ellos.

Cuando estudiamos Torá y anhelamos cumplir con sus altos ideales en cada detalle de nuestras vidas, puede ser que sintamos que hemos fallado en su aplicación en las situaciones reales. El yo superior quiere hacer lo correcto, estudiar y orar bien, comer correctamente, hacer negocios con honestidad, hablar y comportarse de manera apropiada, etcétera. Pero, las presiones externas y el Pavo interior nos compelen a realizar aquellas acciones que sabemos incorrectas y que están mal. Una de las respuestas más características del Pavo es el evadirse y negar el sentimiento de culpa por la mala acción, empujándolo fuera de la conciencia. Pero la herida permanece y el Príncipe la siente.

La Confesión

El hitbodedut es el momento para admitir nuestra culpa respecto de todo aquello que hemos hecho mal y para trabajar sobre ello. No es bueno vivir con remordimientos: necesitamos ser positivos y no negativos. Pero la única forma de librarnos de los remordimientos es confrontándolos abiertamente. Hasta que no lo hagamos, seguirán molestándonos de una manera u otra.

Acostúmbrese a admitir todo aquello que haya hecho mal. Encontrará que esto le dará un gran sentimiento de alivio. Dirija la mente sobre sus actividades y tareas. Si es consciente de haber hecho algo en contra de lo que sabe que es correcto, o de haber sido negligente respecto de algo que sabe que debería haber sido hecho, admítalo honestamente. Tenga el coraje de aceptar las responsabilidades por lo que ha hecho. Recuerde los detalles de su acción y diga en voz alta o murmure: "He hecho (o dejado de hacer) esto, y sé que estuvo mal, va en contra de lo que yo sé que es correcto. Lamento lo que hice e intentaré con todas mis fuerzas no repetirlo jamás".

Nuestros sentimientos reprimidos son comúnmente más sutiles y complejos que un simple remordimiento. En el hitbodedut, escuche atentamente a sus voces interiores y trate de sacarlas a la superficie. Exprese en voz alta lo que siente dentro suyo. Aunque crea que algunos de sus pensamientos y emociones privadas son inaceptables, admítalo con honestidad delante de Dios. Si son ofensivos, pídale a Dios que lo limpie y lo ayude a liberarse de ellos. Si siente llantos o gritos dentro suyo, déjelos salir: llore y grite en voz alta. ¿Quién está llamando? ¿Qué es lo que está tratando de decir?

Estructuras Externas, Causas Profundas

Confesarse y admitir las cosas malas que ha hecho y que van en contra de sus propios objetivos y expectativas, es sólo el primer paso. Para poder lograr cambios significativos en su vida es necesario que se pregunte *porqué* hace esas cosas que violan sus expectativas: ¿qué es lo que lo impele a ello?

La cuestión no es pensar simplemente y de manera minuciosa en las cosas específicas que uno haya hecho, ni expresar los pensamientos y sentimientos interiores, como si estuviesen desconectados entre sí. Trate más bien de desarrollar una imagen más general de su personalidad, observando sus *patrones* de conducta en las diversas áreas de su vida. No diga simplemente: "Anoche comí demasiado y estaba muy cansado como para estudiar", sino: "Tiendo a comer en demasía durante la noche, ¿qué es lo que hace que me comporte así? ¿Cuándo es que busco más comida de la necesaria? ¿Cuáles son los pensamientos y sentimientos específicos que tengo cuando lo hago?". No diga simplemente: "He tenido una terrible pelea con *x* hoy", sino: "Tiendo a enojarme en este tipo de situaciones. ¿Qué es lo que tienen en común? ¿Cómo es que se desarrolla mi ira? ¿En qué momento pierdo el control? ¿Qué es lo que realmente me vuelve tan loco?".

En hebreo esto se llama *jeshbon ha-nefesh*, la cuenta del alma, o el recuento espiritual. Significa profundizar la comprensión de la propia vida y actividades, evaluándolas con la medida de la Torá. Y esto no es un proyecto que pueda completarse en una sola sesión de hitbodedut. Puede ser que necesite por lo menos semanas o incluso meses para llegar a construir una imagen clara y honesta de su personalidad. Para algunas personas, aclarar y comprender sus diferentes facetas puede ser una de las tareas más importantes del hitbodedut. Y eso lo complica pues algunos aspectos pueden estar en conflicto con otros, mientras que el mismo proceso de crecer y cambiar hace que nuestras personalidades se encuentren en un estado de constante fluir.

Puede ser de ayuda para esta autoexploración, tomar lápiz y papel y hacer un "mapa" de su personalidad. Haga un listado de las diferentes áreas de su vida: funciones físicas (comer, dormir, etcétera); relaciones personales (familiares, amigos, otros); trabajo; cuestiones monetarias; búsquedas espirituales (estudio, plegaria, meditación, etcétera); descanso y actividades recreativas, entre otras.

Ahora considere cada área por separado y observe cómo es que funciona en cada una de ellas. ¿Cuáles son sus objetivos en un área determinada, si es que los tiene? ¿En qué medida vive de acuerdo a ellos? ¿Es que a veces hace cosas que se contraponen a esos objetivos? ¿Por qué? Anote las cuestiones particulares que le surgen en cualquier área específica.

Pase una mirada general sobre usted mismo. ¿Qué clase de persona es usted? ¿Qué imágenes tiene de usted mismo? ¿Son positivas o negativas? ¿Cómo definiría su vida? ¿Qué cosas lo motivan? ¿Cuándo es que se siente bien y cuándo se siente mal? ¿Cuáles son sus mejores cualidades y cuáles sus mayores defectos? ¿Qué mensajes se da a usted mismo? ¿Se da ánimo o por el contrario se subestima? ¿Cómo reacciona a las situaciones problemáticas? ¿Es usted fácil de vencer o es persistente y se mantiene firme ¿Cómo se relaciona con otra gente: fácilmente o con dificultad? ¿Cuáles son los mayores problemas en su vida y qué hace respecto de ellos? ¿A qué le teme? ¿Qué es lo que ha hecho que usted sea como es?

Anote sintéticamente sus respuestas usando palabras clave y frases cortas y reflexione respecto de la manera en que se relacionan unas con otras todas sus diferentes facetas. Mantenga este mapa para poder referirse a él en las sucesivas sesiones de hitbodedut, redefiniéndolo, expandiéndolo y desarrollándolo, a medida que aumenta su autocomprensión.

Sus Objetivos

Piense respecto del propósito de su vida. Observe sus actividades y tareas y vea qué es lo que está tratando de lograr.

¿Hace lo que hace porque *quiere*, o porque le ha sido impuesto por otros? ¿Cuáles son sus obligaciones hacia los demás? ¿Cuáles son sus obligaciones respecto de usted mismo? ¿Cuáles son sus obligaciones para con Dios?

Si no *sabe* cuál es el propósito de su vida, admítalo. Dígale a Dios, de manera franca y abierta, que no entiende para qué fue creado y pida que lo ayude a saber qué es lo que Él quiere de usted.

Haga de la clarificación y la definición de sus objetivos una práctica constante en el hitbodedut. Mantenga un listado detallado, comenzando con una definición del propósito general de su vida. Anote las cosas que piensa que *debe* buscar, aquellas que le *gustarían* y los objetivos a los cuales apuntan sus actuales actividades y tareas. ¿Hasta qué punto está en armonía su estilo de vida actual con aquellos objetivos que son más importantes para usted? ¿Es que sus objetivos están en armonía unos con otros, o algunos de ellos se contradicen entre sí? ¿Hasta qué punto sus objetivos son posibles de llevar a cabo? ¿Cómo podrá realizarlos?

¿Cómo puede lograr aquello que desea?

Es imposible trabajar sobre todo el mismo tiempo. Puede haber muchas cosas en su vida que usted desee cambiar y mucho también que quiera lograr. Pero de hecho, es contraproducente intentar lograr demasiadas cosas juntas. Siga el ejemplo del Hombre Sabio (ver arriba, Capítulo 3). Para llegar a curar al Príncipe tuvo que andar de proyecto en proyecto y paso por paso.

Piense cuáles son las prioridades más importantes dada su situación actual y decida sobre cuál deberá concentrarse por el momento. Afirme esto como una decisión. Diga en voz alta: "He decidido trabajar sobre *A, B y C*". Luego determine sobre qué proyecto le será necesario trabajar primero.

Entonces, concentre todos sus pensamientos en este proyecto, tan intensamente como le sea posible. Enfoque cada facultad de su mente sobre este objetivo, verbalizando con claridad y en detalle cada uno de los diferentes pasos que necesite dar para poder llegar a lograrlo. ¿Qué deberá hacer en el mundo externo? ¿Y qué cambios tendrá que llevar a cabo sobre usted mismo? ¿Y qué pasa con aquellas cosas sobre las que nada puede hacer? ¿Puede aprender a convivir con ellas e inclusive ponerlas a su favor? Trabaje sobre todas las cosas que deberá hacer, con el máximo de detalles. ¿En qué orden deberán ser hechas? ¿Cuál es el primer paso que se debe dar? ¿Cuándo y cómo lo hará?

"Por ejemplo", dice el Rebe Najmán, "puede concentrarse en el hecho de que quiere estudiar las cuatro secciones del *Shuljan Aruj* completas. Puede calcular que si estudia cinco páginas por día, podrá terminar las cuatro secciones en un año. Imagine cómo hará exactamente para llevar a cabo este estudio. Concéntrese con fuerza hasta llegar a estar literalmente obsesionado con el pensamiento. Si su deseo es fuerte y su concentración lo suficientemente intensa, logrará lo que buscaba" (*Sabiduría y Enseñanzas del Rabí Najmán de Breslov* #62).

Los métodos sugeridos por el Rebe Najmán: determinar los pasos necesarios que deberán ser dados, visualizarse a uno mismo llevándolos a cabo y concentrarse con intensidad en su deseo de hacerlo, pueden ser utilizados para lograr cualquier cosa en la vida.

Orando a Dios y Hablando con Usted Mismo

Nos enseñaron que Dios controla el universo entero y que el hombre, al mismo tiempo, posee libertad de elección. Si Dios está en completo control del universo, entonces esto significaría que dependemos de Dios en todas las cosas. En ese caso, ¿por qué debemos *nosotros* trabajar y hacer el esfuerzo para lograr nuestros objetivos? ¿Y por qué debemos orar entonces? Por otro lado, si el hombre tiene libre elección, esto parecería indicar que todo aquello que logremos depende de nosotros. En ese caso, ¿qué sentido tiene orar a Dios pidiéndole ayuda, cuando de hecho todo está en nuestras manos?

¿Cómo es posible que Dios controle todo y que al mismo tiempo el hombre tenga libre elección? El Rebe Najmán enseña que ésta es una paradoja imposible de ser resuelta por nosotros e incluso de ser comprendida en esta vida. Y de hecho, es nuestra misma imposibilidad de comprender este enigma lo que nos otorga la posibilidad de la libre elección. En lugar de hacer infructuosos esfuerzos para comprender lo incomprensible, el Rebe Najmán nos dice que debemos tener fe en que las cosas dependen de nuestras manos y al mismo tiempo que Dios está en control de todo (para una discusión más amplia ver *Restaura mi Alma* en el libro *Meditación, Fuerza Interior y Fe*).

Sea lo que fuere que se desee lograr en la vida, se debe tener fe en que solo Dios puede otorgarlo, pero al mismo tiempo, se debe saber que le corresponde a uno hacer los esfuerzos necesarios y dar los pasos requeridos para poder alcanzarlo. Este principio básico de la fe afecta la manera en la cual se debe orar en el hitbodedut, al igual que la forma en que se determinan los modos mediante los cuales se pueden lograr sus objetivos. Al concentrarse en los detalles de lo que desea lograr, discrimine cada paso por separado y pídale a Dios que lo ayude con cada uno de ellos.

Pero al tiempo que le ruega a Dios, debe actuar también como si todo dependiese de usted mismo. Por lo tanto, también se deberá hablar a sí mismo durante el hitbodedut, empujándose hacia la acción. Afirme sus objetivos y explíquese a usted mismo qué es lo que exactamente quiere lograr. Debe darse ánimo. Recuérdese cuán importantes son sus objetivos e incítese a trabajar de todo corazón, en aras de lograrlo. Llévese paso a paso a través de su proyecto, diciéndose lo que deberá hacer en cada una de las etapas.

Pero, si siente que algo se encuentra más allá de su posibilidad de alcanzarlo, por los motivos que fueren, no piense que es inútil tratar, ni que tampoco debería pedirle ayuda a Dios. Puede ser que usted tenga esperanzas y ambiciones que parecen inalcanzables en el presente y quizás también en el futuro. Puede que se sienta trabado dentro de situaciones que parecen inmodificables. Pero Dios es todo poderoso. Háblele a Dios de sus anhelos. Pídale una y otra vez que lo ayude. ¡Nunca pierda la fe en el poder de Dios para hacer milagros!

Puede ser que se sienta atraído por los exaltados niveles del servicio espiritual descriptos en la Jasidut y que los deje de lado por considerarlos más allá de su capacidad en esta vida. Quizás lo sean, por ahora. Pero no hace daño el suspirar y decirle a Dios cuánto *desearía* alcanzar esos niveles, cuán importantes le parecen y cuánto los anhela. ¿Quién sabe? Para Dios todo es posible. Algunos de los más asombrosos logros espirituales de la historia de la humanidad comenzaron como meros sueños, sólo que la gente que los soñó era lo suficientemente audaz como para orar por ello. ¡Atrévase! (ver *Los Cuentos del Rabí Najmán* #9 "El Sofisticado y el Simple").

Tu Lápiz es Tu Amigo

"Hazte de un amigo" (*Avot* 1:6). La frase hebrea *kne leja javer* puede también traducirse como: "Tu lápiz es tu amigo".

Salvo que tenga un maestro espiritual o un buen amigo en el cual pueda confiar respecto del hitbodedut, la mayor parte del tiempo no tendrá a nadie para guiarlo de manera directa y que pueda seguir el curso de sus trabajos y progresos. Una de las mejores ayudas para el hitbodedut y para el crecimiento espiritual en general, es el papel y algo con lo cual escribir sobre él.

Al comenzar la sesión de hitbodedut, escriba un pequeño resumen de los temas sobre los cuales desea trabajar. Puede discriminar algunos encabezamientos (ejemplo: trabajo, salud, familia, objetivos espirituales, gente por la que se desea orar, etcétera) y encolumnar debajo de ellos ítems específicos (por ejemplo: trabajo: maneras de aumentar los ingresos, mejoramiento de la actuación en el trabajo, cambiar de empleo, donaciones para caridad, etcétera).

A lo largo de la sesión, cuando se encuentre tratando de resolver alguna cuestión compleja, puede serle de ayuda anotar algunas de las ideas a medida que las piensa y expresa, aunque deberá cuidar de no transformar la sesión de hitbodedut en una sesión de escritura diaria. La esencia del hitbodedut es la palabra hablada: el propósito de escribir es el *ayudarlo* a pensar y orar.

Para darle continuidad a su trabajo espiritual, finalice su sesión de hitbodedut reviendo lo que ha logrado y haciendo breves anotaciones respecto de lo que haya comprendido y de los temas y cuestiones sobre los cuales desea profundizar en otro momento, etcétera. Si está pidiéndole a Dios respuestas a cuestiones específicas, mantenga un archivo de sus preguntas y durante los días y semanas siguientes, anote todas las ideas relevantes que se le ocurran. Comenzará a ver cómo ellas son respondidas.

Mantenga su listado de objetivos y vuelva a él con frecuencia, verificando sus progresos. Hágase el hábito de anotar las diferentes tareas que deberá atender. ¿Qué piensa hacer hoy? ¿Esta semana? ¿Este mes? ¿Durante el año que viene? Enumere lo que debe hacer, en orden de prioridades. Organice sus papeles en un archivo especial y revíselo periódicamente.

El Proceso del Hitbodedut

> *Agradezca a Dios por lo pasado*
> *y ruegue por el futuro.*
> Berajot 54a

En el presente se unen el pasado y el futuro. Al sentarse para el hitbodedut, usted se encuentra en la interfase. La pregunta que el Hombre Sabio le devolvió al Príncipe: "¿Quién eres y qué estás haciendo aquí?" apunta a ambos: al pasado y al futuro. Al pasado, pues lo que tú eres y lo que estás haciendo en este preciso momento en tu vida está encadenado a todo lo que te sucedió hasta este instante. Y el futuro, pues "¿Quién eres?" también significa: ¿Quién eres tú en potencia? ¿Quién es el tú real, tu auténtico yo superior, tu futuro yo? Y "¿Qué es lo que estás haciendo aquí?" puede significar: ¿Cuál es el propósito de tu vida y qué *deberías* estar haciendo con ella?

Estas preguntas que apuntan hacia el pasado y hacia el futuro son las guías para el proceso de crecimiento y, por lo tanto, para el hitbodedut . Debe preguntarse y definir quién desea ser y qué es lo que quiere lograr. Esta es la manera de determinar sus objetivos y desarrollar el método para acercarse a ellos. Pero también deberá tener una profunda comprensión respecto de quién es usted ahora, de su comportamiento presente y de lo que hay detrás de él. Sólo mediante la aceptación de lo que usted es en realidad podrá comenzar a trabajar sobre lo que deberá hacer, en términos prácticos, para llegar así a cambiar y ser lo que desea ser.

Paradójicamente, para ir con libertad hacia el futuro, se debe primero volver al pasado. Y es por esto que el hitbodedut comienza con una confesión y con el reconocimiento de lo que uno es. "¿Quién eres?". "Soy un Pavo y he hecho esto y esto otro...". El efecto de los errores que cometemos durante la vida permanece con nosotros ejerciendo su influencia, nos guste o no. Sólo cuando enfrentamos nuestros errores con franqueza, lamentando el haberlos realizado, podemos librarnos de la traba del pasado.

"Agradezca a Dios por el pasado y ruegue por el futuro". Esta directiva del Talmud respecto de la plegaria es la clave para el hitbodedut. El presente, aquello que es ahora, es resultado del pasado. La primera cosa es "reconocerlo", ser francos y honestos respecto de quienes somos y de lo que hemos hecho de nosotros mismos, tratando de comprender qué hay detrás de nuestros patrones de conducta. Allí donde no lo sepamos, debemos cavar bajo nuestras defensas, revelando aquellos factores que quizás estemos negando. Luego, con la comprensión de lo que somos y de lo que debemos cambiar, debemos "rogar" sobre el futuro, usar palabras y clamar a nuestra alma y a Dios, para poder traer a la existencia nuestro yo potencial.

Su esfuerzo por desarrollar la autocomprensión mediante el hitbodedut incrementará su autoconciencia durante la vida cotidiana. Y esta autoconciencia alimentará a su vez su hitbodedut. De manera similar, cuanto más piense y clarifique sus objetivos en el hitbodedut, más efectiva será su búsqueda. Con el correr del tiempo necesitará dedicarse mucho menos a tratar de comprender su estructura básica y objetivos. El trabajo principal será entonces "afinar" su yo en la búsqueda efectiva de aquellos objetivos elegidos y poder así, de manera constante, acercarse cada vez más al servicio de Dios, hasta llegar a amar a Dios "con todo tu corazón, con toda tu alma y con todas tus fuerzas" (Deuteronomio 6:5).

Comenzar y Seguir

Imagine la escena debajo de la mesa al comienzo de la relación entre el Príncipe y el Hombre Sabio. Es probable que antes que se disolviera el hielo las cosas se desarrollaran de manera lenta y parsimoniosa. Quizás el Príncipe se pavoneara un poco emitiendo uno o dos de sus mejores cloqueos de pavo, hasta que la curiosidad lo acicateara. ¿Debería hablar? ¿Debería quedarse callado? ¿Es que los Pavos hablan? Hasta que finalmente preguntó: "¿Quién eres y qué estas haciendo aquí?".

"¿Y quién eres tú?", preguntó el Hombre Sabio. "¿Yo? Yo soy un pavo". "¿De verdad?" dijo el Hombre Sabio, "¡Mira qué coincidencia! Yo también soy un pavo". Es probable que el Príncipe encontrara a su nuevo compañero algo peculiar, pero la mutua y franca confesión sirvió de buena base para la relación.

Es probable que durante las horas de la comida del Rey, el Príncipe y el Hombre Sabio no conversaran demasiado: con tantos huesos y migas cayendo por todos lados, el Príncipe estaba muy ocupado. Pero el Rey y el resto de los comensales terminaban por levantarse de la mesa. Los sirvientes reales retiraban los cubiertos y platos y limpiaban el lugar, siempre pretendiendo ignorar la presencia de los dos hombres debajo de la mesa. Por último, de noche, las luces se apagaban y el Príncipe y el Hombre Sabio quedaban a solas.

Probablemente, era durante las largas y silenciosas horas de la noche que el Príncipe y el Hombre Sabio lograban esa intimidad y confianza necesarias como fundamento de la curación. El Príncipe habría aprendido que podía confiar realmente en éste como padre-y-amigo, y hablar de sus problemas más profundos. Podía decirle cosas que nunca le hubiera dicho a nadie, sobre lo que significaba ser un Pavo, sobre cómo se sentían realmente esas urgencias y compulsiones, sobre cuánta angustia y dolor había detrás de ellas, sobre las terribles frustraciones de la vida de Pavo, sus miedos secretos y su tremenda desesperación... Cómo debe de haber llorado el Príncipe... y luego reído con alivio... y vuelto a hablar... y más...

La gente que comienza por primera vez el hitbodedut suele encontrar algo difícil empezar a hablar. ¿Cómo se empieza? La clave para hablar a Dios es el decir exactamente lo que se piensa y siente. Poco tiempo antes de su fallecimiento, en 1810, el Rebe Najmán estaba seriamente enfermo. Su nieto de cuatro años, Yisrael, vino a verlo. El Rebe le dijo: "Pídele a Dios que vuelva a estar bien". El pequeño se corrió a un costado y dijo: "¡Dios! ¡Dios! ¡Haz que mi *zeide* esté bien!". Los adultos que estaban allí presentes comenzaron a sonreír, pero el Rebe Najmán dijo: "Esta es la manera en la que se deben pedir las cosas a Dios. ¿Qué otra manera de orar existe?". La esencia de la plegaria es la simplicidad. Hablar a Dios como un niño le hablaría a su padre, o de la manera en que una persona le habla a su amigo (*Tzadik* #439).

Supongamos que usted ya está en un lugar donde nadie lo va a molestar. Que ha dispuesto del tiempo necesario y que no tiene que correr a ningún lado. ¿Por dónde comienza?

Siéntese cómodamente. Relájese y respire en profundidad. Algunas personas son concientes de los problemas y temas sobre los cuales desean trabajar, pero si usted no lo sabe, trate con lo siguiente:

Diga en voz alta: "¿Quién soy yo y qué es lo que estoy haciendo aquí?". Simplemente diga las palabras.

¿Se siente incómodo hablando solo, en voz alta? Alguna gente encuentra extraño el escucharse a sí misma hablándose por primera vez, ¡aunque no es muy distinto de mirarse a uno mismo en el espejo!

¿Qué es lo que *siente*? Diga en voz alta lo que siente. Si siente que esto es una locura, o que es divertido, dígalo. ¡Ríase! Luego pregúntese nuevamente: "¿Quién soy yo y qué es lo que estoy haciendo aquí?".

Háblele a Dios. "Dios, ¿por qué me has creado? ¿Cuál es el propósito de mi vida en este mundo? ¿Qué es lo que quieres de mí?".

Considere cuidadosamente sus pensamientos. ¿Qué respuestas le vienen a la mente? Trate de formular una respuesta. Exprésela en voz alta. Escúchese decirla. Si observa que aquello que está diciendo no es realmente la respuesta, vuelva a reformularla.

"¿Dios, qué es lo que quiero hacer en mi hitbodedut? ¿Cuáles son las cosas de las cuales deseo hablar? Ayúdame a ordenar mis pensamientos y a hablar de aquello que quiero hablar, tema por tema...".

Si encuentra difícil dirigirse a Dios, trate de verse a usted mismo como si estuviese hablando por teléfono con alguien a quien nunca ha visto, alguien muy sabio y comprensivo que puede ayudarlo a enfrentar los problemas más importantes de su vida. O también como si hablase con un consejero sabio o con un amigo íntimo en el cual confía plenamente.

No debe esperar recibir respuestas directas de Dios, pero recuerde sus preguntas durante los días y semanas subsiguientes. Si es sincero y desea realmente encontrar respuestas, es muy probable que en el curso de su pensamiento, de su estudio, de sus conversaciones con otras personas y en otras experiencias, esas respuestas comiencen a aparecer en su mente.

Alguien le comentó cierta vez al Rebe Najmán lo difícil que le resultaba el hablar durante el hitbodedut. El Rebe le respondió: "Tú te asemejas a un guerrero que se esfuerza por conquistar una poderosa muralla. Cundo llegas a la entrada la encuentras bloqueada por una tela de araña. ¿Puedes imaginarte algo más tonto que el retornar derrotado debido a una tela de araña que te bloquea el paso?".

"Puedes meditar con tu pensamiento, pero lo más importante es expresarlo en palabras. Puede que encuentres difícil hablar con Dios, pero en realidad sólo es pereza y timidez. Atrévete. Estás dispuesto a usar tu voz para triunfar en la gran batalla en contra del mal dentro de ti. Estás muy cerca de la victoria y a punto de derrumbar las paredes mediante tu voz. Los portones están por abrirse. ¿No hablarás entonces debido a tu pena y timidez? ¿Retrocederás debido a una nimiedad como ésta? Estás por derrumbar una muralla. ¿Te amedrentará una mera tela de araña?" (*Sabiduría y Enseñanzas del Rabí Najmán de Breslov #232*).

"¡Soy un Pavo!"

Con frecuencia, la gente que comienza con el hitbodedut experimenta durante las primeras sesiones una tremenda sensación de liberación y percepción interior, pero no bien comienzan a practicar de manera constante, se encuentran de pronto enfrentados con todo tipo de obstáculos, tanto externos como internos.

Es posible que usted planifique sus horarios de manera cuidadosa, pero que las cosas más inesperadas surjan de la nada, impidiéndole cumplir con sus intenciones: un súbito aumento de tareas en el trabajo, cosas que van mal en la casa, problemas urgentes, etcétera. Todo parece conspirar obligándolo a posponer su sesión de hitbodedut por un día, dos, unas semanas, un mes y más aún. De pronto parece la cosa más difícil del mundo el poder encontrar apenas unos minutos para sentarse en calma y estar con uno mismo.

Y más insidiosas aún son las resistencias internas. Hay un cincuenta por ciento dentro suyo que *no quiere* practicar el hitbodedut y menos aún de una manera que lo lleve a despertar espiritualmente y luchar contra el Pavo interior. Puede que una parte suya quiera sentarse en calma y practicar el hitbodedut, pero la otra parte lucha por zafarse: salir a comer algo, mirar los periódicos, llamar por teléfono, ir a algún lugar, hacer algo... ¡cualquier cosa, salvo meditar!

Usted está tratando de estar en calma y de clarificarse y de pronto ¡parece como si nunca hubiese estado tan tenso! Se siente incómodo, inquieto, impaciente; su mente salta de una cosa a la otra; se encuentra plagado de urgencias y deseos corporales; de pronto se siente increíblemente pesado y somnoliento. Todo lo que desea es irse a dormir... Trata de relajarse, respirar, hablar, orar. Nada parece dar resultado. Es posible que piense que estaba mucho mejor antes de comenzar con el hitbodedut.

Este tipo de reacciones pueden también surgir en medio de una sesión, justo cuando las cosas parecían andar muy bien y usted se estaba sintiendo calmo, claro, alegre y conectado. La eternidad parecía estar a la vuelta de la esquina... y de pronto, súbitamente, todo se desmorona y usted se siente arrastrado en el barro, con su mente como un torbellino y todo fuera de control.

Esto puede ocurrir inclusive luego de practicar regularmente el hitbodedut durante meses o años. Puede que haya logrado grandes triunfos y sienta que por fin integró el hitbodedut como parte de su vida, pero así y todo, llega a encontrarse en un territorio reseco donde siente que no va a ninguna parte. Encuentra su hitbodedut aburrido e inútil y comienza a echar de menos las sesiones anteriores y antes de darse cuenta ha abandonado la práctica.

Todo esto se debe a que el hitbodedut es una lucha contra el Pavo. Puede ser que las cosas fuesen más tranquilas antes de comenzar con el hitbodedut, pues el Pavo estaba bien afianzado y no sentía necesidad alguna de luchar por su vida. Desde el momento en que comenzó a cuestionar sus hábitos de Pavo y trató de despertar al Príncipe o a la Princesa dentro suyo, el Pavo se atrincheró preparándose para la batalla. Tan pronto como el Hombre Sabio plantea la pregunta respecto de la identidad: "¿Quién eres tú?", el Pavo responde con un definitivo ¡No! "Yo no soy un Príncipe, ¡soy un Pavo! Siempre lo fui y siempre lo seré. ¡Un Pavo! ¡Un Pavo! ¡Y no voy a cambiar!".

El lado Pavo dentro nuestro se resiste a encarar los temas mismos que se encuentran en el centro del hitbodedut: ¿Cuál es la verdad de nuestra condición en este mundo? ¿Qué deberíamos estar haciendo con nuestro precioso tiempo? ¿Cómo podemos hacer para apartarnos de las migajas y huesos de este mundo y seguir la Torá y las mitzvot con todo nuestro corazón? Una de las cosas más difíciles de enfrentar en la vida es el remordimiento, pues sabemos que la vida es corta y es muy doloroso el reconocer lo mucho que hemos desperdiciado. El Pavo corre hacia las migajas y huesos tratando de escapar de la verdad.

El Rebe Najmán dijo: "El agua dentro de una jarra puede parecer perfectamente limpia, pero cuando se la pone sobre el fuego y comienza a hervir, todas sus impurezas salen a la superficie. Uno debe estar allí y retirar todas esas impurezas. La pureza original era, de hecho, sólo una ilusión. Con un poco de calor surge la impureza. Pero cuando finalmente se extraen todas esas impurezas, el agua queda verdaderamente pura y clara.

"Lo mismo sucede con una persona. Antes de comenzar a servir a Dios, lo bueno y lo malo dentro de ella están mezclados. Las impurezas están tan estrechamente unidas con el bien, que no pueden ser reconocidas. Pero cuando esta persona comienza a encenderse con la pasión por Dios, entonces es tocada con el calor de la purificación, haciendo que todo el mal y las impurezas salgan a la superficie. En este caso, también es necesario estar allí y extraer constantemente la suciedad e impurezas a medida que van apareciendo. Al final la persona queda totalmente pura y clara" (*Sabiduría y Enseñanzas del Rabí Najmán de Breslov* #79).

Cuando las Cosas están en Contra Tuyo

1. Debes saber que todos los obstáculos, tanto internos como externos, aparecen *debido* a que la sesión de hitbodedut es tan importante. Son enviados para ponerte a prueba y estimularte a dirigir todos tus recursos internos hacia la superación de esos mismos obstáculos y ganar dominio sobre ti mismo. *Puedes* triunfar. Recuerda que en tu esencia eres realmente el Príncipe o la Princesa: el yo superior es tu herencia innata. Debes saber que las resistencias aumentan a medida que se llega a la frontera de un cambio espiritual.

2. Considera los obstáculos que encuentres como un recordatorio para pedirle a Dios que te ayude con el hitbodedut. Recuerda que el hitbodedut es la *clave* de tu crecimiento espiritual y perfeccionamiento. Ofrece a Dios una pequeña plegaria cada día, pidiéndole poder practicar el hitbodedut de manera regular. ¡Pídele a Dios que te ayude hoy a tener tiempo para el hitbodedut!

3. No digas que has intentado con el hitbodedut y que no te ha dado resultado. Debes darte mensajes positivos. Asegúrate a ti mismo que harás del hitbodedut una práctica regular en tu vida. Aún si abandonas tu hitbodedut por un día o dos, o una o dos semanas, o inclusive durante un año, no consideres que no lo volverás a hacer nunca más. El pasado está muerto y ya no es. Este momento presente es el comienzo del resto de nuestras vidas. Comienza desde el principio.

4. A menudo es mejor encontrar la manera de rodear los problemas que tratar de enfrentarlos. Utiliza tu inteligencia para tratar de *anticipar* los obstáculos externos que puedan presentarse en tu sesión de hitbodedut y desarrolla estrategias para rodearlos. No consideres que dado que no puedes practicar el hitbodedut exactamente como sientes que deberías hacerlo, ello significa que no debes hacerlo del todo. Si no puedes con una sesión completa, trata con una más corta: quince, diez e inclusive cinco minutos. Si no puedes tranquilizarte, trata al menos de decir algunas palabras. Y aunque sólo logres repetir una sola palabra, ¿ello es igualmente bueno! "¡*Ribonó Shel Olam*, Señor del Universo!". Si no puedes hablar, trata de respirar. Si no puedes respirar, ¡simplemente permanece sentado!

5. Haz de cada problema el tema de conversación con Dios. Explícale a Dios que no puedes hablar con Él y pídele que te ayude a abrir los labios.

6. Dicen que la mitad del arte de hacer algo es ¡simplemente el disponerse a hacerlo! Puede haber momentos en que el mero pensamiento de sentarse a encarar otra vez esos cansados y viejos problemas de siempre sea de lo más desalentador. ¡Ni siquiera trates! Volver a ellos no va a ayudar. Siéntate para el hitbodedut de hoy por unos minutos sin tratar de hacer nada. Sentarse es la cosa más simple. Simplemente relájate y disfruta. A menudo la comprensión que uno estaba esperando surge directamente dentro de nuestra mente.

7. No *esperes* que tu hitbodedut te produzca experiencias espirituales asombrosas ni dramáticas liberaciones en tu crecimiento espiritual y tampoco te desilusiones si ello no se

produce. Si esperas experiencias místicas, debes comprender que, por definición, tales experiencias son místicas: nos arrebatan cuando menos lo esperamos. No puedes forzarlas. Hay veces en que el crecimiento espiritual es muy rápido, pero las verdaderas ganancias se producen normalmente de manera gradual y tú las podrás notar al mirar hacia el pasado y observar cuán lejos has llegado. ¿Has visto alguna vez crecer una planta delante de tus ojos? ¡Vuelve en un par de semanas y mira!

La Honesta Verdad

Es posible que a veces se sienta prisionero de su personalidad de Pavo. Puede que haya realizado genuinos esfuerzos para modificar sus bajos impulsos y malos hábitos y descubra entonces que esos mismos impulsos y hábitos están tan fuertes y persistentes como antes. Puede incluso llegar a pensar que nunca cambiará y que es inútil intentarlo.

La manera de escapar de esta presión es mediante la verdad. De hecho, el enfrentar el lado malo de su persona es uno de los elementos más importantes para el autoconocimiento. Mucha gente posee toda clase de ilusiones respecto de ellos mismos. Y normalmente hacen muchas cosas, las cuales serían ellos los primeros en criticar si las observasen en los demás. Pero un cierto punto ciego les impide ver estas faltas en ellos mismos.

No se engañe. Tenga la humildad de admitir que no es perfecto. Sea honesto con usted mismo respecto de lo que usted es y de su comportamiento actual. Trate de mirarse como lo harían los otros. En la medida de lo posible, examínese como si fuese un observador objetivo y nombre a sus acciones y actitudes por su verdadero nombre. Si en verdad usted es un Pavo compulsivo, es un logro muy importante el llegar a saberlo. No sea una de esas personas "que llaman malo a lo bueno y bueno a lo malo" (Isaías 5:29).

Sea responsable de lo que hace. No se engañe respecto de por qué es de la manera que es o hace las cosas que hace. No culpe de todo a sus padres, esposa, marido, familia, maestros, jefe, sociedad, o al resto del mundo. Es posible que otros factores jueguen su parte, pero tenga cuidado de no usarlos como justificaciones para evitar cambiar aquellas partes suyas que de hecho usted puede cambiar. Confrontar sus problemas con honestidad es el primer paso hacia su solución.

Dios nos dice: "Yo te he plantado como una planta pequeña, de semilla genuina, de verdad" (Jeremías 2:21). Dentro nuestro, profundamente, hay una parte que no se deja engañar por nuestras ilusiones y autoevasiones, sino que por el contrario conoce la verdad y anhela que sea revelada dentro de nosotros. Es el Alma de Príncipe, el hijo de Dios. De hecho, la verdad es el sello de Dios (*Shabat* 55a; *Yoma* 69b). Con la verdad será capaz de encontrar el camino hacia el Príncipe que hay dentro suyo, su yo superior, y hacia Dios.

Al mirarse a sí mismo durante el hitbodedut y recorrer el espectro de su vida, derrame su corazón delante de Dios. Dígale exactamente aquello que siente, sus impulsos y deseos, sus miedos y preocupaciones, sus frustraciones, su dolor y su pena. Usted puede decirle a Dios cosas que no hubiera soñado poder revelárselas a nadie, incluyendo su vergüenza y dolor más personales.

"Cuando logres volver a Dios con verdad, genuina honestidad y con sinceridad, podrás expresarte a ti mismo con palabras de profunda reverencia y amor, surgidas desde las profundidades de un corazón verdaderamente encendido. Entonces tus palabras, radiantes, romperán todas las barreras. Cuando llegas a la verdad es como si la misma luz de Dios se vistiera en ti, pues la verdad es el sello de Dios" (*Likutey Moharán* 1:112; y ver *Tzohar, passim*).

La Verdad no Necesita Herir

Aunque pueda ver el mal dentro de usted mismo no se considere peor de lo que realmente es. Tampoco eso es verdad. La verdad no necesariamente debe ser dura. Y el examinarse a sí mismo con verdad no significa que deberá ser implacable en la autocrítica y la condena.

Aunque el Príncipe de nuestra historia se había vuelto loco, aún conservaba lo suficiente del Príncipe dentro de él, como para ser honesto. Cuando el Hombre Sabio le preguntó quién era, con ingenuidad admitió su locura: "Soy un pavo".

¿Y qué es lo que le respondió el Hombre Sabio? "¡Yo *también* soy un pavo!". A primera vista se puede considerar la respuesta del Hombre Sabio tal cual: "Soy un pavo, lo mismo que tú, un pavo y nada más". Pero hay otra manera de interpretar las palabras del Hombre Sabio: "Yo *también* soy un pavo": "Soy un pavo *además de todo lo otro que yo pueda ser*".

El Hombre Sabio nos da una lección sobre la verdad. Aunque veamos en nosotros mucho de Pavo, debemos saber y tener fe que *también*, además de pavos somos algo más. Encerrado dentro nuestro está el punto bueno que es nuestra herencia inalienable. Aún las personas más sabias y santas tienen su lado Pavo. Todos somos seres humanos. Cuando el Hombre Sabio se examina a sí mismo, también ve oscuridad. Pero él sabe que eso no es *todo*. También hay un lado bueno, aunque se encuentre profundamente oculto. La manera de recuperarlo es mediante la verdad.

Ser veraz significa buscar el bien dentro de uno mismo y a nuestro alrededor. Al examinarse, no se concentre solamente en lo malo. Busque los puntos buenos. Observe el bien que lo rodea y agradezca a Dios por ello. Cuando "agradezca a Dios por lo pasado", agradézcale por todas las bendiciones y milagros que ha disfrutado desde su nacimiento hasta el día de hoy, por su salud, visión, audición, por el respirar, la coordinación, la digestión..., sus padres, familia, maestros, amigos..., su comida, vestimenta, casa, trabajo, etcétera.

Dios está presente a nuestro alrededor. Al enfrentarse con obstáculos, trate de pensar por qué Dios le está poniendo esas barreras en su camino. ¿Qué aspecto positivo puede encontrar en ellas? Dios Mismo está presente en todas ellas y Su sola razón para enviarlas es el incitarlo a buscar y pedir Su ayuda. Si usted tiene una *KaSHiE*, una dificultad, recuerde que es una incitación para que usted clame: *Shemá HaShem (IHVH) Koli Ekra* "Escucha Dios mi voz, Te llamo" (Salmos 27:7). La verdad es que Dios puede hacer cualquier cosa. Dios puede ayudarlo. Todo lo que usted tiene que hacer es abrir sus labios y hablarle a Él.

"La persona que quiera alejarse del mal y que observe la falta de verdad en el mundo, deberá comportarse como un loco" (*The Aleph-Bet Book, Truth* 31). Normalmente se piensa que la gente que habla sola está loca, pero de hecho, hablarse a usted mismo, a su alma y a Dios es la cosa más sana que pueda hacer.

"Aunque muchos días y años pasen sin que te parezca haber logrado nada con tus palabras, no abandones. Cada palabra deja una impresión. El agua diluye la piedra (Job 14:10). Parece imposible que el mero gotear del agua sobre una roca pueda llegar a dejarle siquiera una marca. Pero de hecho, y tal como es sabido, luego de muchos años llega a perforarla. Puede que tu corazón sea como una roca. Puede parecer que las palabras de tu plegaria no estén haciendo mella sobre él. Pero, al pasar los días y los años, también tu corazón de piedra será penetrado" (*Sabiduría y Enseñanzas del Rabí Najmán de Breslov* #234).

7

COLOCÁNDOSE LA CAMISA

Entonces, el Hombre Sabio hizo una señal y le arrojaron unas camisas. El Hombre Sabio-Pavo le dijo al hijo del Rey: "¿Tú crees que un pavo no puede usar una camisa? Se puede usar una camisa y seguir siendo un pavo". Los dos entonces se pusieron las camisas.

Es posible que el Príncipe-Pavo estuviera bien contento de pasar el tiempo conversando con su nuevo amigo. Pero el Hombre Sabio no sólo quería llegar a conocer al Príncipe, sino que también quería levantarlo. Y la sola conversación no iba a ser suficiente. Llegado el momento, el Hombre Sabio debía tomar la iniciativa y hacer que el Príncipe *actuara*. Debía lograr que se pusiese la camisa. "El Hombre Sabio hizo una señal y le arrojaron unas camisas".

Los Límites de la Meditación

El hitbodedut está compuesto por conversaciones entre el Príncipe y el Hombre Sabio que están en nuestro interior o entre nosotros y Dios. Puede ser una práctica muy poderosa, conducente a una profunda autocomprensión y a veces a una asombrosa comprobación de la íntima cercanía de Dios. Pero en sí mismo, el hitbodedut es insuficiente para el logro de una duradera conexión con Dios.

Algunas escuelas de meditación sostienen que mediante la sola práctica meditativa es posible lograr una completa autorrealización e intimidad con Dios. Uno de los peligros más grandes de este tipo de acercamiento es que pueden dejar a aquellos que los practican encerrados en su propia subjetividad. Los estados alterados de conciencia que pueden llegar a producirse con la meditación son a veces impresionantes. Y de hecho, aquellos que los experimentan por primera vez pueden creer con total convicción que han encontrado la verdad última de la existencia. A veces, habiendo llegado a percibir el gusto de un estado superior de conciencia, la gente puede llegar a pasar años intentando recapturarlos. Pero el hecho de que ciertos estados meditativos puedan ser sobrecogedores, no significa que aquellos que los han experimentado están genuinamente cerca de Dios. La dedicación exclusiva a una sola técnica puede llevar a la gente a ignorar aquellos problemas importantes de su vida y de sus personalidades que pueden de hecho estar impidiéndoles acercarse a Dios.

La Torá enseña que nuestro propósito en este mundo es "conoce este día y asienta en tu corazón que HaShem es único Dios en los cielos arriba y en la tierra debajo" (Deuteronomio 4:39). "Conoce este día" implica conocer a Dios no sólo en los momentos de intimidad durante la meditación, sino a lo largo de las diferentes etapas del día. "Asienta en tu corazón" significa que no es suficiente tener experiencias religiosas aisladas, de tiempo en tiempo: debemos traer nuestro conocimiento de Dios hasta dentro de nuestros corazones, de manera tal que todas nuestras actividades estén imbuidas del anhelo por la conexión con Dios.

La mayor parte del trabajo del hitbodedut está relacionado con el logro de la conexión entre la cabeza y el corazón. Podemos tener nobles ideales respecto de la manera en que nos gustaría ser, pero éstos quedarán en la teoría, en la cabeza por así decir, hasta que logremos dirigir las fuerzas motivadoras del corazón, el asiento de la voluntad, hacia su realización. Este trabajo es vital, pero es sólo la preparación para la etapa final, que es poner nuestros ideales en práctica, mediante la *acción*.

La palabra hebrea para designar el conocimiento de Dios es *daat*. Y *daat* significa mucho más que un mero conocimiento intelectual. No sólo incluye los profundos estados de comprensión y conexión que pueden lograrse a través de la plegaria y la meditación, sino que tiene una referencia más amplia. El "conocer este día..." significa estar consciente y conectado con Dios en cada fibra de nuestro ser y en todas nuestras actividades, incluidas las más mundanas.

La única manera de lograr esta conexión es mediante el cumplimiento de las mitzvot, los mandamientos de la Torá, en la práctica. Hemos visto que las mitzvot se aplican a cada una de las esferas de la actividad humana y en cada nivel del comportamiento: pensamiento, emoción, palabra y acción. Cada mitzva es un camino detallado de acción práctica relacionado a una particular faceta de la vida y llevando a su peculiar forma de conexión con Dios. La palabra *mitzva* está relacionada con la raíz hebrea *tzavat*, que significa "conectar" (ver más arriba, Capítulo 2).

Las mitzvot son las "vestimentas" reales del "Príncipe", el Alma Divina. Los pensamientos, emociones, palabras y acciones de todo tipo son "vestimentas" mediante las cuales se expresa y actualiza de diferentes maneras la personalidad. Las mitzvot son patrones detallados de pensamientos, palabras, sentimientos, acciones, divinamente prescriptos y orientados hacia Dios y que nos conectan con Él. Es mediante la realización de las mitzvot, mediante el "ponerse" estas "vestimentas" reales, que el "Príncipe", el Alma Divina, se revela en este mundo y que se actualiza nuestra potencialidad espiritual.

EL ESTUDIO DE LA TORÁ

La grandeza del estudio de la Torá
reside en que lleva a la acción práctica.
Kidushin 40b

"El Hombre Sabio hizo una señal y le arrojaron unas camisas". La primera mitzva que un niño judío recibe es la de los Tzitzit, el usar la vestimenta de cuatro esquinas, flecada, que cubre la parte superior del torso. Los Tzitzit constituyen también, para todo judío varón, la primera mitzva del día: inmediatamente después de levantarse a la mañana se coloca el *Talit Katán*, el pequeño manto flecado, que se usa durante todo el día. Las "camisas" de nuestra historia sugieren esta vestimenta superior: con esto comenzó el Hombre Sabio cuando quiso que el Príncipe se vistiese.

Los Tzitzit (los flecos) tiene como propósito el deber "mirarlos y recordar todas las mitzvot de HaShem" (Números 15:39). El valor numérico de las letras hebreas de la palabra *TziTziT* es seiscientos, que sumada a los ocho hilos y cinco nudos del Tzitzit hacen un total de seiscientos trece. Esto corresponde a las seiscientas trece mitzvot de la Torá. Así, los Tzitzit aluden a toda la Torá, la que debemos "observar y recordar" constantemente, estudiándola cuando sea posible y grabando su conocimiento en nuestra memoria y nuestro corazón.

"Colocándose la camisa" puede ser entonces interpretado como una alusión al estudio de la Torá, que en sí es tan importante como todas las mitzvot de la Torá juntas (*Pea* 1:1). De hecho, el estudio de la Torá es la *clave* para el cumplimiento de todas las otras mitzvot, dado que es imposible practicarlas si no se conoce cómo y cuáles son.

Sólo conjuntamente con el estudio de la Torá es posible llegar a una conexión cercana con Dios durante el hitbodedut. Alguna gente cree que la sola meditación puede llevarla a la iluminación espiritual. Hacen sus preguntas y escuchan a sus propias voces interiores, o a lo que pueden llegar a imaginar como espíritus que canalizan información desde algún lugar externo a ellos mismos. Pero sin un criterio objetivo mediante el cual poder evaluar los mensajes que escuchan, ¿cómo pueden llegar a saber si son verdaderos y no meramente aquello que una parte de ellos *desea* escuchar? Aquellos que dicen canalizar espíritus pueden estar simplemente proyectando su propio inconsciente hacia una fuente externa. La gente ha utilizado estas "intuiciones", producto de la meditación, para justiciar los más disparatados actos de egoísmo y destrucción.

El exclusivo apoyo en la intuición subjetiva sólo puede llevar al autoengaño. La Torá nos enseña que la creación del universo fue planificada de manera tal como para dejarnos en una situación de prueba, de manera que podamos ejercitar la facultad más elevada que poseemos: la libre elección. En cada nivel, el bien y la verdad se encuentran mezclados con el mal y lo falso y a menudo de la manera más sutil. Nuestra tarea es separar y buscar hasta descubrir el bien, ganándonos la bondad a través de nuestro propio trabajo y esfuerzos.

Así como el bien y el mal se hallan mezclados en el mundo exterior, también lo están en el mundo interior de la mente y del alma. Tenemos toda clase de pensamientos, ideas, esperanzas, deseos, sueños, anhelos, impulsos, intenciones, instintos, etcétera. Algunos de ellos son buenos y nos pueden acercar a Dios, mientras que otros son malos y nos arrastran lejos del camino. Y para hacer esta prueba más importante aún, no sólo conviven dentro de nosotros las partes principescas del alma conjuntamente con las partes de Pavo, sino que el Pavo también se disfraza de Príncipe, embotando nuestra sensibilidad respecto de aquello que es verdaderamente bueno y deseable y aquello que no lo es.

Sin un criterio objetivo que permita distinguir entre la verdad y la fantasía, no tenemos ninguna protección contra la debilidad de nuestros propios juicios. El propósito del hitbodedut es encontrar al Príncipe y a la Princesa dentro nuestro y buscar y desarrollar lo bueno, al tiempo que nos limpiamos de nuestros malos aspectos de Pavo. Pero el Pavo tiene sus propias ideas respecto de lo que es bueno y deseable. Sin la guía objetiva de la Torá, es imposible escapar de nuestra propia subjetividad y encontrar la verdad.

El propósito primario del estudio de la Torá no es desarrollar nuestro intelecto y adquirir conocimientos por el mero conocer, sino conectarnos con Dios. Cada palabra de la Torá es una revelación de la voluntad de Dios. El objetivo es llenar nuestras mentes y corazones con la enseñanza de Dios, para cumplirla y practicarla. El propósito del estudio es llevarnos hacia la acción práctica. Por lo tanto, es muy importante estudiar Torá solamente de los libros de aquellos Rabíes genuinamente dedicados al cumplimiento de la Torá y no de fuentes externas.

La Torá es muy distinta a cualquier cuerpo de

conocimientos mundanos, los que pueden ser verificados por nosotros mediante la utilización de parámetros aceptados de validación científica. La Torá es una revelación de más allá de este mundo y nos conecta con niveles de realidad que no pueden ser experimentados y explorados directamente mediante nuestros cinco sentidos materiales. La Torá posee su propia lógica (como las Trece Reglas Hermenéuticas del Rabí Ishmael, etcétera) y en ella se debe confiar.

Por lo tanto, hablamos de *Kabalat ha-Tora* –recibir la Torá. Cuando alguien le entrega un regalo, usted lo recibe sin tratar de indicar qué es lo que deberían estar dándole. La única manera de recibir la Torá es mediante la *Emuna*, la fe en Dios, y la *Emunat Jajamim*, la fe en los santos y sabios de todas las generaciones que trabajaron en la Torá con santidad y pureza, día y noche y que nos la han transmitido a nosotros.

Qué Estudiar

Halajá: "Enseñó la escuela de Eliahu: A aquel que estudia *halajot* todos los días le está asegurada la vida en el Mundo que Vendrá" (*Meguilá* 28b). La prioridad en el estudio de la Torá debe ser la *Halajá* práctica, las leyes detalladas de las mitzvot aplicables a la vida diaria: Tzitzit y Tefilin, bendiciones y plegarias, Shabat y festividades, Kashrut, relaciones con la gente, pureza en el hablar, caridad, amor, honestidad en los negocios, pureza familiar, etcétera. Aunque no tenga tiempo para estudiar otra cosa, debe estudiar Halajá todos los días. Y el día en que está muy apurado, estudie al menos una Halajá práctica.

No sólo es vital conocer los detalles de las mitzvot para poder cumplirlas de manera apropiada. El estudio de la Halajá es también uno de los elementos más importantes para separar al Príncipe del Pavo. "Cuando una persona transgrede, el bien y el mal se mezclan. Una decisión legal es una separación entre lo permitido y lo prohibido, lo puro y lo impuro. Cuando estudias las leyes religiosas, el bien vuelve a separarse del mal, y se rectifica el pecado". (*Sabiduría y Enseñanzas del Rabí Najmán de Breslov* #29).

Existen editados en español una gran variedad de textos

halájicos de fácil comprensión, que cubren todas las mitzvot de la vida cotidiana. Haga un listado de las áreas principales con las cuales desea familiarizarse y estudie en los textos relevantes, una después de la otra, hasta que las haya cubierto a todas. Comience con obras simples y recórralas ágilmente, una tras otras. Una vez que las haya terminado todas, comience nuevamente. Cuando esté bien familiarizado con ellas pase a otras más específicas. Haga del estudio halájico una costumbre de por vida.

La Halajá está compuesta de muchos y finos detalles y es posible que usted sienta que no puede recordar mucho de lo que estudia. No se desanime. Con el solo hecho de leerlas en voz alta usted está cumpliendo con la mitzva de *estudiar* Torá, aunque luego olvide lo que ha estudiado. Y de hecho, es muy probable que haya absorbido más de lo que usted sea consciente. Cuanto más revea y repase lo estudiado, más recordará.

Mussar: Es la literatura de Torá dedicada al tema del crecimiento espiritual. Los textos clásicos de Mussar incluyen *Mesilat Yesharim* ("El sendero de los Justos"), el *Orjot Tzadikim* ("Sendas de los Rectos"), el *Jovot HaLevavot* ("Deberes del Corazón"), etcétera. Trabajos recientes tales como *Strive for Truth* ("En Búsqueda de la Verdad" de R. Eliahu Dessler y *Gateway to Happiness* ("La Puerta de la Felicidad") de R. Zelig Pliskin, presentan las enseñanzas clásicas del Mussar de manera más actualizada. El campo del Mussar también incluye los textos clásicos del Jasidismo tales como el *Tanya, Sabiduría y Enseñanzas del Rabí Najmán de Breslov, El Libro de los Atributos, Likutey Moharán* y *Consejo*, etcétera.

El Pavo está profundamente enraizado en todos nosotros y "el prisionero no puede liberarse a sí mismo" (*Berajot* 5b). La única manera de liberarse es mediante la Torá, que es el condimento creado por Dios con el propósito específico de atemperar la inclinación al mal (*Bava Batra* 16b). Muchos de nosotros estamos tan dedicados a nuestras ocupaciones mundanas que nos es muy fácil distraernos del propósito real por el cual fuimos traídos a este mundo: conocer y servir a Dios. El estudio regular de Mussar puede ayudarle a mantener presente este propósito en su mente e inspirarlo a seguir el sendero de la Torá con todas sus fuerzas. Es importante encontrar el texto de Mussar que le hable de manera más directa, con el fin de poder obtener una guía clara respecto de cómo avanzar por el sendero del crecimiento espiritual de la Torá.

Jumash: Los Cinco Libros de Moisés constituyen el corazón de la Torá. Cada semana se debe leer la porción de la Torá que será leída en la sinagoga en Shabat. Si usted sabe hebreo, debería intentar leer toda la sección dos veces, preferiblemente con el Tárgum Arameo y los comentarios de Rashi. Si está aprendiendo hebreo, trate de estudiar al menos una parte de la sección semanal en el original, leyendo igualmente la traducción al castellano. La familiaridad con los Cinco Libros de Moisés es la mejor base para el estudio de la Torá.

Otros Estudios: Todos deberían adquirir una comprensión básica de los principios fundamentales de la fe y del camino de vida de la Torá, tal como está explicado en el *Derej HaShem* ("El Camino de Dios") del Rabí Moshe Jaim Luzzatto y otros textos.

Es posible ser un judío piadoso sin ser un erudito (ver *Zohar* 1:59b; *Sabiduría y Enseñanzas del Rabí Najmán de Breslov* #76), pero sólo mediante el conocimiento talmúdico es posible lograr una comprensión profunda. Un amplio conocimiento del *NaJ* (de los Profetas y otros escritos bíblicos) y de la Mishná es la mejor base para el estudio del Talmud. Es posible que usted contemple los libros que desearía estudiar: el *Talmud Bavli* y *Yerushalmi,* el *Shuljan Aruj,* los *Midrashim,* el *Zohar* y la Kabalá del ARI y se pregunte cuándo logrará hacerlo. Por lo menos, ore al respecto de manera regular y dígale a Dios lo mucho que le *gustaría* estudiarlos. Siga el ejemplo del Hombre Sabio y *comience* con pasos pequeños y fáciles. Aún si lee unas pocas líneas cada día, sin falta, sus capacidades aumentaran con el tiempo y en unos pocos años será capaz de cubrir mucho más terreno del que nunca hubiera creído posible.

Cuándo Estudiar

Lo más importante es *fijar tiempos regulares* para el estudio de la Torá. El Rebe Najmán puntualiza que la palabra hebrea para "fijar", *keva*, también tiene la connotación de robar (como en Proverbios 22:23). ¡Uno debe *robarle* tiempo a las otras actividades para poder darle tiempo al estudio de la Torá! Asegúrese de establecer sesiones regulares de estudio, tanto si lo hace solo, con un compañero de estudios o en una clase.

Para poder cumplir con la prescripción de "meditar en la Torá día y noche" (Josué 1:8), es necesario fijar al menos una sesión de estudio durante el día y una durante la noche, aunque sólo sea de unos pocos minutos. De ser posible, trate de fijar por lo menos una de las sesiones diarias en un momento en el que se encuentre fresco y alerta, por ejemplo a la mañana temprano. Si no puede disponer de mucho tiempo de estudio durante la semana, establezca sesiones más largas en el Shabat. Cuando por alguna circunstancia pierda una de sus sesiones regulares, trate de tomar el libro que está estudiando, ábralo y lea una o dos frases, luego ciérrelo, bese el libro y vuélvalo a su lugar.

Cada palabra de Torá que se estudia es una mitzva: utilice los momentos libres para abrir un libro y aprender al menos un pasaje corto. Hágase el hábito de llevar un pequeño libro con usted. Elija algo que le agrade estudiar. De esta manera podrá hacer buen uso inclusive de aquellos minutos que se pierden esperando el autobús, trenes, reuniones, etcétera.

Cómo Estudiar

Es mejor, de ser posible, mantener las sesiones regulares de estudio en un Beit Midrash: "aquel que estudie en una sinagoga o en un lugar de estudio no olvidará fácilmente" (*Yerushalmi Berajot* 5). Alternativamente, estudie donde se sienta cómodo y donde no sea distraído (está demás aclarar que está prohibido tener pensamiento de Torá en el baño, etcétera, y ni hablar de llevar literatura de Torá a tales lugares).

Trate sus sesiones de estudio con el mayor respecto. No permita que nada lo interrumpa, excepto una verdadera emergencia. Cuando usted está aprendiendo, se encuentra estudiando las palabras de Dios y de Sus sabios: ¿cómo se siente cuando se encuentra en medio de una discusión importante y alguien viene a interrumpirlo por algo trivial? Use su inteligencia para evitar posibles interrupciones. Vaya al baño, tome un trago o coma algo, etcétera, *antes* de comenzar a estudiar.

Es muy beneficioso para la concentración decidirse a no hablar de otra cosa que no sea de Torá durante la sesión de estudio. Antes de comenzar a estudiar, tómese unos momentos para relajarse, respirar profundamente y aclarar su mente. Eleve unas palabras de plegaria, que le permitan conectase con Dios a través de su estudio y ruegue por el éxito de su tarea (muchos Sidurim incluyen plegarias especiales para ser dichas al entrar a lugares de estudio). Dedíquese por un momento a reflexionar sobre lo que va a estudiar. Recuérdese *por qué* desea estudiar, de manera de motivarse. Puede ayudar a la concentración traer a la mente todo aquello que ya sabe respecto del tema. ¿Dónde dejó la última vez? ¿Hay algunas cuestiones especiales que querría comprender?

Si está en una clase, trate de concentrarse en lo que el maestro está diciendo y reserve sus preguntas hasta que el maestro haya tenido tiempo de explicar todo el material. Si estudia con un compañero, uno de sus objetivos deberá ser que él pueda sacar el máximo provecho de la sesión. Explicar con claridad un determinado asunto a un compañero o estudiante es una de las mejores maneras de aclararlo en la propia mente.

Si estudia solo, lea las palabras del texto de estudio en voz alta, pues "son vida para aquellos que las pronuncian en voz alta y una curación para toda su carne" (Proverbios 4:22; *Eruvin* 54a). Pronunciar las palabras en voz alta ayuda a concentrar la mente al tiempo que las lleva hasta su alma. Si está estudiando en Hebreo, aunque comprenda el idioma, es muy beneficioso traducirlo a su lengua nativa a medida que avanza.

Donde sea que la Halajá, la Mishná o la Guemará discutan un caso particular, trate de visualizarlo en términos concretos. Por ejemplo, si está estudiando las leyes de los daños en *Bava Kama*, trate de visualizar la pezuña del buey, el hueco en la tierra, el camello comiendo la producción ajena, el fuego extendiéndose hacia el terreno del vecino, etcétera. Lo mismo es aplicable al estudio de las leyes del Shabat, Kashrut, pureza del habla, o cualquier otra área de la Torá. ¿Puede pensar en alguna situación de su vida que sea paralela al tema en discusión? Luego de leer el texto, trate de formular el concepto, o de retornar al argumento en sus propias palabras, en voz alta.

Al llegar a algún pasaje que encuentre incomprensible, léalo varias veces, siendo muy probable que su sentido se le aclare. En caso contrario, trate de aislar sus problemas más importantes, para poder determinar aquello que necesitará estudiar más adelante. Si lo encuentra imposible de comprender, simplemente abandónelo y siga adelante. Es muy probable que algo que aprenda más adelante arroje luz sobre aquello que no pudo comprender al comienzo. A la larga, progresará más cubriendo mucho terreno, aún sin profundizar, que si trata de entrar en cada detalle en un área restringida.

Si nota durante la sesión de estudio que su atención comienza a dispersarse, trate de darse nuevas energías mediante una profunda inspiración. A veces puede ayudar levantarse y caminar un poco, o cerrar los ojos y relajarse durante un par de minutos. De vez en cuando, tómese un descanso para aclarar su mente, volver a concentrarse, repetir su plegaria por el éxito y conexión con Dios, etcétera.

Mientras está estudiando pregúntese cómo se aplica el tema en su vida. ¿Qué consejos prácticos puede sacar de ello? Cuando se encuentre con una enseñanza que le sea directamente relevante, repítasela un par de veces y *haga una plegaria* con ella, usando las palabras del texto. "Dios ayúdame a cumplir *x, z* e *y*". Esto se aplica, en particular, al estudio de Mussar y de Jasidut, pues sus enseñanzas están relacionadas primordialmente con el crecimiento espiritual personal. Cuando encuentre algún pasaje en Mussar o Jasidut que se refiera directamente a sus temas de crecimiento actuales, use algo del tiempo de estudio por repetirlo una y otra vez. De esta manera, las palabras entrarán en su corazón y en su conciencia, hasta que el espíritu del santo sabio que lo enseñó llegue a usted, lo eleve y lo lleve hacia la verdadera santidad.

Al terminar la sesión de estudio, haga una pequeña pausa y repase mentalmente aquello que estuvo estudiando. Agradezca a Dios por Su Torá y por la oportunidad de aprenderla (también está impresa en los Sidurim la plegaria para cuando se sale de la casa de estudios). Use los momentos libres luego de la sesión (por ejemplo, en camino a casa desde la sala de estudios o mientras come, etcétera) para repasar lo aprendido.

Lo más difícil del estudio es llegar a la sesión. Aún cuando se sienta cansado e incapaz de concentrarse puede aprender algo. Dé un pequeño paso, abra un libro. Sólo diga unas pocas palabras, aunque no las comprenda. Esto también es estudiar.

"¡Puedes usar una Camisa y seguir siendo un Pavo!"

Al contemplar la vasta literatura de la Torá, uno puede preguntarse "¿Qué relación tengo *yo* con todo esto?". Los seiscientos trece preceptos nos confrontan con un tremendo código de detalladas regulaciones y prohibiciones que abarcan todos los rincones de la vida: mandamientos de la Torá, mandamientos Rabínicos, costumbres y restricciones con fuerza de ley, opiniones y contra opiniones... y todo esto en miles y miles de páginas cubiertas con densos comentarios y supercomentarios...

"¿Es ésta la manera de *encontrarme* a mí mismo, o es que se me está pidiendo *dejar* mi individualidad, mi espontaneidad y creatividad personal y tomar una pesada carga que terminará aplastando cualquier esperanza de poder disfrutar alguna vez de la vida?".

Debería ser sumamente fácil el dar respuestas y explicar cómo las mitzvot proveen las vestimentas que permiten al Príncipe y a la Princesa interiores a manifestarse en su verdadero brillo y belleza. Dios creó las almas. La Torá es Su infinita sabiduría. Las mitzvot que componen la Torá están diseñadas para todas y cada una de las almas que han existido y que existirán. Cada alma es el hijo único de Dios. En la corte real, las hermosas vestimentas de cada uno de los hijos del rey se diseñan individualmente para cada uno de ellos. Así también, las seiscientas trece mitzvot que son las vestimentas del Alma Divina, tienen su propio y único sentido y significado para cada uno de nosotros.

"Rabi Janania ben Akashia dijo: El Santo, bendito sea, deseó dar mérito a Israel y les dio Torá y Mitzvot en abundancia" (*Makot* 23b). El inagotable tesoro de la Torá incluye oportunidades para el desarrollo de cada nivel de aptitud y habilidad, con alegría y creatividad, para la gloria de Dios, así sea en la búsqueda de la espiritualidad, el cultivo del intelecto, el crecimiento emocional, el desarrollo de aptitudes, las relaciones comunitarias y sociales, agricultura, manufactura, ingeniería, negocios, profesiones, administración, investigación científica, artes, oficios, música, literatura, cuidado de los enfermos, de los ancianos, de los discapacitados o desprotegidos, viajes, deporte, entretenimientos y todo aquello que se encuentra en el ámbito de lo permisible.

El cumplimiento de las mitzvot diarias y periódicas no necesariamente debe asemejarse a una interminable tarea. Cada día y cada momento es nuevo: nunca ha sido y nunca volverá a ser. Hagamos que el Shemá de hoy sea diferente de cualquier otro. Las chispas Divinas de esta fruta llegarán a nuestros pensamientos, palabras y acciones de una manera enteramente original, como nunca lo volverán a hacer: ponga toda su energía en la bendición que hace sobre ella. El próximo Shabat tendrá un espíritu totalmente diferente del Shabat pasado. La noche del Seder de un niño nunca podrá ser la misma que la de su abuelo...

Respuestas de este tipo pueden ser buenas para Príncipes y Princesas, ¿pero qué pasa con el Pavo? Para el Pavo, la sumisión a las mitzvot significa de hecho, el perder la individualidad, si por ello se entiende comer cualquier cosa que uno *desee*, en el restaurante que se le ocurra, quedarse en cama tanto como uno quiera en lugar de levantarse a orar, gastar todo su dinero de la manera que uno lo desee, haciendo lo que uno quiera durante el fin de semana sin necesidad de pensar sobre el Shabat, etcétera.

Aún cuando estemos básicamente dispuestos a seguir las mitzvot, es posible que tengamos sentimientos encontrados al respecto. El próximo paso en la profundización de nuestra observancia puede ser mirarnos directamente a la cara y es posible que aún no estemos dispuestos a hacerlo, debido a las aprehensiones concernientes a la dedicación extra que eso traerá aparejado. Puede ser que seamos bien concientes de lo que se supone que deberíamos hacer, pero lo mantenemos en suspenso hasta que o bien lo hagamos de paso o lo neguemos por completo.

Luego de años de observancia de las mitzvot, puede aún haber días en que parezca la cosa más difícil al abrir un Sidur y comenzar la plegaria, el llevar la mano al bolsillo y dar un poco de caridad, o sonreírle a alguien con quien mantuvimos una discusión... El plan de Dios es darnos completa libertad de elección respecto de las mitzvot. No importa lo mucho que el Príncipe desee guardar una mitzva, el Pavo se coloca siempre allí, a cada paso del camino, ofreciendo algún tipo de oposición y resistencia: argumentos en contra, otras cosas para hacer, impulsos súbitos e irresistibles, fatiga y pesadez. La misma santidad de una mitzva puede abrumarnos: "¿Quién soy yo para ponerme la vestimenta del Príncipe?".

Observe la manera en que el Hombre Sabio logró que el Príncipe se colocase la camisa.

Luego de estar sentado y hablar y llegar a conocerse mutuamente, cuando el tiempo estuvo finalmente maduro "... el Hombre Sabio hizo una señal".

¿Qué simboliza esta señal? Podemos mirarla como una alusión a lo que la Jasidut denomina "el despertar desde abajo".

Todo en el mundo se encuentra en manos de Dios, pero Dios nos ha dado libre albedrío. Estamos rodeados de oportunidades Divinas e invitaciones: dentro de nuestras mentes surgen constantemente pensamientos e impulsos de santidad. Estos son los llamados de Dios. Ellos son lo que se denomina "el despertar desde arriba". Pero nos ha sido otorgada la libertad de responder o de no hacerlo. Cuando aparece una insinuación, depende de nosotros el seguirla o no. Y más aún, tenemos también el poder de tomar la iniciativa. Podemos ser nosotros mismos los que hagamos el primer movimiento, volviéndonos hacia Dios para poder recibir Su bendición. El movimiento que hacemos para elevarnos espiritualmente es llamado "el despertar desde abajo".

Es posible formularse la siguiente pregunta: ¿Si todo está en manos de Dios, cómo podemos hacer un "despertar desde abajo" sin haber tenido algún tipo de "despertar desde arriba" que nos motivara primero? En ese caso, el "despertar desde abajo" no es realmente producto de nuestra propia iniciativa. Entonces, ¿tenemos o no tenemos libre albedrío? Esta es una paradoja que no tenemos la suficiente comprensión como para resolver en este mundo. No podemos saber porqué ciertos pensamientos o impulsos santos entran a nuestras mentes "desde ningún lugar". Lo importante es hacer nuestra parte: cuando nos encontramos con una insinuación, así provenga de nuestro interior o del entorno, depende de nosotros el movilizarnos y producir una respuesta práctica.

Cuando la senda que debemos tomar está delante nuestro, lo primero que debemos hacer es encaminarnos en la dirección correcta. Puede ser que nuestra iniciativa sea una pequeña acción: no querer levantarnos de la cama por la mañana, pero aún así destaparnos; no tener deseo de orar, pero abrir igualmente el libro de oraciones; no tener la energía necesaria para hacer aquello que sabemos que tenemos que hacer, pero aún así susurrar unas palabras de plegaria: "¡Dios, ayúdame a hacer esto!". Estas iniciativas son como la "señal" que hizo el Hombre Sabio. Con ello indicó que estaba listo para recibir desde arriba aquello que entonces necesitaba.

La camisa del Príncipe está allí, junto a él, en el suelo. ¿Cómo hace el Hombre Sabio para lograr que se la coloque? ¡Le *habla*! Nosotros también debemos usar palabras para incitarnos a la acción. Deje que el Hombre Sabio dentro suyo le hable al Pavo. "¿Piensas que un Pavo no puede usar camisas? Puedes usar una camisa y seguir siendo un Pavo". Puede ser que usted se sienta como un completo Pavo, interesado en obtener las cosas de manera fácil y placentera, al tiempo de negarse a la idea de realizar una mitzva, abrumado por la pesadez y la apatía. La parte suya que desea hacer la mitzva puede parecer débil y desanimada. Aún así, háblele, aunque sea en un susurro: "*Yo quiero*".

El Hombre Sabio no trata de hacer algo demasiado ambicioso. No intenta lograr que el Príncipe se coloque todas sus ropas de una sola vez. Sólo desea que lo haga con una simple camisa. Un paso pequeño y fácil. Usted puede hacerlo. Háblele al Hombre Sabio dentro suyo. "Esto es todo lo que deseo hacer ahora. Puede ser que me sienta débil y desanimado. No considero que pueda hacer *más* que esto, pero hasta aquí puedo lograrlo. Puedo hacer esto y seguir siendo yo mismo". Una regla fundamental para hacer algo en la vida es empezar dando pasos pequeños y fáciles, desde comenzar sus ejercicios a la mañana hasta aprender la Kabalá del ARI.

De hecho, es imposible colocarse toda la ropa junta y practicar todas las mitzvot de manera perfecta en un solo paso. Las mitzvot provienen del Dios Infinito: son sendas de tremendo poder. Intentar ir demasiado rápido puede llevar al desastre. Dedicarse a la vida del espíritu puede ser muy comprometedor. La gente que comienza a experimentar con las plegarias y el estudio intensivo, el hitbodedut, la dieta, el ejercicio, etcétera, puede verse tentada a intentar hacer demasiado en poco tiempo. Un día pueden estar imbuidos del deseo de santidad y pureza y al día siguiente caer a un nivel más bajo que aquel en el cual comenzaron. Trate de ser el mejor Judío que pueda, pero no trate de cargar con un peso que lo derrumbe.

"No te apures. Puedes encontrar muchas clases de devoción en la literatura sagrada y preguntarte: '¿Cuándo podré realizar al menos una de estas devociones? ¿Cómo podré entonces cumplirlas todas?'. No dejes que esto te desanime.

"Anda lentamente, paso a paso. No te apures y no trates de aferrar todo de una sola vez. Si corres y tratas de hacer todo a la vez, puedes terminar completamente confundido. Cuando una casa se incendia, la gente suele rescatar las cosas menos valiosas. Te puede suceder lo mismo. Anda lentamente, un paso por vez. Si no puedes hacer todo, no es tu culpa. El que se encuentra en dificultades es eximido por Dios.

"Aunque haya muchas cosas que no puedas hacer, debes al menos anhelar cumplirlas. El anhelo en sí mismo es una gran cosa, pues 'Dios desea el corazón' (*Sanedrín* 106b; ver *Sabiduría y Enseñanzas del Rabí Najmán de Breslov* #27).

8

LOS PANTALONES

Luego de un tiempo, el Hombre Sabio hizo otra señal y le arrojaron los pantalones. Nuevamente dijo: "¿Crees que si usas pantalones no podrás ser un Pavo?". Y se pusieron los pantalones.

"Luego de un tiempo..."

E l Hombre Sabio deseba vestir al Príncipe mucho más que éste deseara ser vestido. Aún así, el Hombre Sabio no se dejaba ganar por el entusiasmo. No fue sino "luego de un tiempo" que hizo la señal convenida para los pantalones. Él sabía que luego de un avance tan grande como el de ponerse la camisa debería producirse una pausa, e inclusive una regresión, antes de poder seguir avanzando.

En la profecía de Ezequiel referente a la Carroza Divina, las *jaiot*, las fuerzas vitales de la creación, los "ángeles", son descriptos como "corriendo y retornando" (Ezequiel 1:14). Se alzan con el anhelo de trascender sus limitaciones de seres creados y de unirse con su Creador: ellos "corren fuera" de sí mismos... Pero entonces "retornan" a ellos mismos y a sus existencias separadas, porque es deseo de Dios que continúen siendo criaturas independientes.

Y lo mismo sucede con los seres humanos. Podemos tener momentos de autotrascendencia y de íntima cercanía con Dios, "corriendo". Pero son siempre temporales. Es deseo de Dios que mientras estemos en este mundo, esos momentos de unidad con Dios deban ser seguidos por un "retorno" a nosotros mismos y a nuestros estados de conciencia cotidianos. Nuestro propósito en este mundo es el trascendernos a nosotros mismos y lograr la cercanía con Dios mediante nuestro propio libre albedrío. Y va en contra de este propósito que Dios lo haga por nosotros. Debemos "retornar" a nuestro yo separado para poder continuar con nuestro trabajo, hasta que llegue el momento en que debamos dejar este mundo.

Toda esta vida está conformada por los ritmos de "correr" y "retornar". Nos despertamos de nuestro sueño en la mañana y volvemos a la vida y a la actividad, a "correr". Luego nos cansamos y debemos "retornar" para volver a dormirnos. De manera similar, comemos y alimentamos nuestro cuerpo y durante un tiempo estamos llenos de energía. Pero esa energía se gasta y volvemos a tener hambre y debemos comer otra vez.

Para poder vivir plenamente es muy importante ser sensibles a los ritmos de la vida. Se debe aprender a reconocer y respetar los ritmos de nuestro cuerpo. Es posible que funcionemos mejor durante ciertas horas del día. De ser posible, organice sus actividades de acuerdo a esto. Conozca sus límites. Luego de un período razonable de trabajo, es necesario descansar. Si se toma descansos intermitentes durante las tareas que le insumen mucha concentración, podrá lograr más de lo que lograría trabajando ininterrumpidamente durante el mismo lapso de tiempo. Recuerde que si toma un descanso, tendrá que volver a flexibilizarse suavemente antes de retomar a una actividad vigorosa.

También las necesidades nutricionales varían de acuerdo al momento del día. Para algunos es mejor comer de manera liviana a la mañana y más sustanciosamente después, mientras que otros tienen diferentes necesidades. Trate de reconocer qué comidas y en qué cantidad y combinación lo ayudan a funcionar de manera óptima, en las diferentes horas del día.

No es bueno ir más allá de las propias limitaciones físicas. Si bien no debe ceder ante los deseos y apetitos del cuerpo, debe respetar sus necesidades genuinas. Reconozca cuáles son en realidad, mediante un cuidadoso sistema de prueba y error. El Rebe Najmán dijo: "Duerme y come bien. ¡Simplemente no pierdas el tiempo!" (*Kojavei Or* p.25).

Conozca sus propios límites: cuándo es suficiente y cuándo es demasiado, tanto en el estudio de la Torá, el hitbodedut, el trabajo, la interacción social, o cualquier otra cosa. Una de las formas en las que el Pavo intenta sabotear nuestra vida espiritual es mediante el entusiasmo excesivo. Podemos llegar a sentirnos tan inspirados que nos lanzamos al trabajo espiritual, cabalgando sobre la cresta de la ola como si pudiésemos hacerlo para siempre, hasta que simplemente nos agotamos y caemos.

No es bueno quedarse levantado tarde en la noche estudiando, de manera tal que duerma demasiado a la mañana siguiente, debiendo entonces atravesar sus plegarias como un tren expreso, o utilizar mucho más tiempo que el ordenado durante las plegarias de manera tal de no poder hacer las otras cosas que deseaba. Conozca el debido equilibrio en todas las cosas.

El Hombre Sabio era un experto en el delicado arte de la sincronización. Luego que ambos se pusieron las camisas, esperó. Y no fue sino "luego de un tiempo" que hizo la señal convenida para los pantalones.

Los Pantalones

¿Qué significan los "pantalones"?

Hemos visto que la "camisa" puede ser entendida como una referencia al Talet, la vestimenta superior flecada y que los Tzitzit, los flecos del Talet, aluden a las seiscientas trece mitzvot de la Torá y al estudio de la Torá (ver arriba). Los "pantalones" pueden ser vistos como una referencia a los Tefilin, las filacterias y a la Plegaria.

El orden del servicio religioso diario de un Judío comienza primero con la colocación del Talet y luego de los Tefilin. El Hombre Sabio siguió el mismo orden cuando comenzó a vestir al Príncipe. Empezó con la "camisa", el Talet y luego continuó con los "pantalones", los Tefilin. Pues los Tefilin son llamados "vestimenta" ["Vestimentas de cuero" (Génesis 3:21) – estas son los Tefilin" (*Tikuney Zohar* 69)]. Los Tefilin se hallan especialmente asociados a la Plegaria, pues son usados durante la oración. Y la misma palabra TeFiLin está asociada con la palabra hebrea que designa la plegaria: TeFiLa.

Nuestros Rabíes hablan de la plegaria como de una "vestimenta" que cubre las "piernas"; es decir, los "pantalones". Y así se lee en el versículo 7:2 del Cantar de los Cantares: "Cuán hermosos son tus pies dentro de ese calzado, noble hermana, *el círculo de tus muslos es como un ornamento de oro, la obra de las manos de un artesano*".

Comentando este versículo dijeron los Rabíes (*Moed Katan* 16b): "... 'El círculo de tus muslos es como un ornamento de oro, la obra de las manos de un artesano', tal como los muslos están cubiertos, así están cubiertos los misterios de la Torá". (El versículo compara los muslos con los ornamentos. Sabemos que los "ornamentos" son los misterios de la Torá, pues encontramos al final del versículo que ellos son llamados "la obra de las manos de un artesano". Y ésta es la Torá, que es obra de las manos del Creador del Mundo (ver *Rashi ad. loc.*).

Tal como están cubiertos los muslos, así están cubiertos los misterios de la Torá. ¿Y cuál es la vestimenta que cubre los misterios de la Torá? Las plegarias. Puede ser que a veces las plegarias parezcan simples, pero bajo la superficie de sus palabras y letras se encuentran los más profundos secretos de la Torá. Las plegarias son "vestimentas" que visten estos misterios. Los misterios de la Torá están cubiertos de la misma manera como están cubiertos los muslos. ¿Y cuál es la vestimenta que cubre los muslos? Los pantalones. Como vestimenta, las plegarias corresponden a los pantalones (ver *Likutey Moharán* I:15, 5-6 y I:73 etcétera).

Podemos ver entonces que los "pantalones" con los cuales el Hombre Sabio procedió a vestir al Príncipe pueden ser tomados como símbolo de la plegaria.

PLEGARIA

Debes saber que la plegaria es la vía principal para llegar a conectarse con Dios y apegarse a Él. La plegaria es la puerta a través de la cual entramos hacia Dios y llegamos a conocerlo.
Likutey Moharán II:84

La plegaria se encuentra en la cima del universo y aún así, la gente la trata con ligereza.
Berajot 6b y Rashi *ad loc.*

Mucha gente piensa que la plegaria es una vía mágica para pedir cosas y un método irrelevante en el mundo donde todo se encuentra regido por causas naturales. ¿Por qué es necesario orar por nuestro mantenimiento y bienestar cuando depende de nosotros el salir y ganarnos la vida? ¿Por qué orar por nuestra salud?: ¡vayamos al médico! El podrá hacer algo al respecto, o no, en cuyo caso: ¿Para qué sirve orar? Para mucha gente los servicios religiosos son aburridas reliquias sin sentido, que deben ser cumplidas rápidamente y con un mínimo de atención.

La idea de que la plegaria es una cuestión de "pedir lo que necesito" es una noción propia del Pavo. El Pavo en nosotros, el ego recalcitrante, cree que todo se debe a "mi fuerza y el poder de mis manos" (Deuteronomio 8:17) y que es esto lo que hace que las cosas sucedan en nuestras vidas. Bajo condiciones normales, el Pavo asume que cualquier cosa que uno obtiene en la vida depende de la combinación de nuestro propio esfuerzo y del puro azar. Sólo cuando las cosas se ponen fuera de control y el Pavo se siente indefenso comienza de pronto a gritar: "¡Dios ayúdame!", como un niño airado que imagina que puede conseguir lo que quiera mediante la fuerza de sus llantos.

De hecho, el propósito de la plegaria no es forzar a Dios a cumplir con lo que queremos, sino *abrirnos* a la bendición Divina que desciende continuamente y *canalizarla* hacia nosotros mismos y hacia el mundo que nos rodea. El gran prestigio de la ciencia dentro de nuestra cultura ha llevado a la gente a presumir que todo en el universo está sujeto a las leyes de la naturaleza. Pero de hecho, las leyes naturales son sólo una de las maneras en las cuales Dios gobierna el universo. Cuanto más conscientes de Dios estamos, más vemos que la entera trama de la vida, en nosotros y a nuestro alrededor, está hecha de toda clase de *nisim*, "maravillas". La palabra hebrea *nes* significa bandera o estandarte, que revela y declara el poder soberano de Dios.

El trabajo esencial de la plegaria es llegar a ser conscientes de la mano de Dios en todos los proceso de la vida y canalizar la conciencia de la Divinidad y las bendiciones hacia nosotros y hacia el mundo en su totalidad, mediante las *palabras*. Las palabras de nuestra plegaria son los "vehículos" a través de los cuales fluyen hacia nosotros las bendiciones Divinas.

Un vehículo es un recipiente que contiene algo más. Una taza puede guardar agua; un canal es un vehículo a través del cual el agua puede ser llevada de un lugar a otro. Los sonidos físicos que componen una palabra "contienen" el significado de esa palabra. Pronunciando la palabra, se "canaliza" su significado desde nuestra mente, a través de nuestra boca y del aire, hasta el oído del escucha y dentro de su mente. El mensaje que es transmitido y el efecto que produzca, depende de las palabras y de cómo se las utilice.

Puede ser que las palabras parezcan insubstanciales, pero es posible cambiar el mundo con ellas. Los amantes, los aduladores, los publicistas, los políticos y muchos otros, conocen y explotan el poder de las palabras. Intente repetir una palabra: "¡Odio!". Ahora repita una palabra distinta: "¡Amor!". Y ahora, con reverencia y temor repita la palabra "Dios". Cuanto más experto sea con las palabras, con mayor sutileza podrá manipular las influencias que desee que dominen en su vida y en su entorno.

Al orar estamos usando palabras para canalizar las influencias Divinas hacia nuestras vidas. Y es debido a que somos en parte Pavos viviendo una vida debajo-de-la-mesa, que necesitamos hacer este trabajo. Para poder probarnos en esta vida y llevarnos así hacia nuestro destino, el mundo que nos rodea a y nuestra propia constitución interna fueron diseñados de manera tal de ocultar de nosotros la Divinidad. Es natural que consideremos, durante nuestros estados de conciencia cotidianos, que las cosas dependen tanto de "mi fuerza y el poder de mis manos" como del azar.

Para permitirnos reconocer la verdad que subyace debajo de la apariencia de este mundo, la Torá nos enseña a trabajar con nosotros mismos y con nuestra conciencia. "Y *trabajarás* para Él" (Deuteronomio 6:13). El trabajo al cual se refiere es el del *corazón*, buscando y desarrollando nuestra conciencia superior de Príncipe y aprendiendo a deshacernos de las nociones de Pavo. "¿Cuál es el trabajo que se hace con el corazón? Es la plegaria" (*Taanit* 2a).

El trabajo de la plegaria implica conocer los límites de nuestras personalidades mundanas. No es "*mi* fuerza y el poder de *mis* manos", sino "*Tuyo*, HaShem, es el poder y la soberanía por sobre todas las cosas. Riquezas y honores provienen de Ti y Tú gobiernas sobre todo. En Tu mano está el poder y la fuerza, y depende de Tu mano el hacer a las cosas y a los hombres grandes y fuertes... Tú, HaShem, solo. Tú has hecho los cielos, los cielos sobre los cielos y todas sus huestes, la tierra y todo lo que está sobre ella, los mares y todo lo que se encuentra en ellos y Tú das vida a todo. Las huestes de los cielos se inclinan ante Ti" (Crónicas 29:11-12; Nehemías 9:6).

Es común escuchar a la gente decir que Dios Mismo no necesita de nuestras plegarias, sino que somos nosotros los que las necesitamos. Esto es verdad en parte: una de las principales razones para orar es que debemos llegar a ser conscientes de Dios y conocerlo. Pero esto es solo parte de la verdad. En un sentido Dios *necesita* de nuestras plegarias, pues Él creó el orden cósmico de manera tal que las plegarias del Pueblo Judío formen parte integral de la cadena a través de la cual la bendición fluye hacia el mundo en su totalidad.

"Las doce tribus de Israel corresponden a las doce constelaciones y cada tribu tiene su propio estilo de plegaria y una puerta especial a través de la cual ellas se elevan. El efecto de la plegaria de cada tribu es despertar el poder de la correspondiente constelación y así permitir que esa constelación irradie hacia abajo y otorgue energía a la vegetación y a todas las demás cosas que dependen de ella" (*Likutey Moharán* I:9,2).

Las Plegarias Establecidas

El arte de la plegaria consiste en usar las palabras correctas y sus combinaciones con la finalidad de canalizar el poder Divino y Sus bendiciones. La lengua Hebrea es llamada Lengua Sagrada, pues el Hebreo es el idioma de la revelación de Dios en la Torá y sus letras y palabras son vehículos perfectos para revelar y canalizar la Divinidad.

Desde el comienzo de la historia Judía hasta la destrucción del Primer Templo y el Exilio en Babilonia (586 A.E.C.), el Hebreo era el idioma nativo de los Judíos y los senderos de la plegaria eran bien conocidos por la mayoría de la gente. Hasta ese tiempo, el nivel espiritual general era muy alto, cientos de miles de personas en cada generación estaban activamente aplicadas a la práctica de la meditación y de la profecía (*Meguilá* 14a). Además del recitado del Shemá, de los Salmos y de otros pasajes Bíblicos, cada persona usaba sus propias palabras para expresar lo que había en su corazón (*Mishne Tora, Hiljot Tefila* 1:2-3).

Pero, durante el exilio Babilónico, una nueva generación creció hablando el idioma vernáculo de los países donde se encontraban, deteriorándose así su conocimiento del idioma Hebreo. La gente ya no sabía cómo utilizar, por sí misma, el poder único que posee la Lengua Sagrada para canalizar la Divinidad. Fue en respuesta a esta situación que Ezra y los Hombres de la Gran Asamblea, la suprema corte legislativa de ese tiempo, instituyeron una forma fija de plegarias y bendiciones para todas las ocasiones (*Ibid.* 4). Conjuntamente con ciertos pasajes Bíblicos y Salmos, estas plegarias y bendiciones forman la base del Sidur, el libro de oraciones, tal cual lo conocemos hoy en día.

Muchos de los Hombres de la Gran Asamblea que compusieron estas plegarias eran profetas importantes, tales como Jagueo, Zacarías, Malaji, Daniel, Nehemías y Mordejai. Bajo la inspiración Divina ordenaron las veintisiete letras y las diez vocales de la Lengua Sagrada, conformando las secuencias que forman las plegarias y bendiciones establecidas. Cada palabra del Sidur posee un sentido simple y claro que inclusive un niño puede comprender. Al mismo tiempo, es suficiente observar los escritos Kabalistas del ARI, o un Sidur Kabalista, tal como el de Rabí Shalom Sharabí (el *RaShaSh*), para tener un atisbo de las tremendas profundidades que hay en cada palabra y de los mundos de significación que dependen de cada simple letra y vocal. "La plegaria se halla en la cima del Universo" (*Berajot* 6b).

En cierto sentido, las plegarias no tienen una sola significación: son algo diferentes para cada individuo, dependiendo de su nivel de conocimiento, de su comprensión y devoción. Las plegarias establecidas incluyen todo aquello que es necesario para que cada uno se exprese formalmente ante Dios. El Rebe Najmán evoca esta idea en una de sus historias donde cuenta de un gran rey que tenía un secretario al que venía a ver mucha gente, algunos para alabar al rey, otros con peticiones. "Yo tomo todos sus mensajes" decía el secretario, "y los condenso en unas pocas palabras que transmito al rey. En mis pocas palabras se encuentran todas sus alabanzas y peticiones".

Las plegarias fijas, compuestas por los Hombres de la Gran Asamblea, nunca estuvieron propuestas como sustituto de la plegaria personal en la propia lengua nativa, el hitbodedut, sino como *complemento* de ello. Y hoy en día necesitamos de ambas (ver *Sabiduría y Enseñanzas del Rabí Najmán de Breslov* #229). Debido al bajo nivel espiritual general, no nos es posible conocer la manera correcta de acercarnos a Dios ni cómo canalizar las bendiciones Divinas hacia nosotros y hacia el mundo en su totalidad, si no es con ayuda de las plegarias fijas, las que fueron diseñadas precisamente para esto. Mediante su recitado diario establecemos nuestra conexión con Dios y mantenemos ciertos conceptos esenciales en nuestra mente: la tremenda majestad de Dios, Su avasallante amor y misericordia y Su fuerza y poder.

Al mismo tiempo, cada uno de nosotros tiene sus propios temas personales que necesitan trabajar con Dios. Cada uno de nosotros tiene su propia y única manera de alcanzar a Dios y necesitamos hacerlo en nuestra lengua nativa, con nuestras propias palabras, canciones, lamentos, suspiros y otras formas de autoexpresión. Y esto lo hacemos durante el hitbodedut. En estas conversaciones íntimas y privadas del hitbodedut logramos las mayores alturas de la comunicación personal con Dios.

Las Plegarias Establecidas: Cómo Orar

Existe una gran cantidad de literatura relativa al tema de plegarias establecidas. El primer volumen del *Shuljan Aruj* se ocupa en gran medida de las reglas que gobiernan las diversas bendiciones y plegarias tanto regulares como ocasionales. Los detalles de estas regulaciones están elaborados dentro de una amplia gama de comentarios y obras derivadas. La literatura que trata del significado de las plegarias es un campo de por sí con comentarios a todos los niveles, que van desde la explicación simple y directa, hasta los profundos textos devocionales y las exploraciones kabalistas, incluyendo complejas *kavanot*, intenciones místicas, en los más altos niveles.

Las reglas que gobiernan el recitado de las plegarias regulares, cuándo decir qué, las posturas, cuándo se permite interrumpir y cuándo no, cuándo orar en voz alta y cuándo en un susurro, etcétera, se hallan impresas con claridad y simpleza en la mayoría de los Sidurim. También existe una amplia variedad de excelentes traducciones del Sidur, muchas de las cuales están acompañadas de comentarios informativos sobre el antecedente y significado de las diversas oraciones.

Invierta en un Sidur de calidad que disfrute al usar. Si no está familiarizado con las bendiciones más frecuentes, tales como la bendición luego de atender las necesidades y aquellas para antes y después de las comidas, puede copiarlas en un papel y llevarlas con usted, o bien puede llevar un Sidur de bolsillo (un Sidur no debe ser llevado a una sala de baño, pero es permitido entrar allí llevando en el bolsillo, la cartera, etcétera, un papel donde se hallen escritas las bendiciones).

Para aquellos que comienzan, para quienes el decir todas las bendiciones y plegarias en su totalidad se encuentra más allá de su habilidad actual, es aconsejable consultar a un Rabino competente respecto a cual deberá dar mayor énfasis en un principio. Es una mitzva de la Torá el orar todos los días, recitar los tres parágrafos del Shemá en la mañana y luego de la caída de la noche y decir el *Birkat HaMazon* (Gracias después de las Comidas) luego de comer pan. Con el correr del tiempo, trate de familiarizarse con las palabras de las plegarias básicas y su traducción. Estudie las obras relativas a las plegarias y su significado.

Orando en Hebreo

Inclusive aquellos que no comprenden nada del Hebreo deben intentar recitar el Shemá, algunas oraciones básicas y las bendiciones en el idioma Hebreo. Esto no significa que usted no pueda orar en su idioma nativo si así lo desea. Pero aunque su Hebreo sea rudimentario y dificultoso, hay muchas ventajas en orar en este idioma. Simplemente con articular las letras y las palabras hebreas en orden, aún sin comprenderlas, usted está formando vehículos que canalizan la Divinidad hacia el mundo. También es posible incluir plegarias personales en determinados puntos de las plegarias establecidas. Al unir sus ofrendas personales junto con las sagradas plegarias del Sidur, usted elabora una poderosa conexión con Dios.

No es necesario que comprenda cómo funciona un teléfono para que usted pueda hacer uso de él. Todo lo que necesita saber es el número con el cual desea comunicarse y la manera de discarlo. Y por más sincero que sea el deseo de hacer la llamada, no podrá comunicarse si marca un número equivocado. Las plegarias del Sidur son los códigos para poder llegar a Dios. ¡Todo lo que debemos hacer es decirlas!

Las plegarias establecidas influyen en los procesos cósmicos independientemente del hecho que las comprendamos o no. De manera similar, puede ser que usted no tenga la menor idea del trabajo interno de una computadora, lo que no le impedirá operarla perfectamente tecleando las letras y los símbolos requeridos. La computadora hará exactamente aquello que usted le diga, ni más ni menos. Para obtener los resultados deseados, usted deberá teclear los comandos correctos. De otra manera, sólo obtendrá por respuesta un "comando equivocado o archivo equivocado".

Si no comprende el hebreo, las plegarias que se obliga a decir son entonces el servicio más desinteresado que pueda ofrecerle a Dios. En tiempos del Baal Shem Tov, el fundador del movimiento Jasídico, había un niño analfabeto que no conocía más que las letras del *Alef Bet*. Mientras todos en la sinagoga oraban con fervor, él repetía el *Alef Bet* una y otra vez, diciéndoles a los ángeles de la plegaria: "Yo no conozco las palabras de las plegarias. Todo lo que sé es el Alef Bet. Tomen *Ustedes* las letras y formen con ellas las palabras apropiadas". Comentó entonces el Baal Shem Tov que las plegarias de ese niño rompieron todas las barreras y elevaron consigo las plegarias de todos los que estaban en la sinagoga. Diga lo que usted pueda y deje que HaShem otorgue las bendiciones a su alma y al mundo entero.

Orando con un Minian

Se debe hacer el máximo esfuerzo por orar en una sinagoga propiamente constituida, conjuntamente con un minian de diez adultos varones. La plegaria es más que una experiencia religiosa personal. Muchas de las oraciones establecidas están redactadas en plural, debido a que nos encontramos frente a Dios como miembros de la comunidad de Israel. No sólo estamos orando por nosotros mismos, sino por el Pueblo Judío y por el mundo entero. "Cuando diez personas oran juntas, la Divina Presencia mora entre ellas" (*Berajot* 6a). Aquellos que no puedan orar con un minian de manera regular deben intentar hacerlo de vez en cuando.

Un problema frecuente que suele experimentar la gente que trata de orar con la apropiada devoción es que encuentran difícil hacerlo al ritmo del minian. Por alguna razón, muchos minianim cumplen con el servicio de la plegaria de manera apresurada. Si no puede encontrar algún minian cercano que ore a un ritmo adecuado, quizás le sea posible encontrar un grupo de gente con un interés similar y con la cual puede organizar uno. Es posible que se pueda lograr un grupo que ore en conjunto una vez por semana o una vez por mes, etcétera. Como primer paso, se puede intentar organizar un grupo de estudio regular sobre temas relacionados con la plegaria.

Si sucede que debe orar regularmente en un minian que encuentra insatisfactorio, trate igualmente de hacer el esfuerzo de juzgar a todos de manera positiva. Piense en lo mucho que le llevó llegar al nivel en el cual usted desea orar con devoción. Recuerde que cada persona se desarrolla a su propio ritmo. No espere cambiar a los demás: se evitará gran cantidad de frustraciones si aprende a tolerar a la gente de la manera que es. Cundo el Hombre Sabio quiso cambiar al Príncipe, no intentó vestirlo a la fuerza. Le enseñó mediante el *ejemplo*. El Hombre Sabio se puso su propia camisa y pantalón, dejando que el Príncipe lo siguiera en su momento. No importa cómo están orando los demás, uno debe hacerlo con la mayor concentración posible. Consulte con un Rabino competente cómo deberá actuar, en caso de que se quede constantemente atrás del resto del minian, pero quiera cumplir igualmente con sus obligaciones halájicas y dar las respuestas necesarias (Barju, Kadish y Kedushá). La halajá otorga una guía detallada sobre cuándo es posible interrumpir la plegaria que se está diciendo con la finalidad de unirse a las respuestas de la congregación, si es que el minian se encuentra en un punto diferente del servicio.

Ser molestado por el comportamiento de los demás miembros del minian no es motivo como para sentir que ha fracasado en su intención de elevarse por sobre esas distracciones. Es muy natural ser distraído por los otros. En palabras del Rebe Najmán: "La gente dice que si uno tiene verdadero sentimiento y se encuentra realmente unido con su plegaria, nada lo debería distraer. Su devoción sería suficiente como para bloquear cualquier otra cosa. Pero la verdad es que esto no es así. Puede ser que el Tzadik más grande esté orando con gran fuerza y unión a Dios, pero aún él puede ser disturbado, no importa cuán grande sea su entusiasmo ni cuán profundamente comprometido esté con la plegaria... Todos sus sentimientos y emociones no serán suficientes como para prevenir el ser distraído y molestado" (*Sabiduría y Enseñanzas del Rabí Najmán de Breslov #284*).

Tómese el tiempo para encontrar en la sinagoga un lugar donde pueda orar regularmente con el mínimo de distracciones. Si la sinagoga está llena de gente y usted se siente empujado e incómodo, trate de ubicarse en un lugar donde esto no suceda.

Evite la tentación de observar a la otra gente: ¡sólo mire en su Sidur, o cierre los ojos e imagine que se halla orando en un bosque! (*Iesod ve-Shoresh Ha-Avodá* 1:10).

Pese a esto, es posible que escuche cosas que lo disturben o que encuentre inapropiadas para una sinagoga. El Rebe Najmán enseñó que en este caso, la solución es borrar el propio ego por completo, hasta que se llegue a estar consciente únicamente de la presencia de Dios: "Cuando una persona se encuentra en el palacio del Rey, se anula totalmente a sí misma y no ve otra cosa que al Rey, entonces si escucha algo vergonzoso encontrará una manera de interpretarlo como para que aumente y eleve la grandeza del Rey" (*Likutery Moharán* I:55,7).

Teniendo Fe y Haciéndose el Tiempo

La plegaria se encuentra íntimamente ligada con la fe. Una de las principales razones por las cuales la gente siente que obtiene muy poco de las plegarias es debido a que no tienen suficiente fe en la importancia de lo que están haciendo. Piensan que Dios no está interesado en sus plegarias. Y dado que subestiman la actividad de orar, no le prestan atención ni tiempo. Se apuran a través de las plegarias, de manera inconsciente, y por lo tanto las encuentran secas y poco inspiradoras. Refuerce su creencia en que Dios escucha sus plegarias y en que cada letra y cada palabra son preciosas. Cuanto más comprenda el sentido de las plegarias y del exaltado trabajo espiritual que está haciendo con el simple hecho de pronunciarlas, más entusiasta será y más disfrutará del orar.

En términos prácticos, uno de los primeros requisitos es simplemente darse el tiempo necesario. Si le toma x cantidad de segundos el musitar una bendición o plegaria sin sentimiento, y z cantidad de segundos el decirla con claridad e intención, entonces la única manera apropiada será tomándose un tiempo adicional para decirla. Esto se aplica tanto a las bendiciones incidentales como a las plegarias establecidas. Esto tampoco quiere decir que la única manera de orar con atención sea hacerlo de manera lenta. No todos encuentran esto necesario. Algunas personas pueden orar rápidamente y mantener toda su atención. Lo importante es orar al ritmo que *usted* necesite como para poder concentrarse.

Establezca el tiempo que puede dedicarle al servicio diario: cuánto tiempo puede orar en la mañana, cuánto en la tarde y cuánto a la noche. De ser necesario, consulte con un rabino competente respecto a cuánto, de todo el servicio, deberá decir, dado su ritmo actual de recitado. Si siente que debido a la falta de tiempo solo podrá decir una parte del servicio, será mejor hacerlo a un ritmo que le permita concentrarse y decir las plegarias con propiedad, antes que apurarse a través de todo el servicio sin concentración y sin pronunciar las palabras de manera correcta.

Antes de comenzar con las oraciones, dispóngase con buen ánimo. Al dirigirse a la sinagoga, entone una canción alegre. Deténgase un instante, a la entrada de la sinagoga y compóngase. Luego entre con reverencia. Antes de comenzar uno de los servicios importantes de la semana, dé algo de caridad, de cuerdo a sus medios. Si no puede depositar su dinero en alguna caja de caridad disponible, o dárselo a alguien, sepárelo de su otro dinero y ofrézcalo más tarde.

Afirme en voz alta que guardará la mitzva de "ama a tu prójimo como a ti mismo" (Levítico 19:18). Tome la determinación de unirse con todos los verdaderos Tzadikim. Unirse a los Tzadikim significa observar sus enseñanzas y ejemplos, como guía e inspiración, tanto en las propias plegarias como en nuestras vidas en general. Los Tzadikim poseen almas abarcadoras, en las cuales se hallan enraizadas todas las almas individuales. Al unirse con los Tzadikim uno se conecta con todas las almas. Y esto le otorga una fuerza adicional a nuestras plegarias (ver *Likutey Moharán* II:1, 1-3).

De la Boca, Al Oído

*Deja que tus oídos escuchen
lo que dices con tu boca.*
Berajot 13a

Hay dos aspectos esenciales en el trabajo de la plegaria: articular claramente las palabras del Sidur, una después de la otra y escuchar lo que uno está diciendo. Esto se aplica tanto al servicio diario de plegarias como a las diversas bendiciones y oraciones recitadas en distintos momentos del día. "La verdadera devoción consiste en escuchar atentamente las plegarias que uno está diciendo" (*Sabiduría y Enseñanzas del Rabí Najmán de Breslov* #75).

La gente suele preguntar si es posible "usar las bendiciones y las plegarias como un tipo de meditación". Para poder contestar a esta pregunta, es importante primero clarificar en qué sentido es usada la palabra "meditación". Si se la utiliza en el sentido de método para facilitar la reducción del stress y la relajación, es entonces un grave insulto al considerar las bendiciones y plegarias meramente como esto. Es posible que aquellos que se esfuerzan en sus plegarias lleguen a estar más relajados al profundizar su confianza en Dios, pero la plegaria es mucho más que una forma de reducir la tensión.

La meditación puede ser definida también como "el pensar de manera controlada... decidiendo con exactitud cómo se desea dirigir la mente durante un período de tiempo determinado y hacerlo así" (R. Aryeh Kaplan, *Jewish Meditation* p. 3). En este sentido, las plegarias establecidas y las bendiciones son indudablemente una forma de meditación. Podríamos llamarlas meditaciones "guiadas", en el sentido que el objetivo es dirigir la mente a través de una serie de pensamientos tal como están expresados en las palabras de las plegarias.

Como hemos visto anteriormente, la palabra hebrea que designa la acción de dirigir la mente es *kavaná*, de la raíz *le-kaven*, que significa apuntar o dirigir, como cuando un arquero apunta una flecha. Así, la gente habla de "orar con *kavaná*", con atención y sentimiento interior. También se llama *kavaná* (plural: *kavanot*), al pensamiento específico o la intención que uno tiene en mente cuando dice una palabra, una frase o una plegaria completa, o al realizar una mitzva. Hay una enorme literatura respecto de las *kavanot* de las plegarias, desde el sentido simple y el significado alusivo de las palabras hasta las profundas devociones Kabalistas, tal como están indicadas en los escritos del ARI y en la literatura derivada.

El orar con atención y sentimiento interior significa que "la persona que ora, debe concentrarse interiormente en el significado de las palabras que está diciendo con sus labios" (*Shuljan Aruj, Oraj Jaim* 98:1). Y no sólo es innecesario el conocer o utilizar las *kavanot* kabalistas de las plegarias para poder orar con sentimiento interior, sino que inclusive éstas pueden ser altamente confusas para aquel que intente utiliarlas sin poseer el requerido conocimiento y pureza espiritual (ver *Tzadik* #526; *Sabiduría y Enseñanzas del Rabí Najmán de Breslov* #75). Dijo el Rebe Najmán: "Orar con perfección es tener la mente en el *significado simple* de palabras tales como *Baruj Ata HaShem* 'Bendito Seas Tu, Oh Dios" (*Sabiduría y Enseñanzas del Rabí Najmán de Breslov* #75).

"Deja que tus oídos escuchen lo que dices con tu boca" (*Berajot* 13a). Esta prescripción fundamental del Talmud significa que uno debe escuchar físicamente los sonidos que emite con su boca. Por otro lado, la idea de *escuchar* lo que se está diciendo, implica *comprender* las palabras y escuchar su *mensaje* (así, cuando el Rey Salomón oraba pidiendo sabiduría, le rogaba a Dios que le otorgara "un corazón que *escuche*", Reyes I 3:9). Dejar que "los oídos escuchen lo que dices con tu boca" significa entonces exactamente lo mismo que dice el *Shuljan Aruj*: concentrarse en el significado de cada palabra mientras uno la está diciendo. Al pronunciar cada palabra, piense en su traducción literal y escuche su mensaje.

Devoción

Durante la plegaria... La persona debe sentir como si la Presencia Divina estuviese directamente frente a ella.
Oraj Jaim 98:1

"Te imagino, Te llamo, aunque no Te conozco" (de *Naim Zemirot*). En Sí mismo, Dios es incognoscible, aun así, todas nuestras plegarias están dirigidas a Dios, la Fuente de toda existencia.

HaShem significa literalmente "El Nombre" y hace referencia al Tetragrámaton, el nombre esencial de HaShem: *I H V H* (Tetragrámaton en griego significa "el nombre de cuatro letras"). Está absolutamente prohibido pronunciar el Tetragrámaton tal como está escrito: inclusive cuando uno tiene ocasión de pronunciar las letras en el orden en que están escritas, se dice *Yud Kei Vav Kei*, de manera tal de no estar ni siquiera cerca de pronunciar el Nombre de Dios.

Pero, en cambio, no está prohibido contemplar el nombre de Dios: por el contrario, muchas enseñanzas kabalistas están relacionadas con el sentido y significado del Nombre y de sus letras. El Nombre de Dios está relacionado con la raíz hebrea *HaVaH*, que significa "ser" o "existir". Podríamos decir que el "significado del Tetragrámaton es "El Uno que trae las cosas a la existencia"; es decir, la Fuente de la existencia.

Al recitar las plegarias y bendiciones, el Tetragrámaton (o la versión convencional que lo reemplaza, compuesta de *Iud Iud*, tal como aparece comúnmente impreso en los Sidurim) se pronuncia "*Adonoy*", "Señor" (si no es en la plegaria, cuando se cita una frase que contiene el Tetragrámaton, decimos "*HaShem*", para evitar así tomar el nombre de Dios en vano).

Todas nuestras plegarias y bendiciones están tramadas alrededor del nombre de HaShem, la Fuente de todo lo existente. Las diferentes plegarias y bendiciones contienen todo tipo de afirmaciones, descripciones, alabanzas y pedidos, pero en esencia todas ellas se desarrollan y remiten a HaShem. En nuestras plegarias dejamos asentado que todos los diversos fenómenos de la existencia derivan de HaShem. Juntamente con cada bendición, alabanza o pedido que hacemos, debemos pensar cómo es que el objeto específico, motivo de esa bendición, etcétera, deriva de Dios. De manera similar, al recitar el Shemá debemos tener en mente que nos estamos uniendo con la Fuente de nuestra existencia.

Al recitar cualquier plegaria o bendición, trate de mantener su atención centrada en el hecho de que usted está hablando con y sobre HaShem y que la Divina Presencia se encuentra directamente delante de usted. Y así deberá ser su pensamiento cuando se disponga a relajarse, respirar y concentrarse antes de cada servicio de plegarias o bendiciones. Luego, al comenzar las oraciones, trate de mantener su atención en el sentido simple de cada palabra.

La palabra *Baruj*, "Bendito", está relacionada con la palabra hebrea *breijáh*, que significa un estanque en el que se juntan las aguas de un arroyo y del cual se extrae el agua para las diferentes necesidades. Al decir *Baruj* hay que recordar que uno está tomando de la Fuente de todas las bendiciones. La palabra *baruj* está relacionada también con *berej*, que significa rodilla. Cuando nos arrodillamos, la cabeza desciende. Cuando humillamos nuestros corazones y agradecemos a Dios por Su bendición –"*Baruj*"– hacemos posible que la Fuente de la Creación, la "Cabeza", descienda trayendo bendiciones a todos los lugares donde nos encontramos.

Atáh – "Tú". Al dirigirnos directamente a Dios debemos estar conscientes que la Divina Presencia se halla delante nuestro. La palabra *Atáh* incluye las letras *Alef* y *Tav*, la primera y última letra del Alef-Bet, mediante el cual Dios creó el Universo. *Atah* significa que desde el principio hasta el final, a través de la diversidad de la creación, "Tú eres Uno".

HaShem: Al pronunciar *Adonoy* durante la plegaria, debemos tener en mente que esta palabra significa que HaShem es *Adon haKol* – Dueño de Todo. Al recitar el Shemá y, de ser posible, en todos los lugares donde aparece el Tetragrámaton durante las plegarias, debemos también tener en mente que el nombre HaShem significa: "Fue, es y será"; es decir, que Dios es Eterno (*Oraj Jaim* 5 y ver *Mishná Berura ad loc.* 3). Al decir *Adonoy* uno puede entonces pensar: "Eterno Dueño de todo".

Elohim: (al pronunciar este nombre de Dios, fuera de las plegarias, es costumbre pronunciarlo como *Elokim*, de manera de no profanar el Nombre). *Elokim* es traducido comúnmente como "Dios" – y *Elokeinu* significa *nuestro* Dios. El nombre Divino *Elokim* hace referencia al poder de Dios tal como éste se manifiesta en la Creación. Aunque gramaticalmente *Elokim* es una forma plural, al referirnos a Dios es siempre acompañado por un verbo en singular. Todos los diversos poderes manifestados en la diversidad de la Creación derivan del Dios unitario. Al decir *Elokim* o *Elokeinu* hay que tener en mente que "Dios es todo poderoso y omnipotente" (*Ibíd.*).

La conexión más profunda e importante con Dios durante la plegaria y las bendiciones, se produce cuando nos dirigimos a HaShem directamente. Pero, en este mundo no es posible permanecer constantemente en un estado de comunicación directa con Dios. Luego de "correr" hacia delante y dirigirse a Dios directamente, tenemos que "retornar" hacia nosotros mismos y hacia el mundo en el que vivimos. La bendición continúa entonces hablando *sobre* Dios en tercera persona y sobre las cosas que Él crea, etcétera. Habiendo tenido un atisbo de la unidad de Dios durante el momento de comunicación directa, la tarea ahora, al continuar la bendición o la plegaria, es tratar de experimentar Su unidad inclusive en medio de la pluralidad del mundo creado.

Melej HaOlam, "Rey del Universo": La palabra *Olam*, universo, está relacionada con la raíz hebrea *AlaM*, que significa "ocultar". Miramos a nuestro alrededor, al universo visible, pero no vemos a Dios. La misma creación del universo sólo pudo llegar a ser mediante el ocultamiento de la luz de Dios. Pero al hablar de *Melej HaOlam*, "Rey del Universo", nos acordamos que aunque Dios está oculto, haciendo que el mundo parezca independiente, de hecho, el Universo y todo lo que existe en él, tienen una Fuente y un Rey: más allá de la diversidad está el Dios unitario.

En la práctica, es muy difícil para cualquiera mantener la concentración sobre cada palabra a lo largo del recitado de la plegaria. En todo caso, se debe hacer el máximo esfuerzo para concentrarse al menos mientras se recitan los primeros versos del Shemá y las primeras bendiciones de la Amida, la plegaria que se dice de pie y en silencio.

Uno de los mayores problemas con los que se encuentra la mayoría de la gente que ora con regularidad es la tendencia a repetir las palabras mecánicamente. Trate de evitar esto, deteniéndose de vez en cuando, durante la plegaria, con la finalidad de recordarse la importancia de la oración. La mejor forma de concentrarse sobre el significado de las palabras y frases claves de las plegarias, es detenerse por un instante *antes* de decirlas. Observe la palabra o la frase impresa, y dese un momento para pensar en su significado. "*Piense* la palabra antes de pronunciarla con sus labios, como nos enseñan los Salmos (10:17): 'prepara el corazón...' primero, y luego: '...haz que el oído escuche'" (*Iggeret HaRamban*).

Pensamientos Distractivos

De manera ideal, "la persona que está orando, debe eliminar todos los pensamientos distractivos hasta que su mente esté clara y su atención fija en la plegaria" (*Oraj Jaim* 98:1). Pero de hecho, en la práctica, la mayoría de nosotros encuentra esto virtualmente imposible. Lo importante es no *preocuparse* por las distracciones. "Puede que al orar te sientas distraído por muchos pensamientos externos. Ignóralos por completo. Haz tu parte y di todas las plegarias en orden, ignorando todos los pensamientos distractivos. Haz lo que debes y desestima por completo estos pensamientos" (*Sabiduría y Enseñanzas del Rabí Najmán de Breslov* #72).

El Rebe Najmán enseña que en realidad estos pensamientos distractivos benefician nuestra plegaria. "Hay tremendos poderes que denuncian nuestra plegaria. Sin los pensamientos distractivos, la plegaria sería imposible. Los pensamientos externos disfrazan nuestras plegarias de manera tal que éstas son ignoradas por las Fuerzas Externas. Estas Fuerzas no denuncian las plegarias, las que son entonces dejadas entrar en lo alto. Dios conoce nuestros más íntimos pensamientos. Puede que estemos distraídos, pero en lo profundo de nuestros corazones, nuestros pensamientos son sólo para Dios... Dios conoce lo que hay en tu corazón y percibe su deseo más profundo. El ve a través del disfraz y acepta la plegaria con amor" (*Ibíd.*).

"Puede ser que sea imposible cumplir el entero servicio con la requerida devoción, pero cada persona debe al menos decir una pequeña porción con sentimiento". El Rebe Najmán explica que esto sucede pues en la raíz de su alma, cada persona está asociada con una sección particular de la plegaria. Al llegar a la parte del servicio que corresponde a la raíz de su alma, la persona se siente elevada por una gran devoción. "Es posible que a veces te encuentres orando con gran devoción, pero de pronto el sentimiento se aleja y las palabras comienzan a parecerte vacías. No te desanimes, pues lo único que ha sucedido es que acabas de dejar tu área... Continúa con el servicio, diciendo cada palabra con absoluta simplicidad" (*Sabiduría y Enseñanzas del Rabí Najmán de Breslov* #75).

Aunque no sea posible orar con devoción durante todo el servicio, es necesario al menos "forzarte a decir cada palabra del servicio. Haz como si fueras un niño aprendiendo a leer y simplemente recita las palabras... Sigue el orden del servicio aún sin sentimiento. Continúa palabra por palabra, página tras página, hasta que Dios te ayude a conseguir un sentimiento de devoción. Y aunque hayas completado el servicio sin sentimiento, tampoco esto es el final. Aún puedes decir un Salmo. Hay aún muchas otras plegarias para ser dichas" (*Ibíd.*).

Es posible que luego de todos sus esfuerzos aún se sienta como un Pavo. De ser así, recuerde que "es posible que me encuentre lejos de Dios a causa de mis muchos pecados. Bueno. Si es así, no hay una plegaria perfecta sin mí. El Talmud enseña que toda plegaria que no incluye a los pecadores de Israel no es una verdadera plegaria. La plegaria es como la ofrenda del incienso. La Torá requiere que el incienso contenga gálbanum, aún cuando por sí mismo éste posee un desagradable olor... Tal como el mal olor del gálbanum es un ingrediente esencial del dulce incienso, así mi sucia plegaria es un ingrediente vital de las plegarias de todo Israel. Sin ella, la plegaria es deficiente, tal como el incienso sin el gálbanum" *(Sabiduría y Enseñanzas del Rabí Najmán de Breslov #295).*

Fervor

La plegaria inspirada es una dulce y asombrosa experiencia. Uno se encuentra totalmente inmerso en la plegaria: la única realidad es la palabra con la que se está en ese instante en el Sidur. La palabra salta de la página directamente a su boca: sale de sus labios como impulsada por un espíritu que estuviese más allá de usted, aunque hablando por su intermedio. Cada palabra proclama la magnificencia y gloria de Dios. Usted está allí, parado, pero se siente elevado. De pronto puede contemplar un mundo al cual no tiene acceso durante la mayor parte del tiempo: el mundo que lo rodea transformado en una unidad. Cada objeto familiar y cada persona proclaman al unísono la gloria de Dios, las otras personas, las sillas, las mesas, las paredes, las ventanas, los edificios, los árboles, los cielos...

¿Cómo es que logra uno este fervor intenso y extático propio de los verdaderos Jasidim, de los amantes de Dios? ¿Cómo puede llegar uno a orar con exaltada alegría, con profundo temor y asombro por Dios, con escalofríos y temblores, danzando y cantando, con lágrimas y radiante felicidad? ¿Es que una plegaria así viene por sí misma, o hay que *hacer* que venga? ¿Es necesario forzarse uno mismo a sentir con intensidad la plegaria, o inclusive *pretender* que se la siente con intensidad?

Hace doscientos cincuenta años, antes del nacimiento del movimiento Jasídico, el Rabí Moshe Jaim Luzzatto dijo lo siguiente respecto de la *Jasidut* (religiosidad devocional): "La Jasidut ha venido a tener un mal aspecto a los ojos de la mayoría de la gente, inclusive de los más inteligentes, en el supuesto que ella está compuesta por prácticas vacías e irracionales, o que significa meramente el recitado de largas súplicas y confesiones, acompañadas por un montón de lágrimas y violentas sacudidas y extrañas formas de ascetismo" (*Mesilat Yesharim* 18).

Hoy en día también sucede a menudo que inclusive aquellos que se sienten atraídos hacia la ferviente plegaria Jasídica se confunden con el comportamiento que observan en algunos círculos Jasídicos: movimientos físicos vigorosos, gritos en voz alta, aplausos, saltos, etcétera. Se preguntan entonces si es que la única manera de llegar a ser un verdadero Jasid es imitando esas formas externas. ¿Son una parte necesaria de la plegaria Jasídica? ¿Debe uno balancearse, aplaudir y gritar durante la plegaria, aunque no lo sienta?

Es posible que si nos encontramos medio dormidos y busquemos incentivarnos y "disponernos", debamos movernos vigorosamente y orar en voz alta para poder lograrlo. Pero la verdadera emoción interior de la plegaria Jasídica no proviene de la imitación de los movimientos externos. Desde luego que la emoción sincera durante la plegaria es muy deseable, pero es un error tratar de forzarla. Por ejemplo, al hablar sobre las lágrimas durante la plegaria, el Rebe Najmán dice: "Cuando una persona está orando, si piensa que debería llorar y espera las lágrimas, esto la confundirá de tal manera que le impedirá decir sus plegarias de manera sincera y con todo el corazón... El pensamiento de que está por llorar, la distrae y le impide concentrarse en lo que está diciendo... Si lloras, lloras. Y si no, no" (*Likutey Moharán* II: 95).

La verdadera emoción no es algo que se pueda forzar. Si viene, viene. La esencia del trabajo de la plegaria no es afectar la emoción sino concentrarse siempre en las palabras y su significado. Y respecto al balancearse o no durante la plegaria, haga lo que le surja más naturalmente. A veces querrá balancearse y otras preferirá quedarse quieto. Algunas personas encuentran el balanceo suave de lado a lado o hacia atrás y adelante, algo tranquilizador y una ayuda para la concentración; otros lo encuentran distractivo.

Lo mismo se aplica respecto de si se debe orar en voz alta o suavemente, o bien si se debe recitar o cantar. Lo importante es escuchar siempre las palabras que se están diciendo, incluso durante la plegaria de Amidá, cuando el susurro debe ser audible para *uno mismo*. Pero cuán alto usted ora depende únicamente de usted, mientras no moleste a los demás. Puede haber momentos en que desee orar con voz más fuerte, en especial cuando quiera incentivarse. En otras ocasiones puede ser que quiera poner toda su atención en escuchar las letras y las palabras con su mente y su corazón, no prestando atención al volumen de su voz física.

Lo más importante es "desapegarse de cualquier pensamiento externo y dirigir la atención solamente a las palabras que le estás diciendo a HaShem, tal como una persona que habla con su amigo. De esta manera, tu corazón se incentivará fácilmente, por sí mismo... *Háblale a HaShem con sinceridad*, sin ningún tipo de pensamiento ulterior" (*Ibíd.*).

No son las propias emociones las que debemos forzar, dice el Rebe Najmán, sino nuestra concentración en las palabras y su significado. "Hay algunos que dicen que la plegaria debe surgir sola, sin ser forzada, pero están equivocados y uno debe hacer todo lo posible para forzarse a ello... *La verdadera devoción es la unión del pensamiento con la palabra*. Si escuchas tus propias palabras, la fuerza entrará entonces por sí misma dentro de tus plegarias. Toda tu energía espera el momento en que será arrastrada dentro de las palabras de santidad. Cuando enfocas tu mente en las plegarias, esta energía corre a entrar en las palabras" (*Sabiduría y Enseñanzas del Rabí Najmán de Breslov* #66).

"Puedes ser un Pavo y También Usar Pantalones"

Es posible que alguna gente sienta que la plegaria extática se encuentra a años luz de su propia plegaria, compuesta por murmullos entrecortados de Pavo. Inclusive aquellos que hacen el esfuerzo regular de concentrarse en sus plegarias, con frecuencia atraviesan períodos donde se sienten como Pavos sin inspiración, encontrando imposible el compromiso. Cada día nos presenta nuevas y viejas distracciones frente a este exaltado servicio espiritual.

No se desanime. No importa cuán mal crea que ora, el

hecho de que está diciendo sus plegarias todos los días, no interesa cómo, es lo más importante de todo. Cierta vez el Baal Shem Tov reprochó amargamente a un predicador que había acusado a alguien. "¿Hablarás mal de un Judío? Debes saber que un Judío va a su trabajo todos los días y al caer la tarde comienza a temblar y se dice a sí mismo: 'Se hace tarde para Minja'. Sale entonces para rezar la plegaria de Minja y no sabe lo que está diciendo, aun así, los ángeles celestiales se conmueven con su plegaria" (*Shevajey HaBaal Shem Tov* #132).

Todos los días, tres veces por día, nosotros oramos. Puede que usted sienta que no puede otorgarle más tiempo ni atención a sus plegarias más que lo que le otorga en la actualidad. Puede que sienta que no puede concentrarse debidamente ni siquiera en una sola palabra. Quizás piense que usted es el mal olor del gálbanum y que *nunca* podrá orar con propiedad. Esto no significa que no pueda llegar a hacer el esfuerzo aunque más no sea una vez y, quizás un día, cuando esté en un lugar donde nadie lo conozca o en un momento de gran importancia y seriedad durante algún Iom Kipur, o en un lugar tranquilo un Shabat...

"Puedes ser un Pavo y aun así usar pantalones". Simplemente pronuncie las palabras de la página del Sidur, una por una, como un niño que aprende a leer.

Cualquier persona, sensible y comprensiva, debe orar todos los días con la finalidad de poder decir como es debido una palabra de verdad a Dios, al menos *una vez en su vida* (*Likutey Moharán* I:112).

9

DE FUERZA EN FUERZA: ALEGRÍA Y CANCION

De la misma manera, se pusieron el resto de sus ropas, una por una.

La alegría en HaShem es
vuestra torre de fortaleza.
Nehemías 8:10

D ebe haberle llevado mucho tiempo al Hombre Sabio lograr que el Príncipe se colocase el resto de sus ropas. Es posible que se encontrase con resistencias en casi todas las etapas del camino. También es muy probable que el Príncipe se preguntara qué es lo que estaba haciendo un Pavo vestido de esa manera. Puede que ponerse la camisa y el pantalón haya sido algo divertido en un comienzo, pero ahora el Príncipe estaría re-experimentando los mismos sentimientos negativos que lo llevaron a su locura en primer lugar. Debe haberse sentido más Pavo que nunca.

Pese a ello, el Hombre Sabio continuó con su trabajo sin desanimarse. Mantenía su vista puesta en lo bueno que había en el Príncipe. Él tenía su plan y pacientemente lo estaba llevando a cabo. Cada prenda que lograba que el Príncipe se pusiese, era una victoria en sí misma. Y más aún: colocarse las prendas, una tras otra, mantenía al Príncipe en continuo avance, creando un ritmo. Lograr que el Príncipe se aviniera a este ritmo positivo, era la mayor manera de circunvalar la negatividad que había en él y, eventualmente, superarla completamente.

Mantenerse activo y positivo tiene un poder similar al de la música. Usted puede sentirse extremadamente aletargado y falto de inspiración, incluso cantar una canción alegre pueda parecerle algo muy difícil de realizar. Pero, si se fuerza a sí mismo a seguir cantando, en poco tiempo comenzará a tomar el ritmo. Y pronto la canción misma lo estará llevando a *usted* y ya no querrá parar.

Lo mismo se aplica respecto de desarrollar una visión positiva de la vida en general. Si usted tiene una tendencia hacia el pesimismo, puede resultarle difícil en un comienzo salirse de eso. Pero si se empuja a sí mismo durante un tiempo y hace un real esfuerzo por mirar las cosas de manera diferente, pronto encontrará que ellas realmente son mejores de lo que usted pensó y en poco tiempo un nuevo y alegre espíritu elevará toda su vida.

Nada es más destructivo para el crecimiento espiritual que la negatividad y la depresión. El crecimiento genuino es un proceso largo y lento con muchos altibajos. Es mucho más difícil cambiar que seguir estando igual. Es más difícil intentar la excelencia que contentarse con la mediocridad. En cada uno de los pasos del camino hay obstáculos de alguna clase, provenientes tanto de las circunstancias externas y de la otra gente, como de las fuerzas parapetadas en su interior. Los obstáculos pueden ser muy desalentadores, pero si usted se deja desmoralizar, pueden incluso sacarlo completamente del camino.

No importa cuánto progreso haya realizado, encontrarse con obstáculos es parte integral de proceso de crecimiento; de hecho, es el esfuerzo que hace por superarlos lo que permite que usted crezca. Haga todo lo que está en sus manos par evitar ser desmoralizado. Una actitud alegre y positiva le dará la fuerza interior necesaria como para superar todos los obstáculos. ¿Y cómo se desarrolla esta actitud? Antes de intentar una respuesta, miremos un poco más dentro de problema.

El Yugo de la Torá

Cuanto más seriamente se asuman las obligaciones de la

Torá, más probable será que el Pavo en nosotros llegue a rebelarse. Puede ser que el primer encuentro con la espiritualidad judía sea una experiencia agradable, pero tarde o temprano cada Judío se enfrentará al hecho de que el camino de las mitzvot requiere un profundo compromiso. Es cierto que las mitzvot son un sendero de crecimiento espiritual individual, pero también son mucho más que eso. Aceptar las mitzvot significa asumir la responsabilidad, no sólo de nosotros mismos, sino del resto del mundo, cuyo bienestar depende de ellas y de Dios.

La mayoría de las prácticas de autoayuda más populares en nuestra cultura dejan la opción en manos de sus practicantes: si siente deseos de meditar, ejercitarse, comer comida macrobiótica, etcétera, lo hace y si no, nadie lo va a forzar. Pero, para un Judío, las mitzvot y la Torá no son voluntarias. El Judaísmo es un servicio. La Torá y las mitzvot son llamados un "yugo", como el yugo que mantiene unidos los bueyes al arado, forzándolos a trabajar, lo quieran o no. La Torá y las mitzvot son obligatorias.

Es posible que usted haya entrado al camino espiritual con la esperanza de *librarse* de la locura del Pavo y se encuentre cada vez más *restringido* por las numerosas obligaciones y prohibiciones de la Torá. Al tratar de llevar una vida espiritual, día tras días, observando las mitzvot, estudiando Torá, orando asiduamente, practicando el hitbodedut, cuidando la dieta, ejercitándose, etcétera, al tiempo que trabaja para ganarse la vida, se toma el tiempo para estar con la familia y los amigos y hace todas las demás cosas que debemos hacer, es posible que se sienta como un malabarista tratando de mantener demasiadas bolas en el aire.

Incluso, el mismo hitbodedut, que se supone nos transformará en alegres buscadores espirituales, puede a veces sentirse como un gran peso. El hitbodedut implica una honesta autoconfrontación. Usted sabe que no puede engañarse a usted mismo ni a Dios. No hay retorno. Volver a ser un Pavo deja de ser una opción. Usted observa sus faltas y errores, sabe que ha estado luchando con ellos, pero a veces parecen más indomables que nunca.

El lado de Príncipe en nosotros anhela acercarse a Dios y

guardar toda la Torá. A menudo nos proponemos los más altos objetivos, pero cuando fallamos, es muy fácil sentirse abatido. Algunos culpan a los factores externos, acusando a las personas y a las circunstancias que creen les impiden observar la Torá de la manera en que sienten que deberían hacerlo. Otros se culpan a ellos mismos. Se miran a sí mismos y la manera en que continuamente violan sus propios objetivos y se juzgan de manera culposa.

La frustración, la ira, la autocondena y otras respuestas similares atrapan a la persona en ciclos viciosos de negatividad y depresión capaces de embotar todo crecimiento y cambio. Al sentir que están destinados a fallar, no importa lo que hagan, dejan de intentarlo. Se dejan deslizar hacia sus antiguas costumbres, gratificando sus apetitos más bajos como una manera de olvidar su miseria. Y el saber cuán bajo han caído los hace más frustrados y depresivos aún. Y así, el síndrome continua hasta que terminan más lejos que nunca, encerrados en una cárcel de desesperanza.

Buscando lo Bueno

Es vital hacer cualquier esfuerzo para librarse de la negatividad y la depresión y cultivar un punto de vista positivo. Puede ser que al ver a la gente y las circunstancias que parecen detenerlo se sienta frustrado y amargado. Puede que vea sus propias fallas y errores y se sienta fuertemente desilusionado por su falta de progreso. Incluso puede llegar a preguntarse si alguna vez esto llegará a cambiar.

La solución es aprender a mirar las cosas de una manera diferente. Puede que haya muy poco que usted pueda alterar de las circunstancias externas o de las estructuras profundamente enraizadas de su personalidad, pero sí puede cambiar la manera en que las *considera*. En muchos casos, un simple cambio en la manera de ver y en la actitud pueden transformar los más duros obstáculos en poderosos aliados.

De hecho, lo que usted ve cuando observa algo está gobernado, en gran medida, por lo que usted está *buscando*. Si espera ver algo malo, es muy probable que eso sea lo que encuentre.

Si busca con determinación lo bueno, eventualmente llegará a verlo. Esto se aplica a la manera en que usted se observa a sí mismo, a la otra gente, a las situaciones que enfrenta y a la vida en general. Aquel que está disgustado y enojado por la manera en que se presentan las cosas, en realidad está airado con Dios por haberlas hecho de esa manera. Y ésta es una de las peores formas de arrogancia. La persona airada está diciendo: "¿Por qué no están las cosas de la manera como *yo* creo que debieran estar?".Buscar el bien requiere un acto de humildad: "Quizás *yo* estoy equivocado en mis ideas respecto de cómo deberían estar las cosas".

La gente suele pensar que los obstáculos que experimenta en sus esfuerzos por acercarse a Dios son tan grandes que nunca serán capaces de superarlos. Pero la verdad es que Dios sólo envía aquellas dificultades que la persona es capaz de superar, si lucha con la suficiente determinación. Todos los obstáculos, tanto externos como internos, son enviados por Dios. Por lo tanto, cada impedimento es un velo de Dios Mismo. En realidad no existe obstáculo alguno.

Dios lo colocó a usted allí donde usted se halla, porque ese es el mejor lugar para usted. Él lo hizo a usted de la manera tal como es pues esa es la manera en que usted puede llegar a experimentar la bondad de Dios más completamente, superando los obstáculos que Él le ha impuesto. Incluso cuando se sienta bajo presión, haga todo el esfuerzo por encontrar a Dios y retornar a Él en el marco de la situación en la cual se halla. ¿Puede pensar en alguna causa positiva por la cual Dios le hubiera enviado ese problema? ¿Cómo puede llegar a beneficiarse de ello?

Una de las influencias más importantes sobre la forma en que uno mira la vida, radica en la manera cómo se habla. Si está diciéndose constantemente a sí mismo que las cosas son desagradables y problemáticas, que la gente y las circunstancias están en contra suya, que usted siempre fracasará en todo lo que emprenda, entonces, más allá de lo que suceda realmente, usted está dispuesto a ver sólo aquellos segmentos de la realidad que concuerden con sus nociones preconcebidas. Sus experiencias, entonces, confirmarán sus peores expectativas.

El fundamento del pensamiento positivo es la creencia en Dios y la fe en Su bondad. "Dios es bueno para con todos y Su misericordia vela sobre todas sus Obras... Dios es justo en todos Sus caminos" (Salmos 145:9, 17). El primer paso hacia el pensar positivo es tratar de *hablar* de manera positiva, aunque no esté absolutamente convencido de la verdad de lo que está diciendo. Comience diciéndose que usted cree en Dios, que Dios es bueno y que, por lo tanto, las cosas deben ser buenas, aunque no pueda ver aún de qué manera. Cuando se enfrente con los obstáculos, tanto externos como internos, afirme su fe en voz alta: "Dios, yo creo en Ti. Dios es bueno. Dios ayúdame a encontrar el bien". Evite hablar de manera negativa sobre las situaciones y la gente y, por supuesto, sobre usted mismo. Si no encuentra nada bueno para decir, entonces no diga nada.

En palabras del Rebe Najmán: "Cuando alguien encuentra un amigo y el amigo le pregunta cómo está, y él responde: 'Mal', Dios dice: '¿A esto llamas mal? Yo te mostraré qué es lo malo' y toda clase de malas experiencias le comienzan a suceder. Pero cuando su amigo lo encuentra y le pregunta como está y él responde alegre: 'Bien, gracias a Dios', aunque las cosas de hecho no están bien, Dios entonces dice: ¿A esto llamas bien? ¡Yo te voy a mostrar lo que es el verdadero bien!'" (*Siaj Sarfei Kodesh* II:32).

Sus Puntos Buenos

Aquellos que estudian la literatura de la Torá que trata respecto del desarrollo personal y que hacen genuinos esfuerzos para vivir de acuerdo a los ideales de la Torá, muy probablemente se observen a sí mismos y sientan cuán lejos están de donde la Torá dice que debieran estar. Incluso luego de años de esfuerzo tratando de mejorarse a sí mismos, uno llega a mirar cuidadosamente dentro de sí y a su comportamiento y siente que la Torá misma lo condenaría.

Es posible que uno haya hecho y continúe haciendo muchas cosas que están mal. Nuestro comportamiento y personalidad pueden estar lejos de lo que pide la Torá. Pero, de nada ayuda el deprimirse por esto. En lugar de demorarse sobre los puntos malos y fallas, uno debe tratar de encontrar los puntos buenos y los factores atenuantes.

La persona no debe culparse a sí misma por tener un lado Pavo. Dios la creó así. Si no tuviésemos un lado bajo, nuestro servicio a Dios no tendría valor alguno. Si Dios nos hubiese creado perfectos, hubiera sido como si Dios se sirviera a Sí Mismo. Y precisamente nuestro servicio es valioso porque estamos expuestos a toda la fuerza de nuestros bajos instintos y deseos y aun así tratamos de luchar contra ellos y canalizar nuestra energía hacia la Torá y las mitzvot.

El instinto al mal puede arrastrar a la gente hacia el pecado y éste fue el deseo de Dios al crearnos con él: por lo precioso que es nuestro esfuerzo y sacrificio tratando de superarlo. Buscar el bien dentro nuestro no significa pretender que el mal no existe. La Torá nos enseña muy claramente lo que es el bien y lo que es el mal. No podemos ignorar el mal, ni recurrir a alguna estratagema intelectual para demostrar que es bueno. El poder del mal es muy real, pero esto es de hecho, lo que le da valor a nuestros logros. Cuanto más se encuentra la gente arrastrada por sus bajos instintos y desviaciones, más precioso es su intento por elevarse y acercarse a Dios.

Si uno se siente mal por uno mismo o por algo que uno hace, esto indica una innata sensibilidad espiritual. En lugar de demorarse en el mal que hay en nosotros, debemos entrenarnos a usar esta sensibilidad para buscar el bien. Se deben recordar las barreras interiores contra las cuales se está luchando y aprender a apreciar el valor de un acto bueno o de una mitzva. Cada acto de caridad y bondad, cada palabra de Torá que uno estudia, cada plegaria que se ofrece y cualquier otra mitzva, es un canal de conexión con la infinita bondad de Dios.

En general, el mundo no da mucho valor a la Torá y a las mitzvot, la gente se halla mucho más impresionada por las casas lujosas, los automóviles brillantes, las vacaciones caras y demás. El reconocer lo precioso de una mitzva significa dar un paso decisivo fuera del sistema de valores de la cultura circundante.

Uno puede enorgullecerse por el hecho que al levantarse cada día, lo primero que hace es ponerse los Tzitzit y los Tefilin, bendice a Dios y ora por el mundo, en lugar de tener simplemente un espléndido desayuno, salir a ganar un montón de dinero y tratar de divertirse.

La Música de la Vida

El Rebe Najmán enseña: "Busca hasta que encuentres un poco de bien en ti mismo. ¿Cómo es posible que nunca hayas hecho, en toda tu vida, un acto bueno? Puede ser que comiences a examinar ese acto bueno y veas que también está lleno de fallas. Quizás sientas que tu mitzva o acto sagrado ha sido motivada por impulsos impuros y que has tenido pensamientos impropios y no la cumpliste de la manera correcta. Aun así: ¿Cómo es posible que esta mitzva o acto bueno no contenga un poco de bien? *Debe* existir algún punto bueno en él. Debes buscar hasta encontrar algún mínimo de bien en ti mismo, para revivirte y hacerte feliz.

"Y de la misma manera, debes seguir buscando hasta encontrar algún otro punto bueno. Y si este punto bueno también está mezclado con toda clase de mal, igualmente debes extraer de él un punto positivo. Y así debes continuar, buscando y juntando todos los puntos buenos adicionales. *Así es como se hace la música"* (*Likutey Moharán* I:282).

Una melodía está constituida por una sucesión de notas. Un instrumento musical es una caja de sonido diseñada para amplificar las vibraciones producidas por el músico al pulsar, soplar, etcétera, de acuerdo a las características del instrumento. Para poder tocar la melodía de manera apropiada, el músico debe ejecutar cada nota de la forma correcta. Esto significa producir las vibraciones correctas en lugar de golpear las notas erradas.

Nuestras personalidades son como instrumentos musicales y la calidad de nuestras vidas depende de la manera en que los hagamos sonar. Si pulsamos el mal en nosotros, eso será causa de las malas vibraciones en nosotros mismos y en el mundo que nos rodea. Buscar nuestros puntos buenos es como ejecutar las notas correctas y producir las buenas vibraciones. El arte de vivir consiste en buscar nuestros puntos buenos, uno tras otro, haciendo de la vida una melodía. Y así fue como el Hombre Sabio procedió con la cura del Príncipe. Este se colocó una prenda detrás de la otra, una mitzva luego de la otra, yendo de un punto bueno al otro, hasta que logró un ritmo.

"Cuando la persona se niega a dejarse caer y, en cambio, reanima su espíritu buscando y encontrando sus puntos positivos, juntándolos y extrayéndolos de las impurezas de dentro suyo, de esta manera produce las melodías. Entonces puede orar y cantar y agradecer a Dios" (*Ibíd*.).

Cuando más se habitúe a concentrarse en sus puntos buenos y en disfrutar de ellos, más feliz se sentirá. No tendrá entonces que luchar contra el letargo y la depresión. Se irán por sí mismos, hasta que llegue un momento en el que se dará cuenta que se halla libre de ellos por completo.

Durante el Hitbodedut

Durante sus sesiones de hitbodedut tómese el tiempo de buscar sus puntos buenos. Uno de los componentes más importantes del hitbodedut es el autoexamen. Es el momento de mirar dentro suyo y evaluar su personalidad y su comportamiento, de acuerdo con los criterios de la Torá, llegando así a saber dónde le es necesario cambiar.

La gente tiende a juzgarse a sí misma durante todo el tiempo, sintiéndose bien cuando hacen el bien y mal cuando hacen cosas que saben que están mal. Pero, la autocrítica personal suele ser muy parcial: hay algunos que deliberadamente ignoran sus peores facetas, mientras lloran y se recriminan por cuestiones menores.

El hitbodedut hace que el autoexamen y la autocrítica sean una disciplina sistemática. En sí misma, la palabra "juicio" no connota nada negativo o positivo, pero mucha gente en nuestra cultura lo encuentra prohibitivo. Consideran que todo juicio es condenatorio e insisten en que no se debe juzgar nada. Quizás sea ésta una reacción hacia la manera negativa en que mucha gente tiende a juzgar al prójimo y a sí misma. Pero la solución no es dejar de formar juicios, lo que sería equivalente a abandonar cualquier sistema de valores. La solución es aprender a juzgar de manera favorable, tanto a nosotros como a los demás.

En el hitbodedut, usted se sienta como en una corte, juzgándose a sí mismo, pasando revista a aquello que ha estado haciendo, a aquello que dijo y a sus diferentes pensamientos y sentimientos. Deberá evaluarlos de manera honesta y tendrá que comprender con claridad dónde actuó correctamente y dónde estuvo mal. Pero cuando llegue el momento de emitir un veredicto sobre usted mismo, no piense que debe ser duro. No se condene simplemente por el mal que haya hecho. Júzguese de manera favorable. En la corte, el acusado pide comprensión. Sea su propio abogado: mírese de manera compasiva y trate de considerar los factores que lo llevaron a realizar esas malas acciones.

En lugar de pensar sobre lo que está mal en su vida, hágase el hábito regular de rever también las cosas buenas. De hecho, esta es la mejor manera de comenzar una sesión de hitbodedut. Hemos visto que "agradecer a Dios por lo pasado" es la primera etapa del hitbodedut (ver arriba). Comience sus sesiones enumerando todo lo bueno de su vida: desde su salud y fuerza, el alimento que ingiere, su bienestar y otros beneficios materiales, hasta las muchas mitzvot y actos buenos que Dios le ha permitido realizar. Agradezca a Dios por cada uno de ellos. Esta es la mejor manera de abrir un canal de comunicación sincera con Dios. Entonces encontrará mucho más fácil hablar con Él de una manera franca y abierta, sobre aquellas cosas que haya hecho mal y sobre las que sienta remordimientos y saldrá de ello sintiéndose limpio y en paz.

Es una buena idea tomar papel y lápiz y hacer un listado de sus puntos buenos. Incluya también aquellas cosas que considere de menor importancia, incluso buenos pensamientos, tales como las ideas que puede llegar a tener de vez en cuando, respecto de las cosas que le gustaría alcanzar aunque se halle aún lejos de lograrla. Es posible que no llegue a completar el listado de sus puntos buenos en una sola sesión de hitbodedut. Guarde su lista y anote los agregados de sesiones posteriores. Recurra a su listado de manera regular y piense en el gran valor de las mitzvot que Dios le permite cumplir.

En Toda la Vida

> Es una gran mitzva el estar
> constantemente alegres.
> Likutey Moharán II:24

Andar de mitzva en mitzva y de un punto bueno a otro, es el camino para el logro de una felicidad duradera. Para alguna gente, la mayor alegría de la vida lo constituyen el comer y el beber. Para otros es su posición social y sus propiedades o sus amigos y familiares. Pero al final, sólo las mitzvot perduran. Como dicen los Rabíes: "Una persona tiene tres amigos en su vida: sus posesiones, sus amigos y familiares y su Torá y buenos actos. Cuando muere, deja todas sus posesiones físicas detrás. Sus amigos y familiares lo acompañan hasta el cementerio, pero luego del entierro lo abandonan. Sólo su Torá y sus buenas acciones quedan con él para siempre (*Pirkey deRabi Eliezer* 34).

Si su felicidad depende de algo específico, sólo se sentirá feliz cuando posea esa determinada cosa. Pero si su alegría proviene del acercamiento a HaShem, siempre podrá estar feliz. No hay momento del día o de la noche durante el cual no pueda dedicarse a una mitzva y conectarse de esa manera con Dios. Incluso cuando no está haciendo nada en absoluto, el simple hecho de pensar en Dios es una mitzva: la fe, y "Tú estás allí donde se hallan tus pensamientos" (*Likutey Moharán* I:21). Cada mitzva es una conexión con el Dios vivo.

Si usted desea ganar un montón de dinero, debe concentrarse en esa idea. Cada día, todo el día, debe tener un solo pensamiento en su mente: ¿estoy ganando o perdiendo, y cómo puedo ganar más? Lo mismo ocurre con las mitzvot. Disfrute de cada mitzva. Hágase el objetivo de juntar cada vez más. Y trate constantemente de mejorar y profundizar la manera en la que las cumple.

La recepción de la Torá y de las mitzvot en el Monte Sinaí fue un evento de pura alegría. La clave para la alegría del sendero de la Torá puede encontrarse en la respuesta del pueblo Judío cuando Dios les ofreció la Torá. Ellos contestaron que aceptarían y cumplirían sin pedir una explicación previa respecto de su significado más profundo. Aceptaron cumplir las enseñanzas prácticas de la torá con fe en que la comprensión vendría más tarde. "*Naáseh ve-nishma*, haremos", primero, "y escucharemos" después (Éxodo 24:7).

Esto significa que cada vez que uno realiza una mitzva, la acción práctica es seguida de un "escuchar", de una profundización en la comprensión de esa mitzva en particular y del sendero de la Torá en general. Cada mitzva que realizamos nos abre nuestros horizontes de Torá y de mitzvot, lo que a su vez nos presenta nuevas mitzvot que cumplir. Al cumplirlas, se nos abren horizontes de Torá más amplios aún. De esta manera, cada mitzva nos lleva a una mayor y más profunda conexión con Dios. *Naáseh ve-nishma*, hacer y luego escuchar, ir de una mitzva a otra, de un punto bueno a otro punto bueno, de fuerza en fuerza, éste es el sendero de la alegría (*Likutey Moharán* I:22, 9).

Música

El mejor camino para unirnos a Dios, desde este bajo mundo material, lo constituyen la música y las canciones.
Rebe Najmán citado en *Likutey Halajot, Nesiat Kapayim* 5:6

Hágase el hábito de cantar siempre un melodía. Esto es algo que usted puede hacer en cualquier momento. Y es una de las maneras más simples y agradables de servir a Dios y una de las más poderosas.

Cante aquellas melodías sagradas que considere más inspiradoras. Puede hacerlo, en su casa, en el trabajo, en su automóvil, de hecho y literalmente en cualquier lugar en el que se encuentre. Aun si no sabe cantar bien, puede inspirarse con alguna melodía entonada como mejor pueda. Si se siente cohibido de cantar en voz alta o considera que puede llegar a molestar a los demás, puede también susurrarla suavemente (*Sabiduría y Enseñanzas del Rabí Najmán de Breslov* #273).

Si no conoce muchas canciones, escuche cintas grabadas o discos y apréndase algunas más. Hoy en día hay disponibles cientos y cientos de grabaciones de música religiosa con todo tipo de melodías, alegres, devocionales, etcétera y de distintas tradiciones: Jasídicas, no Jasídicas, Orientales, etcétera.

Al escuchar una grabación, aprenda a distinguir entre el *nigún*, la línea melódica y la interpretación particular, el estilo de orquestación, etcétera, propios de ese registro. Aunque la mayoría de las grabaciones contemporáneas tiene una rica instrumentación, la mayoría de las melodías tradicionales fueron originalmente cantadas con poco o nada de acompañamiento instrumental. Aprenda el *nigún* y cántelo como más le agrade. Si toca un instrumento musical, ejecute algún *nigún* sagrado para su propio placer y el de su familia y amigos.

Experimente también durante el hitbodedut con diferentes tipos de melodías, alegres y devocionales. Elija la melodía de acuerdo al estado de ánimo que desea lograr. A veces, el comenzar a cantar puede que se sienta poco inspirado, pero si continúa cantando, descubrirá gradualmente que en lugar de ser usted quien lleva a la melodía, es la misma melodía quien lo lleva a usted, elevándolo cada vez más alto.

Antes de comenzar a orar, cante o susurre algún *nigún*. Cante sus plegarias en una alegre melodía. Tome una especial determinación en cantar con alegría las *zemirot* de la mesa de Shabat.

La Danza

¡El corazón anhela elevarse hacia Dios y regocijarse, pero el peso de nuestro cuerpo físico tiende a arrastrarnos hacia abajo, hacia la tierra! En la danza, en lugar de que el cuerpo arrastre hacia abajo, es el corazón quien eleva todo el cuerpo. El bailarín salta, brinca y levanta sus brazos y los mueve alrededor. Una gran parte de la vida transcurre sirviendo al cuerpo: trabajar para alimentarlo, vestirlo y atenderlo en nuestras muchas necesidades físicas. En la danza sagrada la cosa se da vuelta y todo el cuerpo es utilizado al servicio del alma, para alabar a Dios.

Esto puede ayudarnos a comprender la afirmación de los Rabíes, el caracterizar la inefable armonía que reinará en el futuro, cuando el plan de Dios para la creación sea cumplido y la Divinidad se manifieste en cada nivel: "En el tiempo que vendrá, el Santo, bendito sea, hará una *danza circular* con los Tzadikim" (*Taanit* 31a).

En la danza sagrada, el cuerpo físico se eleva y es utilizado para la gloria de Dios. Una danza circular no tiene principio ni final, de manera tal que nadie es primero ni último: todos son iguales. Esto simboliza la armonía que prevalecerá en el futuro. Nadie tendrá razón alguna para odiar o estar celoso del prójimo.

La danza sagrada es un arte que debemos redescubrir, hermanos con hermanos, padres con hijos, hermanas con hermanas, madres con sus hijas. La danza ferviente y alegre es una de las armas más poderosas contra la depresión y la desesperanza.

La danza Jasídica no requiere de ningún tipo de entrenamiento. Es completamente libre. ¿Por qué no colocar un día una grabación, en privado, en su propio cuarto y disfrutar una danza por amor a Dios, expresando su gratitud, por su vida, su salud, su cuerpo y por todo lo bueno? Muévase como lo sienta más natural y descubra su propio lenguaje corporal.

Únase a los bailarines en Simjat Torá, en Purim, en Lag BaOmer, en las *jatunot* (casamientos), etcétera. Participe tanto como lo desee, mucho o poco y de la manera que quiera, vigorosa o suave. Los seguidores del Rebe Najmán, los Jasidim de Breslov, tienen la costumbre de formar un círculo y bailar, al ritmo de la melodía de un alegre *nigún*, luego de cada uno de los servicios de plegaria diarios. Sugiérales a algunos amigos el intentarlo en su propia sinagoga, en especial luego del servicio de la noche del viernes de *Kabbalat Shabat* (bienvenida del shabat), o al final de las sesiones grupales de estudio.

Otras Maneras de Mantenerse Alegre

1. "Primero alégrese con las cosas del mundo. Haga esto lo mejor que pueda y eventualmente será capaz de alcanzar una genuina alegría espiritual" (*Sabiduría y Enseñanzas del Rabí Najmán de Breslov* #177).

2. "Puede que sea imposible lograr la alegría sin una pequeña cuota de tontera. Uno debe recurrir a toda clase de cosas tontas, si ésta es la única manera de sentirse alegre" (*Ibíd.* #20). La broma y la tontera, en su momento adecuado, pueden ser un salvavidas, mientras no permita que la diversión inocente degenere en reírse de los otros, de manera licenciosa y burlona.

3. "Si te encuentras disconforme y triste, puedes al menos poner una cara alegre. Puede que estés deprimido, pero si actúas de manera alegre, podrás eventualmente alcanzar la verdadera alegría. Lo mismo se aplica a toda actividad sagrada. Si no tienes entusiasmo, fíngelo. Actúa de manera entusiasta y con el tiempo ese sentimiento se volverá genuino" (*Ibíd.* #74).

4. Si no puedes estar alegre, ¡trata al menos de alegrar a otro! Con alegría puedes darle vida a una persona. Puede que alguien se encuentre en una terrible agonía y no sea capaz de expresar lo que hay en su corazón. No hay nadie ante quien pueda descargar su corazón, de manera que permanece profundamente dolorido y preocupado. Si te acercas a esa persona con un rostro alegre, puedes animarlo y literalmente darle vida" (*Sabiduría y Enseñanzas del Rabí Najmán de Breslov* #43). ¡Sonríale a la gente!

10

LA COMIDA REAL: LA FE

Luego, el Hombre Sabio hizo una señal y les bajaron comida humana,
desde la mesa. El Hombre Sabio le dijo al Príncipe: "¿Piensas que si
comes una buena comida dejarás de ser un pavo? Puedes comer esta
comida y seguir siendo un pavo". Y comieron.

Habita la tierra y busca la fe.
Salmos 37:3

El Rebe Najmán contó una historia relativa a un hombre que
siempre estaba buscando el bien. De hecho, así era como se
ganaba la vida. Era pobre y solía cavar arcilla y venderla. Sin duda
siempre estaba esperando encontrar algo bueno, alguna moneda
caída o algo por el estilo.

Un día que estaba cavando, de pronto: ¡un gran hallazgo!
Brillando en medio de la arcilla había un diamante. El cavador no
sabía en verdad cuanto podía llegar a valer, así que fue a ver a un
joyero. ¡El joyero le indicó que el diamante era tan valioso que
nadie en ese país tenía el dinero suficiente como para poder
comprárselo! Solamente en Londres podría venderlo. Debería
entonces viajar a Inglaterra.

Hay que imaginar las emociones mezcladas de este cavador
de arcilla. Aquí tenía una fortuna más grande que todo cuanto
podría haber imaginado, pero no tenía ni un centavo, ni siquiera
para viajar hasta el puerto, ¡y ni hablar del pasaje en barco a

Londres! Pero era un hombre decidido. ¡Qué tenía que perder! Decidió poner su vida en este diamante. Vendió todo lo que tenía y fue de casa en casa, mendigando ayuda, hasta que obtuvo el dinero suficiente como para llegar a la costa.

A veces sucede que luego de años de búsqueda, finalmente descubrimos algo verdaderamente valioso y decidimos dedicar toda nuestra vida a ello. Y así era con el cavador. Aquí estaba, decidido a viajar a un país lejano, donde no conocía a nadie y cuya lengua no comprendía. Igualmente, estaba más que deseoso de encarar el riesgo, pues podía ver en el fulgor de su diamante un futuro de abundante prosperidad y felicidad.

En el puerto encontró un barco que pronto zarparía para Londres. No tenía dinero para el pasaje, pero fue a ver al Capitán, de seguro un viejo lobo de mar y le mostró el diamante. El Capitán le echó una ojeada al diamante y rápidamente hizo subir a bordo al cavador. "¡Tú eres una apuesta segura!" dijo el Capitán, llevándolo a una cabina especial de primera clase, amueblada con todo tipo de lujos.

La cabina del cavador tenía una ventana que daba al mar y a lo largo de la travesía, en el vaivén de las olas, el hombre se sentaba allí, disfrutando y alegrándose con el diamante, en especial durante las comidas. ¡La alegría y el buen espíritu son muy buenos para la digestión! Navegar los anchos mares de la vida es un completo placer cuando todo sale como uno lo desea.

Un día, se sentó a comer, con el diamante puesto delante de él, sobre la mesa, de manera de poder disfrutar de su visión. Luego de su comida se durmió. Mientras estaba dormido, el ayudante de cabina vino para hacer la limpieza. Tomó el mantel y lo sacudió por la ventana y allí fueron las migajas junto con el diamante, ¡directo al mar!

Al despertar el cavador, de inmediato se dio cuenta de lo sucedido y no le llevó mucho tiempo reconocer que se encontraba en un gran problema. Toda su fortuna se había ido por la ventana y junto con ella, toda su vida. Casi se volvió loco pensando qué hacer. El Capitán era un pirata que no vacilaría en asesinarlo por el precio del pasaje. Hay veces en la vida en que uno ve la implacable verdad con tremenda claridad. Sus sueños han sido deshechos y la muerte lo mira a los ojos.

Imagine los llantos y plegarias que el cavador derramó delante de Dios, desde lo más profundo de su corazón, durante esos momentos de completa honestidad. Imagine sus apasionados ruegos por piedad y misericordia. ¿Qué esperanza podía haber? "Dios de los milagros, ¡¡¡AYÚDAME!!!".

Entonces, el cavador hizo la cosa más importante de toda su vida. En ese momento de juicio supremo, con nada en sus manos y sin esperanza alguna, decidió que aún se mantendría *alegre*. Pretendería que estaba feliz, como si nada hubiese ocurrido.

Ese día, tal como era costumbre durante el viaje, el Capitán vino a conversar con el cavador. Qué triviales le deben de haber parecido al cavador esas historias de aventuras y puertos exóticos, mientras él estaba allí, sentado, contemplando la definitiva Verdad. Pero pese a eso, representó tan bien el papel de estar contento, que el Capitán no se dio cuenta de nada.

El Capitán le dijo: "Yo sé que tú eres inteligente y honesto. Ahora escúchame bien, tengo intención de comprar una gran cantidad de mercadería para vender en Londres, de lo cual puedo sacar una gran ganancia. Pero temo que me acusen de usufructuar de la Corona. Sugiero que la compra la hagamos a *tu* nombre, por lo cual te recompensaré bien". El cavador sintió que era una buena idea y aceptó.

¡Al llegar a Londres, el Capitán falleció! Todo fue dejado en manos del cavador, ¡y la ganancia fue de hecho mucho mayor que el valor del diamante!

El Rebe Najmán concluye esta historia indicando que el diamante no pertenecía al cavador y la prueba de ello fue que lo perdió. En cambio, la ganancia sí pertenecía al cavador y la prueba es que se quedó con él. "Y esto lo obtuvo porque se contuvo y permaneció alegre" (*Los Cuentos del Rabí Najmán* #19).

¿Cómo Hizo el Cavador para Permanecer Alegre?

Es posible que el final de la historia le parezca algo forzada, pero la verdad es que nada en el mundo puede impedirle a Dios hacer lo que Él quiere. La salvación puede provenir de cualquier lugar y la ayuda aparece a menudo desde los lugares más inesperados. Y hay una pregunta más importante y práctica: ¿Cómo hizo el cavador para mantenerse alegre en los momentos más oscuros? La vida es como un viaje por el mar: uno sube y baja, constantemente. Lo principal es mantenerse alegre y continuar avanzando, aún cuando se encuentre abajo y las cosas estén en contra suyo. ¿Pero cómo?

Cuando las cosas están razonablemente bien, aunque algo problemáticas, la mayoría de nosotros puede continuar y mantener la cabeza a flote. Pero cuando se encuentra en una crisis tan seria como la del cavador, ¿qué puede hacer entonces? Por lo que él podía ver en ese momento, no había ninguna esperanza. Lo más probable era que muriese de una cruel muerte por inmersión, en cuestión de horas. Inclusive si llegaba a Londres con vida, ¿qué haría en un país extraño, sin dinero, ni amigos, sin lugar a donde ir, e incapaz de hablar el idioma? *¿Cómo hizo el cavador para mantenerse alegre?*

El cavador era una persona que había pasado años ganándose la vida buscando lo bueno, incluso en medio del oscuro barro. Él sabía que si uno busca, siempre puede encontrar algo que le permita seguir viviendo. Había tenido entonces la ocasión de ser testigo de lo más maravilloso y asombroso, el *jesed* inesperado, la infinita *generosidad* del Creador del mundo, en la forma de su diamante. Y de pronto pudo ver la verdad de la vida tal como nunca la había visto antes: "HaShem da HaShem quita". "Desnudo salí del vientre de mi madre y desnudo retornaré. HaShem da y HaShem quita. Sea bendecido el nombre de HaShem" (Job 1:21).

HaShem está en todos lados. En el mundo, más allá del mundo. En cada situación. Así subamos o descendamos. Vivos o muertos. "Si subo a los cielos, allí estás Tú y si hago mi lecho en los abismos, aquí estás Tú" (Salmos 139:8). Aún en la peor de las situaciones, uno debe fortalecerse y tener fe en que inclusive allí, uno todavía tiene esperanzas, pues HaShem se encuentra presente también allí (ver *Likutey Moharán* I, 6:final).

HaShem es absolutamente bueno y Su intención es sólo para el bien. "Dado que el propósito más alto es enteramente bueno, al final todo habrá sido para bien. Incluso cuando sucede lo malo y te encuentras rodeado de problemas y sufrimientos, Dios no lo permita, si contemplas el propósito final, verás que esas cosas no son en absoluto malas, sino que constituyen un gran favor. Todo sufrimiento es enviado por Dios, intencionalmente para tu propio y más alto bien, tanto para recordarte retornar a Dios, como para limpiarte y separarte de tus pecados. De ser así, el sufrimiento es en realidad muy beneficioso, pues la intención de Dios es ciertamente sólo el bien" (*Ibíd.* Ver también *El Jardín de las Almas).*

Hasta la muerte es, en última instancia, buena. "Y Dios vio todo lo que Él había hecho y era *tov meod* – muy bueno (Génesis 1:31); 'muy bueno' se refiere a la muerte" (*Bereshit Raba*, ad loc.). La muerte es la más grande expiación por el pecado y lleva a la purificación final y a la vida eterna. "Debes saber que en este mundo la persona debe cruzar un puente muy angosto. Lo importante es no tener miedo" (*Likutey Moharán* II:48).

El cavador había llegado a enfrentarse cara a cara con la peor de las posibilidades y estaba dispuesto a aceptarla. Podía hacerlo porque sabía que Dios es bueno. Aunque a veces Dios hace cosas que nos parecen malas, en última instancia todo es para nuestro bien. Sin fe en Dios no habría ninguna base como para tener esperanzas o sentimientos positivos de la naturaleza que fueren. Pero el cavador se mantuvo concentrado en Dios y en el bien último al cual eventualmente también él llegaría. Y estaba feliz.

De hecho, estaba exultante, pues ahora comprendía que aunque en las vicisitudes de la vida en este mundo, a veces las cosas están bien y a veces están mal, en última instancia recibiremos el bien que es *todo bien*, el *bien total*, nuestra herencia eterna en el Mundo que Vendrá. Comparado con esto, el diamante no valía nada. Sin importar lo que pudiese suceder, el cavador vio que al final siempre ganaría.

Mediante la total fe en Dios, bajo cualquier circunstancia, siempre podría estar feliz y confiado y su misma confianza es lo que ahora salvó toda la situación. Con determinación ignoró por completo el amenazante desastre, conversando alegremente con el Capitán... hasta que el Capitán, muy amablemente, lo invitó a poner su nombre en lo que resultaría ser la posesión de algo mucho más valioso que una chuchería o un diamante: un barco entero cargado de valiosísimas mercaderías.

La Fe y el Crecimiento Personal

La mercadería simboliza "el fruto de la tierra" (Números 13:26). "La tierra" es la fe, la base de nuestro ser, el suelo sobre el que caminamos, que nos soporta y mantiene con más seguridad que el terreno debajo de nuestros pies. "Habita en la tierra y busca la *fe*" (Salmos 37:3). El alma es como un árbol plantado en la tierra. Nuestra tarea es habitar la tierra y cultivar el árbol. Si el suelo es bueno, si nuestra fe es fuerte y hacemos nuestro trabajo, el árbol crecerá y dará frutos. Los frutos son nuestras mitzvot y nuestros actos buenos, los que disfrutamos en Este Mundo y en el Mundo que Vendrá.

Mucha gente considera que el pensar positivo es algo bueno, pero que en esencia es un alarde de ceguera. No sabes hacia donde vas, pero al avanzar presentas la imagen de que todo es maravilloso. Y esto es verdad cuando el "pensar positivo" no se basa en la fe en Dios: no existe en absoluto una base sólida sobre la que confiar. Sin Dios, todo es una cuestión de suerte y la experiencia parece demostrar que los peores desastres pueden sucederle a las mejores personas, *lo aleinu*, ¡no sobre nosotros! Al final, todos mueren, ¿y quién sabe con certeza lo que hay después de la muerte? ¿Sobre qué, entonces, deberemos ser positivos?

"La gente con un punto de vista secular no tiene vida en absoluto, incluso en este mundo. Tan pronto como las cosas se ponen en su contra, se queda sin nada. Dependen por completo de la naturaleza y no tienen hacia donde recurrir. Cuando los problemas golpean, no les queda ninguna fuente de inspiración.

"Pero aquel que tiene fe en Dios posee una muy buena vida. Incluso en los momentos difíciles, su fe lo inspira. Confía en Dios y sabe que todo será para bien. Aún si debe pasar por el sufrimiento, comprende que ello expiará por sus pecados. Y si esto no es necesario, esos problemas le traerán en última instancia un beneficio mucho mayor. No importa lo que suceda, él sabe que en última instancia Dios sólo hace el bien. Por lo tanto, aquel que tiene fe posee una buena vida, tanto en este mundo como en el próximo" (*Sabiduría y Enseñanzas del Rabí Najmán de Breslov* #102).

La fe es el único fundamento seguro para un real crecimiento espiritual. Si usted desea cambiar y desarrollarse, de seguro encontrará problemas. La vida es una sucesión de subidas y bajadas. A veces nos enfrentamos con enormes obstáculos frente a aquello que deseamos conseguir. La única manera de conquistarlos es mediante la fe en Dios.

Si su objetivo es el crecimiento espiritual a través de la Torá y de las mitzvot, usted *sabe* que esto mismo es lo que Dios desea, pues así se lo está diciendo Dios en Su Torá. Los problemas y dificultades que encuentra al tratar de llevar una vida de Torá, plegaria e hitbodedut pueden llegar a ser muy desalentadores, pero puede estar seguro de que no son un mensaje para que deje de hacerlo. Dios quiere que usted siga intentando. Y si luego de todos sus esfuerzos, nada resulta, tampoco esto es un motivo para desesperar. Debe aceptar que es la voluntad de Dios el que las cosas estén de esa manera y Dios quiere el bien último. Eventualmente, las cosas llegarán a mejorar de una manera que usted ni siquiera imaginó.

La fe es el suelo para el crecimiento. "Cuando el grano de trigo es sembrado en una buena tierra, se desarrolla y crece de manera hermosa y no lo dañan ni los fuertes vientos ni las tormentas. Y esto se debe a que la fuerza del crecimiento está actuando en él. Y es por esto que nada lo daña. Pero cuando un grano de trigo es sembrado en una tierra que no es buena para plantar, se pudre en el suelo, porque no posee fuerza de crecimiento. La fe es la fuerza que genera nuestro crecimiento y desarrollo. Cuando una persona tiene fe, fuerza de crecimiento, nada la daña y no tiene miedo de nadie ni de nada... Pero cuando a una persona le falta la fe, no posee la fuerza de crecimiento y literalmente se pudre, tal como el grano de trigo. Se deprime, se cansa y apesadumbra y literalmente se pudre" (*Likutey Moharán* I:155).

La fe es el nutriente esencial que otorga vitalidad y que origina el desarrollo y el crecimiento: fe en que todo lo que usted está haciendo es correcto e importante y en que deberá hacer todos los esfuerzos posibles para seguir haciéndolo; fe en usted mismo: fe en que usted es precioso para Dios y que sus esfuerzos son valiosos Sus ojos y la fe en que detrás de esos velos y obstáculos, Dios se encuentra presente, vigilando y manteniéndolo.

La fe incluye paciencia: la voluntad para esperar y mantenerse quieto cuando los tiempos son difíciles, como el cavador que se sentó cuando el Capitán del barco vino para su visita diaria. Cuando no había nada que él pudiese hacer, no trató de hacer nada. Solamente se sentó, esperando a que los vientos cambiasen.

"Cuando tienes fe y paciencia, no le temes a nada y no le prestas atención a las interrupciones y a los obstáculos que se te presentan ante tus esfuerzos por aprender, orar, guardar las mitzvot y servir a HaShem. Simplemente sigues haciendo todo lo que puedas. Esto es paciencia: cuando nada puede distraerte y no le prestas atención a nada, simplemente sigues haciendo aquello que *tú* debes hacer para servir a HaShem...

"Cuando tienes fe en Dios, simplemente tomas aliento, sin importar la interrupción o el obstáculo que puedan surgir mientras tratas de orar y servir a Dios. Simplemente te tomas tu tiempo sin preocuparte o desanimarte. Respiras profundamente y no le prestas atención. Simplemente continúas con tu trabajo. De esta manera podrás superar lo que fuera y llegará un momento en el que ni siquiera notarás los obstáculos y barreras.

"Todo esto proviene de la fe, que es la fuerza de crecimiento vital. Cuanto más crezcas y florezcas con éxito en el sendero de la Torá, menos probable será que algo te arrastre fuera del camino o te arroje en la depresión y la pereza. Harás tu parte con energía y alegría, sin prestarle atención a ningún obstáculo" (Ibíd.).

Confianza

Mientras que la fe es la creencia *general* en que todo está en manos de HaShem, la confianza en Dios es la certeza de que Él vigila todos los *detalles específicos* de nuestras vidas. Confiar en HaShem significa apoyarse en el hecho de que Él cuida de cada uno de los aspectos de nuestras vidas, grandes y pequeños y que nos ayudará y nos proveerá con todo aquello que necesitemos.

Para tener confianza es necesario tener fe, pero no todo el que tiene fe tiene también confianza. "La fe es como un árbol y la confianza es el fruto de ese árbol... pero hay árboles que no dan frutos" (Ramban, *Emuna u-Bitajón* 1). "Hay gente que posee una creencia general en HaShem. Ellos creen que todo se encuentra en Sus manos. Pero aun así, no colocan su confianza en HaShem, en cada cosa que hacen. Pueden recordar a HaShem y orar por el éxito al comenzar algún negocio importante o un viaje peligroso, pero no cuando se trata de hacer algo pequeño o viajar a algún lugar cercano.

"La genuina confianza significa colocar nuestra entera confianza solamente en Dios y recordarlo a Él en cada detalle de nuestras actividades, ser conscientes de que no importa lo que uno intente hacer, el éxito depende no de lo que uno haga, sino sólo de la voluntad de Dios. Recuerda que si no fuese por la protección de Dios, podrías lastimarte inclusive en algún lugar cercano" (Rabeinu Bajaie, *Kad HaKemaj, Bitajón*).

"La prueba de la fe no sobreviene cuando la persona observa el Pacto y la Torá y sirve a HaShem, en la quietud y tranquilidad de su hogar, cuando todo anda bien..., sino cuando los reveses, los malos tiempos, la persecución y la pobreza golpean a la persona y la llevan hacia una crisis, pero incluso allí mantiene su pureza... Es por esto que dice el Salmista (Salmos 62:9): 'Confía en Él, *en todo momento*'" (R. Yosef Albo, *Sefer Ha-Ikarim* 4:46).

"La esperanza en Dios debería ser como la confiada anticipación que la persona tiene en algo que está segura que sucederá, tan seguro como que el día sigue a la noche. Debes tener una total confianza en que Dios cumplirá con todas tus necesidades sin duda alguna, dado que Él tiene el poder y nada puede detenerlo, y no ser como uno que espera algo pero tiene dudas respecto de si sucederá o no. La confianza perfecta fortalecerá tu corazón y te dará alegría" (*Ibíd.* 49).

Alimento para el Alma y Alimento para el Cuerpo

HaShem es mi pastor, nada me ha de faltar. En suaves praderas me hace recostar, Él me lleva entre tranquilas aguas.
Salmos 23:1-2

"HaShem es mi pastor". Pastor es *RoéH* y está escrito: "*Reé emuna*, busca la Emuna" (Salmo 37:3). El alimento es Emuna. Allí donde el Pastor lleva a su rebaño, éste siempre encuentra algo para pastar, cuando lo desee: una mitzva, una palabra de plegaria, una melodía, incluso un suspiro.

Pero la gente dice: Está muy bien la fe, puede ser muy bueno ocupar el tiempo orando y estudiando, ¡pero uno necesita *comer*! ¿Cómo vendrá el dinero? ¿Saliendo a trabajar, no es así? No puedes sentarte y esperar que tu alimento caiga del cielo.

Efectivamente, uno tiene que ganarse la vida, pero, ¿cuántas plegarias han sido truncadas, cuántas sesiones de estudio de Torá y de hitbodedut han sido abandonadas, por la necesidad de atender los negocios? ¿Cuántas mitzvot han sido dejadas de lado en la carrera por ganar dinero? La necesidad de ganarse la vida es el tema más importante del Pavo: "hurgar entre migajas y huesos".

Es verdad: debemos *actuar* para iniciar el fluir del sustento. El sol brilla, la lluvia cae, las plantas y los árboles crecen y toda la abundancia surge de la tierra. Pero desde el pecado de Adam, "comerás el pan con el sudor de tu frente" (Génesis 3:19). Dios nos provee un mundo de materiales básicos y de oportunidades, pero depende de nosotros trabajarlo para actualizar su potencial, así sea mediante el cultivo de la tierra, trabajando materias primas para hacer objetos y usarlos o venderlos, sirviendo a los demás, negociando, ¡o incluso saliendo a pedir caridad!

Es el hecho mismo de que debemos hacer algo para ganarnos la vida lo que hace tan difícil no pensar que es "*mi poder y la fuerza de mi* mano" (Deuteronomio 8:17) los que producen el pan. ¿Cuánto más tendremos que hacer antes de que comprendamos que ya hemos hecho nuestra parte? Al andar por la horrenda jungla de la vida económica, día tras día, se nos puede perdonar el que nos estemos preguntando qué es lo que vamos a comer y cómo podremos asegurarnos que tendremos todo lo que necesitamos. ¿Qué es lo que quiere Dios de nosotros? ¿Cuánto tendremos que hacer? ¿Cómo quiere Él que nos ganemos la vida?

Sólo usted puede decidir cual es para usted la respuesta correcta en estos momentos. Pídale a Dios que lo ayude a comprender aquello que debería hacer y a desarrollar la confianza en Él. Recite la plegaria especial por el sustento que se encuentra impresa en el Sidur, etcétera. Durante su hitbodedut, háblele a HaShem de sus necesidades y sentimientos y manifieste lo que está en su corazón. En la medida de sus posibilidades, disponga de un tiempo, mucho o poco, tanto como considere razonable para sus plegarias, estudio de la Torá e hitbodedut. Haga todos los esfuerzos posibles por no perder sus sesiones. Luego haga lo mejor que pueda para salir y ganarse la vida de acuerdo con la halajá, usando su inteligencia para aprovechar lo mejor de la situación y de su talento y de cualquier oportunidad que pudiese surgir.

Aunque seamos Pavos debajo de la mesa, este mundo de abajo-de-la-mesa se encuentra de hecho *dentro del palacio del Rey*, y todo el alimento proviene del Rey. *Bereshit bara Elokim*, Dios creó *BeReiShIT*, Dios es la fuente, el *RoSh BaIT*, la Cabeza de la Casa. En gran medida depende de nosotros la manera como comemos. Si queremos ser Pavos y picotear migajas y huesos, nada nos impide hacerlo. Pero la comida real se halla allí, frente a nosotros. "Puedes comer buena comida", la comida de la fe "y seguir siendo un Pavo", viviendo en el mundo material.

¿Puede uno hacerse rico mediante la Torá, la plegaria y el hitbodedut? Sí. "¿¡Cómo!? ¿Verdadera riqueza: vestimentas, automóviles, muebles, vacaciones? ¡Usted bromea!". Riquezas, sí y *qué* riquezas: las riquezas del Rey, pues "la riqueza proviene de Ti" (Crónicas I, 29:12). "¿Quién es la persona rica? Aquella que está feliz con lo que tiene" (*Avot* 4:1). Mire a su alrededor. Mire sus manos y piernas y piense en las cosas fantásticas que puede hacer con ellas. Piense en su oído, su habilidad para hablar y actuar, su digestión, su respiración, su coordinación... También tiene algo para comer, tiene vestimentas y un lugar para vivir...

En lugar de pensar sobre aquello que no tiene, agradézcale a Dios por todo lo que *sí* tiene y disfrútelo. Si puede llegar a disciplinarse, como para poder tomar del mundo exactamente aquello que necesita, ni más ni menos, así sea comida, placeres o lo que fuere, llegará a estar perfectamente satisfecho con todo lo que posee. Aceptará y disfrutará de su cuerpo, de su comida, sus vestimentas y vivienda, su familia, su trabajo, su sinagoga, sus sesiones de estudio, el Shabat, las festividades y de la profundización de su conexión con Dios..., y llegará a comprobar que la totalidad de este mundo le pertenece: el aire fresco que respira, la luz del día, las estrellas del cielo, las lluvias, los pastos, los árboles y las plantas, los peces, los insectos, los pájaros, los animales y un mundo tras otro de variedades, tanto si abre un libro, habla con la gente, sale a la calle o al campo, mira fuera de usted o penetra dentro suyo... "El mundo entero fue creado para mí" (*Sanedrín* 37a).

Los Fundamentos de la Fe

1. Dios controla todo:

El primer principio de la fe es conocer y comprender que todo en el universo se encuentra bajo el control de Dios. Esto engloba todo aquello que le sucede a usted, tanto espiritual como materialmente, incluyendo todo aquello que hace, tanto de manera deliberada como inconscientemente, voluntaria o compulsivamente: todo proviene de Dios.

A veces las apariencias parecen sugerir todo lo contrario,

pero la fe es "ciega", en el sentido que el creyente no le presta atención a las apariencias externas de este mundo, sino a la subyacente realidad. Hay muchos cuestionamientos filosóficos respecto de la fe, pero la mayoría no tienen respuesta. Si usted está preparado para aceptar la Torá de manera incondicional, llegará a ver con sus propios ojos la verdad de aquello en lo que usted cree.

Seguir con sinceridad el sendero de la Torá nos permite experimentar una dimensión de la existencia que de otra manera es simplemente inaccesible. Puede ser que usted se encuentre rodeado por las ondas de radio, pero necesita un receptor para transformarlas en algo que pueda experimentar con sus sentidos. La fe es el "receptor" a través del cual se experimenta lo Divino. La esencia de la fe es creer que Dios Único controla todo.

2. Libertad:

Todo lo que hacemos está controlado por Dios, pero esto se nos oculta detrás de nuestro ego, el que nos da esa sensación de ser independientes y separados de Dios. Es inherente a nuestra constitución creer que nuestros pensamientos y acciones son propiamente nuestros y que es "*mi* poder y la fuerza de *mi* mano" (Deuteronomio 8:17) lo que hace que las cosas sucedan en nuestras vidas.

Dios nos creó de esta manera para poder otorgarnos la libertad de elección. Nuestra tarea es volver a Dios por propia voluntad, pudiendo así descubrir la verdad por nosotros mismos y comprobar entonces que, de hecho, Dios controla todo, incluyendo nuestros pensamientos, sentimientos y acciones. En este mundo tenemos la libertad de elegir nuestras acciones. Entonces, dependiendo de la elección, Dios se nos revelará a Sí Mismo o Se ocultará más aún, de acuerdo a un sistema de estricta justicia.

3. Acción:

Aunque todas las cosas del mundo material y del mundo espiritual se hallan en manos de Dios, no significa que nuestro rol sea pasivo, esperando a que sea Dios el que haga todo. Dios ordenó el universo de manera de poder otorgarnos libertad de acción, tanto en lo relativo al cumplimiento de las mitzvot, como al ganarse la vida, encontrar la pareja, etcétera. Debemos actuar, pero siempre sabiendo que nuestra necesidad de actuar en este mundo es una prueba, para comprobar si ejercemos nuestra libertad de elección de acuerdo con la Torá.

Tanto al cumplir las mitzvot como al actuar en el mundo material con la finalidad de ganarnos la vida y de atender nuestras demás necesidades, debemos comprender que aunque de nosotros depende tomar la iniciativa y actuar *como si* todo fuese nuestra obra, en última instancia todo depende de Dios. No importa lo que sintamos que debamos hacer, tanto en nuestra vida espiritual o material, nuestro primer paso deberá ser pedirle a Dios que nos guíe en aquello que queramos realizar y que bendiga nuestros esfuerzos con el éxito.

4. Las Dificultades:

Cuando las cosas se ponen mal para nosotros, debemos aceptar que ello es la voluntad de Dios y que suceda lo que suceda, eso es para bien. Inclusive cuando las cosas van mal como consecuencia de algo que nosotros mismos hayamos pensado, dicho o hecho, debemos aceptar que esto también fue producido por Dios. Si bien debemos sentirnos acongojados por nuestros pecados y hacer todo el esfuerzo necesario para mejorar en el futuro, no tiene sentido vivir con remordimientos respecto de lo pasado, pues en última instancia todo lo que sucedió fue deseo de Dios. Inclusive si usted observa las mitzvot y cumple con las plegarias pero no siente que Dios le responde, debe tener fe en que Dios le presta atención a todo lo que usted hace y que "si no obtiene una respuesta, eso mismo es un respuesta".

También las otras personas son agentes libres cuyos actos, paradójicamente, se hallan en última instancia controlados por Dios. Por lo tanto, hay que comprender que si alguien nos insulta o nos hiere, de la manera que fuese, esto ha sido enviado por Dios. Si usted responde molestándose y expresando su ira, es una señal de que no tiene fe completa en que Dios controla cada detalle de la Creación. Si la gente lo insulta, esa es la manera que tiene Dios para limpiarlo de sus pecados. Si usted responde con ira, es como si estuviese rechazando Su reprimenda.

Si las cosas se presentan en su contra, sea paciente. Respire profundamente y acéptelo como la voluntad de Dios. Si alguien lo hiere de alguna manera y usted permanece silencioso, aceptando lo sucedido como expiación por sus pecados, esto hará que el velo externo sea corrido y se haga manifiesto el control de Dios sobre toda la Creación.

5. El Crecimiento Personal:

También su desarrollo espiritual se halla bajo el control de Dios. Puede que usted sienta el deseo de crecer en un área específica y de lograr algo sagrado, pero mientras no está listo para lograr lo que anhela, las cosas se presentarán de tal manera que lo retengan de su objetivo, tanto mediante obstáculos externos o mediante alguna idea que se le implante en su propia mente, impidiéndole lograrlo. Esto no significa que Dios lo está rechazando, sino que Él sabe que, a la larga, esto será lo mejor para llevarlo hacia el objetivo último. El propósito de retenerlo es empujarlo a clamar y pedirle a Dios para que lo ayude a elevarse de su nivel actual y lo lleve más cerca de su verdadero objetivo.

Aún cuando experimente una elevación en su crecimiento espiritual, no piense que de aquí en adelante podrá mantener siempre su nuevo nivel. Todo lo que ha podido lograr hasta ahora fue producto del amor y de la ayuda de Dios y la única manera por la cual podrá enfrentar las futuras pruebas es mediante Su ayuda.

Mientras que debe tratar siempre de hacer su parte en la profundización del cumplimiento de las mitzvot, el acento de sus esfuerzos deberá ser puesto en sus plegarias, pidiéndole a Dios *Su* ayuda. La plegaria revela que todo se halla en poder de Dios y que "está en Sus manos el que las cosas crezcan y se fortalezcan" (Crónicas I, 29:2). Pídale a Dios que, no importa lo que le suceda, pueda siempre recordar que lo principal es la plegaria.

6. Revelación y Guía:

Dado que Dios está en todas las cosas, todo lo que

experimentaos es de hecho una comunicación de Dios. Esto incluye nuestros pensamientos y sentimientos. Inclusive los pensamientos y sentimientos negativos, tales como la pereza, la falta de entusiasmo y la depresión, provienen de Dios. Todo lo que oímos, vemos o experimentamos en la vida, tanto si proviene de las personas que uno conoce como de extraños, todo es un llamado de Dios. Mediante estas comunicaciones nos es enviado todo aquello que necesitamos para crecer y obtener la perfección espiritual.

A veces nos enfrentamos con mensajes poco claros o contradictorios. También ellos nos son enviados con un propósito: permitirnos elegir y por lo tanto someternos a una prueba. Para poder resolver cuál de ellos debemos seguir y cuál debemos ignorar, tendremos que evaluarlos a la luz de las enseñanzas de la Torá. Cuanto más está uno familiarizado con la visión de la vida contenida en la Torá y en especial con la Halajá, lo que otorga una clara guía respecto de lo que es correcto y lo que no lo es, más capacitado estará para interpretar los diferentes mensajes.

7. El Hombre Sabio – Tzadik:

La fe en Dios incluye la fe en los Tzadikim que Dios envía al mundo para enseñarnos cómo trascender nuestro estado y cumplir nuestro destino espiritual. No es suficiente con aceptar que Dios otorgó la Torá a Moisés en el Sinaí. La Torá nos dice que en cada generación sólo podemos resolver nuestras dudas y preguntas respecto de cuál es el sendero correcto que debemos seguir, volviéndonos hacia "el juez que viva en esos días" (Deuteronomio 17:9).

Dios envía en cada época Hombres Sabios, con la finalidad de sacar a las almas Judías de nuestro exilio. "Debes hacer de acuerdo a lo que ellos te digan... cuídate de actuar de acuerdo con todo lo que te enseñen... No te apartes de lo que te digan, ni a la derecha ni a la izquierda" (*Ibíd.* 10:11).

(Adaptado de *Siete pilares de la Fe* de R. Yitzchok Breiter).

EMUNA: La Meditación de veinticuatro horas al día

Y Habakuk fundó todo sobre la fe.
Makot 24a

La meditación ha sido definida como: "decidir exactamente cómo desea uno dirigir la mente, durante un período de tiempo determinado y hacerlo así" (Rabi Aryeh Kaplan, *Jewish Meditation* p.3). En este sentido, la emuna, la fe, puede ser llamada una meditación de veinticuatro horas al día, durante toda la vida. La forma de vida proclamada en la Torá involucra volverse a Dios con cada pensamiento, palabra y acto. "Conócelo a Él en todos Sus caminos" (Proverbios 3:6).

El primer acto del día, al despertar por la mañana, es recitar el *Mode ani*, "Te agradezco, Rey vivo y eterno, por devolverme el alma con amor...". Este es un acto de fe. Usted se acuerda del hecho fundamental: que hay un Dios y le agradece a Él por la chispa de divinidad que existe en su interior, su yo más elevado, su alma. En las primeras palabras del día, usted se orienta hacia el objetivo último de la vida: el perfeccionamiento del alma y la unión con Dios en el Mundo que Vendrá.

Luego comienzan las plegarias matutinas, con una serie de bendiciones que nos llevan a través de los diferentes detalles de nuestra vida física, relacionándolos con Dios. Luego en los *Pesukei de-Zimra*, los "versos de alabanza" (selección de Salmos), que conforman la siguiente parte del servicio de la mañana, recorremos el mundo que nos rodea y recordamos respecto de las muchas manifestaciones del Creador, tanto en la naturaleza como en la sociedad. "Tú abres Tu mano y satisfaces las necesidades de todos los seres vivos" (Salmos 145:16). Toda la creación está sostenida por Dios.

Uno de los momentos más elevados en los servicios de la mañana y de la noche, lo constituye el recitado del Shemá. Para vivir la vida de Emuna, hay que hacer de estos momentos los más intensos y vitales del día. Haga una pausa antes de tomar el yugo del reino de Dios. Prepárese para afirmar su completa fe en Dios, de manera que pueda llegar a iluminar todo lo que piense, diga y haga a lo largo de todo el día. Coloque todo su poder de concentración y sentimiento en el primer verso del Shemá.

Al decir la palabra *Shemá*, "Escucha", llámese a prestar atención, dirigiéndose a su corazón y a su alma más profunda: "Israel". Luego, al recitar cada uno de los nombres divinos: *HaShem, Elokeinu, HaShem*, tómese el tiempo para pensar que HaShem es el Dueño eterno de todo, Todopoderoso y que detrás de todas las máscaras y velos, de la pluralidad de poderes que se manifiestan en el mundo, hay sólo HaShem. Al decir la palabra *EJaD*, afirme la perfecta unidad de HaShem (*Alef* = 1) en los siete cielos y sobre la tierra (*Jet* = 8) y en las cuatro direcciones (*Dalet* = 4). Al decir *Ejad*, tenga en mente que se está entregando por completo al servicio de HaShem y las obligaciones de la Torá y que su creencia en HaShem es tan fuerte que está dispuesto a sacrificar su misma vida en aras de Él.

La afirmación de la fe en el Shemá se desarrolla luego en la plegaria silenciosa de Amidá, repetida en los servicios de la mañana, de la tarde y de la noche. Para una vida basada en la fe, la Amidá es el lugar al cual retornamos tres veces por día con la finalidad de mantenernos conscientes de la verdad esencial de nuestra existencia: que nos hallamos ante HaShem en todo momento y que todos los aspectos y detalles de nuestras vidas, tanto como individuos y como seres sociales, dependen de Su bendición.

La bendición inicial de la Amidá debe ser dicha con intensa concentración y con conciencia de la inmediata presencia y avasalladora majestad y grandeza de HaShem. Luego, en las bendiciones intermedias de los días de semana, nos concentramos por turno, en las áreas más importantes de la vida: sabiduría y comprensión, arrepentimiento, perdón, redención, salud, bienestar y demás. Y no sólo oramos por nosotros mismos, sino también por todo el Pueblo Judío y por el mundo entero. Durante el Shabat y las festividades, el tema de las bendiciones intermedias es el espíritu único del día, permitiéndonos concentrarnos en traer ese espíritu hacia nuestra alma y nuestra conciencia.

La Amidá es el centro de los servicios de plegaria y una de las más importantes vías para mantenerse enfocado en HaShem.

Tómese su tiempo. Allí donde tenga una necesidad específica, en un área particular, puede expresar y desarrollar su fe en HaShem, introduciendo una plegaria privada en la bendición apropiada. Está permitido introducir pedidos especiales en la bendición *Shemá koleinu*, "Escucha nuestra voz", tanto para necesidades particulares como generales y en cualquier idioma. Lo mismo se aplica al finalizar la plegaria de Amidá, luego de "Que tu mano derecha salve y respóndeme", antes del cierre con "Que las palabras de mi boca y la meditación de mi corazón sean aceptadas...". Formule una plegaria sobre las cosas más importantes que tenga en mente en el día de hoy.

El servicio de plegarias establecido no reemplaza al hitbodedut, que es un elemento separado e indispensable en el sendero de la fe. El hitbodedut es el taller de trabajo de la fe. En ese momento, usted examina cada aspecto de su personalidad y de su vida en relación a Dios. Confronta las cosas que lo separan de HaShem y lucha para dedicar toda su vida y todo su ser a Su servicio. Solamente mediante la intimidad, la espontaneidad y la libertad del hitbodedut es posible llevar su entera personalidad hacia una relación con HaShem y cultivar al máximo sus propios y únicos poderes del alma.

El hitbodedut es diferente cada día, porque cada día es distinto. ¿Cómo se siente hoy? ¿Qué tiene en su mente? ¿Necesita solamente estar sentado y relajarse, o respirar? ¿Hay emociones fuertes que pugnan por surgir de manera que necesite expresarlas? ¿Hay un tema particular o algún problema en especial que necesite analizar y discutir? ¿Hay gente o situaciones particulares sobre las cuales desee elevar una plegaria? ¿Qué sucede en el mundo? ¿Qué está sucediendo en *su* mundo? ¿Qué tiene preparado para hoy? ¿Qué planes tiene? ¿Qué le gustaría lograr? ¿Qué pasos deberá dar para lograr su propósito? ¿En qué orden? ¿Por dónde comenzará?

Como hemos visto, es imposible el hitbodedut sin el estudio de la Torá. El estudio diario de la Torá, de la voluntad de Dios, es otro elemento integral del sendero de la fe. No es suficiente estudiar la Torá por motivos exclusivamente intelectuales. El objetivo es aprender para poder cumplir. Las mismas santas palabras con las cuales están explicadas las mitzvot y sus detalles, tanto en la Torá

Escrita, como en la Torá Oral, son en sí mismas rayos de fe, irradiando la luz de Dios sobre nosotros, día tras día. La Torá es la comunicación del Dios con nosotros, haciendo que nos preguntemos la misma pregunta que Él preguntó al primer hombre: "¿Dónde estás?" (Génesis 3:9). "Y ahora, Israel, qué es lo que HaShem tu Dios pide de ti sino que temas a HaShem tu Dios, que vayas en todos Sus caminos y que lo ames a Él y sirvas a HaShem tu Dios con todo tu corazón y con toda tu alma" (Deuteronomio 10:12).

Los servicios de plegaria terminan y el hitbodedut también. Usted ha estudiado Torá y le ha pedido a Dios ayuda para cumplir aquello que estudió. Luego de todas las afirmaciones y buenas intenciones, deberá ahora salir al mundo y continuar con la vida cotidiana. Esta es la verdadera prueba de la fe, pues este mundo en el que vivimos, aquí, debajo de la mesa, es el mundo de la ocultación. ¿Cómo encontraremos a Dios en una calle bulliciosa? ¿Dónde está Dios?

Si alguno te hace esa pregunta, dijeron los Rabíes, "dile que Dios está en la gran ciudad de Roma, como está escrito (Isaías 21:11): 'Él me llama desde Seir' (Esaú, de quien descienden los Romanos)" (*Yerushalmi Taanit* 1).

"Evidentemente, esa persona que pregunta dónde está Dios", dice el Rebe Najmán, "es uno que se halla hundido entre las *klipot*, las cáscaras que ocultan, pues piensa que allí donde él está no está Dios. Por lo tanto, debes decirle: Inclusive allí donde tú estás, hundido entre las fuerzas de la oscuridad y el ocultamiento, también allí puedes encontrar a Dios, pues Dios le da vida a todo. 'Y Tú le das vida a todos ellos' (Nehemías 9:6). Incluso desde allí puedes unirte a Dios y retornar completamente a Él, pues no está lejos de ti" (Deuteronomio 30:11), es sólo que en el lugar donde tú estás los velos son muchos" (*Likutey Moharán* I:33,2).

"Cada día trae sus propios pensamientos, palabras y acciones y el Santo, bendito sea, contrae Su Divinidad, desde Su altura infinita, hacia el punto central del mundo material sobre el cual Él se encuentra, enviando a cada persona pensamientos, palabras y acciones de acuerdo al día, la persona y el lugar y vistiendo esos pensamientos, palabras y acciones en toda clase de alusiones y mensajes, con la finalidad de acercarlo a Su servicio" (*Ibíd.* 54,2).

Fe es saber que Dios está en todas partes y en todas las cosas, así sea en el trabajo, conduciendo por la autopista, de compras en el supermercado o en cualquier otro lugar. Todo lo que nos rodea es una revelación de HaShem, aunque no debemos esperar poder comprender todos los mensajes Divinos que contienen. Nuestras mentes son muy pequeñas como para captar el infinito fluir de la Divinidad. Es suficiente con intentar pensar cuidadosamente respecto del propósito de nuestras vidas y determinar qué es lo que Dios desea de nosotros, mediante el estudio de la Torá. Luego, si encontramos que las personas o las circunstancias nos dan algún fuerte mensaje que está de acuerdo con la Torá, podemos confiar en que es una comunicación Divina.

Comprender la constante revelación de HaShem que nos rodea es un exaltado servicio espiritual, que incluye sabiduría y percepción. Siguiendo el sendero de las mitzvot podremos atravesar el mar de este mundo haciendo pie sobre la tierra firme. Sea un Judío observante, de manera simple y sin sofisticaciones. Crea en Dios, colóquese el Talet y los Tefilin, diga las bendiciones y plegarias, disponga de un tiempo regular para el estudio de la Torá y el hitbodedut, como kasher, haga sus negocios de manera honesta, practique la caridad, ame a sus amigos y familiares, guarde el Shabat y las festividades, alégrese en Dios y permítase crecer a través de las mitzvot, en especial mediante aquellas a las cuales se sienta más atraído.

"Todas tus mitzvot son fe" (Salmos 119:86). Si usted quiere encontrar a Dios y unirse a Él, busque siempre las mitzvot. En cualquier coyuntura de la vida existen mitzvot que se relacionan directamente con lo que usted está haciendo. Cada mitzva es una manera de revelar la Divinidad presente en aquellas áreas de la vida con las que están relacionadas. Recuerde las mitzvot a lo largo del día. Recuerde el Shabat, piense en cada día de la semana como *Iom Rishón*, el primer día hacia el Shabat, *Iom Sheni*, el segundo día hacia el Shabat, etcétera. Organice su vida alrededor de los tres servicios diarios de plegaria, de su horario de estudio de la Torá y de sus sesiones de hitbodedut. Entonces, mientras realiza el resto de sus actividades, utilice el conocimiento de Torá que vaya adquiriendo, para comprender cuales de las mitzvot están relacionadas con aquello que usted hace en cada momento.

"No hay nada en el ámbito de la vida humana, así sea en el nivel de la acción, de la palabra o del pensamiento, del ver o del escuchar, que no esté involucrado con una mitzva positiva o con una prohibición" (*Iesod ve-Shoresh Ha-Avodá* I:9). En el trabajo, en su hogar, con su familia o amigos, viajando, encontrándose con gente, comiendo, descansando... para cada momento hay una o más mitzvot.

Pero, somos humanos, tanto Pavos como Príncipes. Nos cansamos, nos ponemos impacientes, nos distraemos, nos volvemos negativos, depresivos... o simplemente nos enfrascamos en lo que estamos haciendo y perdemos nuestro sentido de conexión con HaShem. Pero, no importa donde usted se halle o cómo se sienta, el instrumento más simple y poderoso para lograr la conexión con Dios siempre está con usted: su boca. Use susurros, palabras, frases, canciones, llanto, quejidos, risas, agradecimientos... cualquier forma de expresión que le recuerde dirigirse hacia Dios. "¡*Ribonó Shel Olám*! ¡*Ribonó Shel Olám*!". Incluso si usted se encuentra en medio de una actividad secular y de pronto le viene a la mente un pensamiento de Divinidad, deténgase un momento y exprese ese pensamiento en unas breves palabras de plegaria. "Acércame a Ti" (*Avanea Barzel* p.67).

A veces las cosas pueden estar muy mal. No importa cuánto trate, usted siente que no puede conectarse con Dios. ¿Qué es lo que hace cuando nada funciona? El Rebe Najmán dijo: "Cuando las cosas están muy mal, vuélvete como la nada... Cierra tu boca y tus ojos y eres como la nada. A veces puedes sentirte arrollado por el Instinto al Mal. Te confunden los malos pensamientos y te disturban mucho y encuentras que no los puedes superar. Debes entonces ser como la nada. No existes más, tu boca y tus ojos están cerrados. Todo pensamiento es eliminado. Tu mente deja de existir. Te has anulado completamente frente a Dios" (*Ibid*. #279).

...Al final termina el día. Usted está cansado. Ha recitado las plegarias de la noche y ha estudiado un poco. Necesita irse a dormir. Dormir también es un servicio a HaShem. "Hay veces en que la manera de guardar la Torá es haciendo una pausa" (*Menajot*

99b) para poder así retornar con renovado vigor y fuerza.

"Be-yad'ja afkid rují, en Tu mano encomiendo mi espíritu" (Salmos 31:6), recitado en la plegaria de antes de dormirse). Dormir es el acto de fe más grande. Usted abandona el control consciente y se entrega de nuevo a HaShem. Mientras usted duerme, su alma se eleva a los mundos superiores y se le permite viajar de acuerdo con los pensamientos y acciones del día. Mezclada con las extrañas imágenes de los sueños, su alma le transmite algunas alusiones de aquello que percibe (*Zohar* II.195; *Shaar HaKavanot, Drushei HaLaila* y ver también *Likutey Halajot, Netilat Iadaim Shajarit* 4:2). A veces, Dios nos habla a través de nuestros sueños y de los pensamientos, comprensiones e intuiciones que tenemos mientras estamos recostados en la noche, semidespiertos y semidormidos.

Mientras está en la cama, esperando dormirse, háblele a HaShem, de manera simple e íntima. Cuéntele todo lo que hay en su mente, háblele de sus necesidades y pídale que lo ayude. Si tiene alguna cuestión particular o algún problema, expréselos directamente a HaShem y tenga la absoluta confianza en que Dios lo ayudará. Aquiete su mente y confíe su cuerpo y su alma a HaShem. "En Sus manos confío mi alma al dormirme. ¡Me despertaré! Y con mi espíritu y mi cuerpo HaShem está conmigo y no temeré" (*Adon Olám*; palabras de cierre de la plegaria que se recita antes de dormirse).

"Puedes Comer una Buena Comida y Seguir Siendo un Pavo"

Es posible que usted tenga preguntas sobre Dios y dudas respecto de la fe. Es muy natural, viviendo como lo hacemos en este mundo de debajo-de-la-mesa. Todos estamos expuestos a los medios de comunicación y lo queramos o no, tendemos a absorber algo de los criterios y opiniones de los científicos, filósofos, artistas, escritores, periodistas, etcétera. El tono prevaleciente es secular, aunque incluso los científicos honestos admiten que todas las teorías científicas no dejan de ser axiomas que no pueden ser mejor comprobadas que una doctrina religiosa y que en última instancia, este mundo es un misterio. Pero entre el fermento popular, es difícil evitar la confusión, dejar de lado las dudas y cuestionamientos y aceptar la Emuná de todo corazón.

Aun así, tal como el Hombre Sabio le dijo al Príncipe: "Puedes comer esta comida y seguir siendo un Pavo". Puede que usted tenga preguntas inquietantes y cuestionamientos o inclusive pensamientos ateos, pero aun así puede seguir creyendo en Dios.

"Hay muchos cuestionamientos respecto de Dios. Y es correcto y propio que así sea. De hecho, esos cuestionamientos aumentan la grandeza de Dios y muestran cuán exaltado es Él. Dios es tan grande y exaltado que se encuentra más allá de nuestra habilidad para comprenderlo. Es obvio que con nuestra limitada inteligencia humana nos es imposible comprender Sus caminos. Es inevitable que hayan cosas que nos intriguen y es correcto que así sea" (*Likutey Moharán* II, 52).

"Puedes comer esta comida y seguir siendo un Pavo". Inclusive si usted tiene dudas respecto de su fe, aún puede decir: "Creo que Dios fue, es y será Uno". Aunque no tenga mucha fe en la plegaria, aún puede orar. Aunque sienta que Dios no lo escucha, aún puede hablarle a Él. Llámelo y pregúntele: "¿Dónde estás?".

11

SENTARSE A LA MESA: LA CONEXIÓN PERSONAL

Entonces el Hombre Sabio le dijo al Príncipe: "¿Tú crees que un Pavo debe sentarse debajo de la mesa? Puedes ser un Pavo y sentarte allí arriba, a la mesa".

Contó el Baal Shem Tov: "Un rey tenía una cámara de tesoro rodeada por lo que parecía ser una serie de paredes y barreras. Aunque de hecho, sólo eran ilusiones ópticas. La gente que se acercaba a estas paredes creía que eran reales. Algunos se retiraban a allí inmediatamente. Otros tenían éxito en pasar una de las barreras, pero al llegar a la segunda se detenían. Unos pocos podían pasar a través de casi todas las paredes pero finalmente llegaban a una que tampoco podían atravesar.

"Vino entonces el hijo del rey y dijo: 'Yo sé que todas estas paredes son sólo ilusiones ópticas. Y en verdad no hay aquí ninguna barrera'. Y confiadamente el Príncipe se adelantó y las superó a todas" (*Likutey Moharán* II:46).

Este mundo fue creado de manera que aparezca a nuestros ojos como un ámbito independiente (ver Capítulo 2). La Divinidad se halla oculta detrás de los velos de las *klipot*, de las cáscaras que hacen que nuestro universo se vea más como un campo de batalla gobernado por una pluralidad de fuerzas encontradas, que como el sistema unitario que es en realidad. El mundo parece estar regido más bien por una variedad de leyes naturales y por el azar y a veces nos preguntamos si existe en él alguna justicia.

Y no sólo nos engañan las klipot respecto de la verdadera naturaleza del mundo exterior. Hay también klipot del yo interior que pueden ocultar nuestra esencia Divina a nuestros propios ojos. Estos son los embates del Pavo, que a través de los pensamientos, deseos, estados mentales y las identidades personales gobiernan tanto la vida de la gente.

A veces este poder de las klipot puede parecer avasallante, aunque en última instancia es sólo una ilusión. La verdad fundamental es que todo en el universo se encuentra bajo la constante supervisión de Dios. Las mismas klipot fueron hechas por Dios para cumplir con un propósito. La Divinidad se ocultó con la finalidad de crear las condiciones en las cuales el hombre pudiese ejercer la libre elección. Esto le da al hombre la oportunidad de volver a Dios por propia voluntad, elevándose espiritualmente mediante sus propios esfuerzos. De esta manera es capaz de obtener para sí la bondad Divina. Todo en el mundo fue creado sirviendo a este propósito.

"Dios entregó el mundo al hombre" (Salmos 115:16). El mundo entero está abierto a nosotros: dentro de ciertos límites somos libres de hacer lo que queramos. Se nos proporciona todo aquello que necesitamos para cumplir con la misión Divina tanto en oportunidades externas como en recursos interiores. Innumerables alternativas y opciones nos son otorgadas. Desde todas las direcciones recibimos invitaciones para dedicar nuestras vidas y energías a toda clase de actividades y tareas. Y como recompensa, se nos prometen toda clase de gratificaciones y satisfacciones. Algunas de las ofertas son permitidas y otras pecaminosas. Somos libres de elegir lo que queramos.

"Dios entregó el mundo al hombre". Pero nada puede cambiar la subyacente verdad de que "la tierra y todo lo que contiene es de Dios" (*Ibíd.* 24:1). Todo el mundo fue creado por Dios, inclusive las klipot. Todo se encuentra bajo la constante supervisión de Dios. Por lo tanto, no importa qué dirección tomemos, ni lo que hagamos en la vida, siempre estamos comiendo de la generosidad de Dios. De hecho, el mundo entero es la mesa de Dios.

La pregunta es: ¿nos damos cuenta de ello? ¿Es que nos sentamos *a la* mesa y recibimos directamente de Dios? ¿Somos conscientes de que todo lo que se nos da en este mundo proviene de Dios y actuamos por lo tanto en concordancia? ¿O nos quedamos *bajo* la mesa, en el mundo del Pavo, sintiéndonos alienados y separados de Dios, sólo deseando continuar con "nuestras" vidas, tomando todo lo que se nos ofrece y nos parece bueno, sin pensar de donde proviene y por qué?

En efecto, el mundo entero es la mesa de Dios. Decidir sentarse *a la* mesa no implica una modificación en el mundo o de nuestro lugar en él. Sólo requiere un cambio en nuestra percepción y orientación. Sentarse a la mesa significa acostumbrarnos a ver el mundo como una creación Divina y hacer lo necesario para actuar en concordancia.

En la parábola del Baal Shem Tov, como en la historia del Príncipe-Pavo, el hijo del rey equivale al alma Divina dentro nuestro. Y el "tesoro" es el bien verdadero: la conexión con Dios. Es llamado "tesoro" pues es la cosa más valiosa en el mundo entero y para poder disfrutarlo lo esencial es *Yirat HaShem*. "*Yirat HaShem* es Su tesoro" (Isaías 33:6).

Comúnmente se traduce *Yirat HaShem* como "temor de Dios", pero *yirah* no significa temor en el sentido de respuesta nerviosa al peligro. Más bien tiene la connotación de temor reverencial. Estas emociones surgen cuando nos *damos cuenta* de que Dios es la Fuente suprema y el Gobernante del universo entero. Conciencia y reverencia por dios son los fundamentos para poder disfrutar de Su bondad. Yirat HaShem está íntimamente ligado a Emuná, la absoluta fe en Dios que debería hacer permeable cada nivel de nuestro ser.

Las "barreras" que rodean el tesoro son las klipot, la multitud de tentaciones y distracciones que retienen a la gente y le impiden tomar conciencia y desarrollar su conexión con Dios. En nuestros estados mundanos de conciencia de Pavo, estas barreras suelen parecer avasallantes. "La gente que se acercaba a estas paredes creía que eran reales". Pero el Príncipe, el Alma Divina, observa todo a la luz de la verdad de la Torá, con los ojos de la fe y capta la verdad subyacente debajo de las superficiales apariencias del mundo. Puede ser que las klipot aparezcan como fuerzas independientes, pero en última instancia no son más que "ilusiones ópticas". Dios creó todo y se halla presente inclusive en las cosas que nos separan de Él.

El Príncipe es un creyente. Él ignora las apariencias superficiales de este mundo. Cierra sus ojos a él, tal como hacemos cuando afirmamos nuestra fe: "¡Shemá Israel... HaShem es Uno!". El Príncipe da un salto de fe hacia la realidad subyacente. Y mediante este salto sobrepasa todas las barreras. A través de la Emuná es posible conocer y observar la verdad, inclusive en este mundo de ocultamiento y llegar así al "tesoro". La palabra Hebrea *Yirah*, temor reverencial a Dios, está conformada por las mismas letras que la palabra *ReiYAH*, que significa visión. Con fe y reverencia uno *ve* la verdad subyacente del mundo, con el ojo interior de la conciencia espiritual.

Comer en la mesa es simbólico de estar conectado directamente con Dios y no recibir de Él de manera indirecta. Subir *a la* mesa es una cuestión de buscar a Dios y tratar de *hacer* la conexión. De hecho, todo lo que hacemos para incentivarnos y volver a Dios por propia iniciativa, "el incentivo desde abajo", debe en última instancia originarse en un "incentivo desde arriba", iniciado por Dios. Así, el Rebe Najmán puntualiza que las letras de la palabra Hebrea que designa a la mesa, *ShULJaN* tiene como valor numérico el 394 (*Shin*, 300 + *Vav*, 6 + *Lamed*, 30 + *Jet*, 8 + *Nun*, 50 = 394). Y es el mismo valor de las letras en la frase *IHVH YeKaRVeNU*, "Quiera HaShem *acercarnos*" (*Tzadik #476*).

¿Qué significa estar "cerca de HaShem? ¿Qué es estar "conectado" con Dios? ¿Es que uno tiene visiones y experiencias religiosas constantemente? ¿Acaso uno tiene la propia "línea directa"? ¿Es que Dios contesta y, si lo hace, cómo?

Es imposible generalizar y llegar a decir que la conexión con Dios es para cada uno. "Dios llama a cada uno de acuerdo a la persona que es. A algunos los llama con una alusión, a otros con un grito, literalmente; en algunos casos la persona se resiste y entonces Él los golpea: esta es la llamada. La Torá exclama:

'¿Cuándo dejarán de ser tontos y de amar la locura?' (Proverbios 1:22). La Torá es Dios Mismo, llamando a la gente y pidiéndoles que vuelvan a Él" (*Likutey Moharán* I:206).

Dado que Dios llama a cada persona de manera individual, las experiencias de Dios son diferentes. De manera similar, cada uno tiene su propia y única manera de conectarse con Dios. En términos generales, estar conectado con Dios significa ser conscientes de Su existencia y de Su presencia en nuestras vidas. De Su amor y de Su cuidado para con nosotros y de Su íntimo compromiso en cada aspecto y detalle de todo lo que hacemos. Esto da un sentimiento de propósito y sentido a la vida y en especial a nuestras plegarias y al estudio de la Torá, a nuestras mitzvot y buenos actos.

El fundamento de la conexión a través de la plegaria lo constituye la creencia en que nuestras plegarias son importantes para Dios, pues ellas son canales a través de los cuales fluye Su bondad hacia nosotros mismos y al mundo en su totalidad. Lo esencial de la conexión mediante la plegaria es hablar a Dios de manera simple y directa, alabándolo y pidiéndole Su bendición. La conexión a través del estudio de la Torá significa estar conscientes que la Torá es el mensaje directo de Dios a nosotros. El propósito del estudio es buscar y verificar con exactitud qué es lo que Dios quiere de nosotros, en general y en todas las diferentes y específicas mitzvot. Cuanto más comprendamos las mitzvot y su significado, tanto más se transformarán nuestras mitzvot e inclusive nuestras diversas actividades mundanas, en actos de búsqueda y apego a Dios.

Entonces, la vida en todos sus diferentes aspectos se vuelve una sola búsqueda de Dios. Para el Pavo, la vida puede ser un asunto de "migajas y huesos", una multiplicidad de ocupaciones mundanas que no necesariamente se relacionan una con la otra. Pero el amante de HaShem busca al único Dios en todas las diferentes áreas de la vida. "Conócelo en todos tus caminos" (Proverbios 3:6). Cada persona tiene su única y propia situación en la vida y sus propias mitzvot y actos buenos, por lo tanto cada uno posee su propia y única manera de "colocar a HaShem delante de mí todo el tiempo" (Salmos 16:8).

Avodat HaShem: El Servicio a Dios

En la historia del Príncipe-Pavo, subir hacia la mesa es la última etapa en la cura del Príncipe respecto de la cual el Rebe Najmán nos da algún detalle. Aunque la cura aún no es total, subir hacia la mesa es un paso muy importante. Si estar sentado a la mesa es simbólico de la conexión personal con Dios, podemos preguntarnos si es que en la vida real existe un momento específico en el que uno "sube hacia la mesa". ¿Es que uno llega a tener alguna clase de gloriosa reunión con Dios, luego de la cual disfrutará de un estado permanente de íntima conexión y vivirá feliz para siempre? Algunas personas tienen la creencia de que la iluminación espiritual es una experiencia de ahora-y-para-siempre, a la que imaginan como seguida por un estado de constante gracia, iluminación y placer. ¿Es esto correcto?

Por cierto que la gente tiene a veces intensas experiencias religiosas que pueden producirles un rápido cambio en la entera percepción de sí mismos y de sus vidas. Es común que experiencias de este tipo sean las que inicien el proceso de Teshuvá, el retorno a Dios. Luego, al seguir el sendero de la Emuná, pueden llegar a presentarse momentos de intensa conciencia de Dios, al producirse en el buscador espiritual un sentimiento de profunda cercanía. La Plegaria, el hitbodedut, el estudio de la Torá, el Shabat y la práctica de las otras mitzvot pueden llevar a momentos de *hitorerut*, elevación, de *hitlahavut*, fervor, de *hasagah*, percepción y de *heárah*, iluminación. Los estados mentales involucrados son llamados *mojin de-gadlut*, literalmente "mentalidades de grandeza", estados de elevada conciencia espiritual y visión, como opuestos a los estados cotidianos, que son llamados *mojin de-katnut*, "mentalidades de pequeñez". Cada persona experimenta estos estados de mente a su manera, única y propia.

Pero, como hemos visto, los momentos de autotrascendencia e íntimo acercamiento a Dios, el "correr", son sólo temporarios en esta vida. Es voluntad de Dios que mientras permanezcamos en este mundo, esos momentos de unificación con Dios deban ser seguidos por un "retornar" a nosotros y a nuestros estados de conciencia más mundanos. Esto se aplica inclusive a los más grandes Tzadikim. El Rabí Natán nos cuenta que el Rebe Najmán solía alcanzar alturas espirituales asombrosas y revelar extraordinarias enseñanzas, pero inmediatamente después se sentía espiritualmente oscurecido e insatisfecho. Debía entonces comenzar nuevamente a empujar hacia delante, para poder elevarse más alto aún (ver *Tefilin*).

Muchos de los más grandes Tzadikim de todos los tiempos han tenido una vida marcada con obstáculos y dificultades. Los Rabíes nos dicen que precisamente después de su lucha con Labán y con Esaú pudo entonces Jacob esperar asentarse en calma en la Tierra de Israel y llevar una vida de tranquilidad, la que fue quebrada por la tempestad producida por la desaparición de Josef. "Cuando los Tzadikim desean asentarse y llevar una vida tranquila, el Santo dice: ¿No es suficiente para ellos el disfrute que tendrán en el Mundo que Vendrá? ¿También quieren tranquilidad en este mundo?" (*Rashi* sobre Génesis 37:2). Jacob experimentó las más exaltadas visiones y cercanías con Dios, tal como aparece en el sueño de la escala. Aun así, la Divina Presencia lo abandonó durante veintidós años.

En este mundo no existe algo así como una absoluta y definitiva iluminación y la razón es simple. Dios es infinito. ¿Cómo puede cualquier ser creado obtener un conocimiento definitivo de Dios? Cuanto más grande es nuestra percepción, más se reconoce la propia pequeñez y se anhela avanzar. No importa cuánto uno conozca, siempre hay más para conocer. "El objetivo de todo conocimiento de Dios es saber que uno es verdaderamente un ignorante" (*Jovot HaLevavot* 1:10; y ver *Sabiduría y Enseñanzas del Rabí Najmán de Breslov* #3). Cada día y en cada momento uno debe esforzarse en aumentar su santidad y en reforzar la conexión con Dios (*Likutey Moharán* I:6,3,22,9 y 60,3, etcétera).

Hay momentos de especial intimidad con Dios, cuando la propia percepción de Su presencia es tan intensa que uno llega a sentir que nada lo volverá a separar de Dios ni disminuirá su entusiasmo. El sentimiento puede durar una hora, un día, dos días, una semana, o más inclusive, pero las actividades mundanas nuevamente demandan nuestra atención, los pensamientos y sentimientos del Pavo comienzan a levantar sus cabezas... y antes de que uno se dé cuenta, las plegarias, el estudio de la Torá, el hitbodedut y la práctica de las mitzvot, vuelven a ser un arduo y pesado trabajo. Aquellos que están en el camino de la Teshuva saben de qué manera los momentos iniciales de euforia dan lugar, a menudo, a períodos de aridez espiritual. Y puede ser un gran trabajo volver a elevarse hacia un nuevo nivel de conexión.

Queda claro a partir de nuestra historia que inclusive cuando el Príncipe sube a la mesa, su lado de Pavo aún constituye una fuerza en su vida. El Hombre Sabio debe decirle que "puedes ser un Pavo *y* sentarte a la mesa". Pero hay una diferencia muy importante entre estar *debajo* de la mesa y sentarse *a la* mesa. Bajo la mesa, el Pavo es la fuerza dominante: uno tiende a identificarse fundamentalmente con los aspectos mundanos del yo y, en general, a no estar conscientes de la dimensión espiritual de la vida. Para el Pavo, la espiritualidad puede ser aceptable mientras no se vuelva algo dificultoso.

Sentarse *a la* mesa significa que, aunque el aspecto exterior sea aún de Pavo y sus intereses y ocupaciones tengan una considerable influencia sobre la vida de uno, ese aspecto no oculta por completo la propia conciencia de la espiritualidad. Debido a la continua influencia del Pavo, la intensidad de esta conciencia puede fluctuar frecuentemente. A veces puede ser muy fuerte mientras que otras veces se debilita. Puede inclusive haber períodos en los que se oculta por completo. Pero, aun así, uno es capaz de dedicarle, en general, más energía a llevar una vida de Príncipe, aún cuando la conciencia espiritual se halle debilitada. Con la experiencia uno llega a reconocer cuándo ha caído su nivel espiritual y a motivarse para volver a elevarse.

En la corte real, todos aquellos que se sientan a la mesa del rey disfrutan de las mejores comidas y bebidas. Las conversaciones fluyen de tema en tema y giran alrededor de la tarea de gobernar, del estado y las diferentes ciencias y artes. Aquellos que se encuentran a la mesa pueden hablar con el rey y pueden influir de manera directa sobre la administración del reino. Pero estos privilegios sólo pueden ser disfrutados si uno se somete al código de conducta real, en todos sus detalles. A veces los requerimientos pueden ser costosos, pero aun así uno debe observarlos, aunque no se sienta a gusto de hacerlo. Si bien la vida en la corte tiene sus momentos de gloria, el aspecto definitivo no es el esplendor sino el *servicio*: "nobleza obliga".

Lo mismo es aplicable a la vida de Emuná y de búsqueda de la conexión con Dios. El código de la vida de acuerdo a la Torá es llamado el *Shuljan Aruj*, la "mesa servida" y nos enseña la manera de comportarnos en cada momento de la vida. Las comidas reales son de las mejores: "Feliz aquel que es digno de comer muchos capítulos de Mishná y de beber muchos Salmos" (*Sabiduría y Enseñanzas del Rabí Najmán de Breslov* #23). Los postres son exquisitos y *asombrosos*: "Los ciclos de las estrellas y de los planetas y la numerología... estos son los postres de la fiesta de la sabiduría" (*Avot* 3:18).

No hay área del conocimiento y de la búsqueda que no esté contemplada por la Torá: el significado de la forma humana, el poder de las piedras preciosas y de las plantas, la curación, la astrología, el significado de los sueños, los estados alterados de la mente, la profecía... para nombrar unos pocos. "En el futuro, toda la sabiduría será expuesta como una *mesa servida*, tal como está escrito 'La tierra estará llena del conocimiento de Dios' (Isaías 11:9)" (*Likutey Moharán* I:7,5).

No hay privilegio más grande que llegar a sentarse a la mesa de Dios y disfrutar allí del festín. Pero para alcanzarlo es necesario el compromiso y la voluntad de *servir* y de *trabajar* buscando la unión con Dios, aunque el corazón no esté en ello. "Ser un Pavo y sentarse a la mesa" significa que existen momentos en los cuales el servicio divino parece arduo e ingrato, pero que no se abandona el trabajo, sino que por el contrario se insiste en el esfuerzo para poder lograrlo.

Yirah y Ahavah

El ideal del servicio a Dios, *Avodat HaShem*, es un ideal extremadamente exaltado. Tiene dos aspectos fundamentales. El primero es *Yirah*, el temor reverencial. El segundo es *Ahavah*: el amor. *Yirah* significa acercarse al servicio de Dios con la humildad y timidez que surgen del reconocimiento de nuestra pequeñez y de las propias fallas. La raíz de *Yirah* es el temor ante la grandiosidad de Dios. Cada vez que uno ora o realiza una mitzva, debe recordar que está delante del Rey de reyes, quien es exaltado más allá de cualquier bendición, alabanza o perfección imaginable.

No es suficiente practicar las mitzvot: se las debe honrar, cumpliéndolas con escrupulosa atención hasta en sus mínimos detalles y de la mejor manera posible. "Éste es mi Dios y lo embelleceré" (Éxodo 15:2), hermoséate ante él con mitzvot, con una hermosa Suca, un hermoso Lulav, un hermoso Shofar, hermosos Tsitsit, un hermoso Sefer Torá..." (*Shabat* 133b). Uno debe pensar: ¿Cómo actuaría si deseara ofrecer un regalo a una persona muy importante? Ese es el honor que uno debe otorgar a las mitzvot, a la Torá y a aquellos que se ocupan de su estudio.

Ahavah, amor, "significa que uno debe anhelar y añorar la cercanía con Dios y buscar la santidad tal como uno busca algo en extremo precioso, hasta que la sola mención de Su bendito Nombre, la expresión de Su alabanza y el estudio de Su Torá sean placeres y delicias plenos, como el amor que se siente por la amada esposa de la juventud, o por el hijo único, un amor tan fuerte que el mismo hecho de hablar de ello causa placer y deleite... Y ciertamente, aquel que ama a su Creador con verdadero amor, no fallará en su servicio por ninguna razón en el mundo, al menos que algún impedimento físico lo retenga. No necesitará incentivos para servir a Dios: su propio corazón lo elevará y entrará voluntariamente al servicio de Dios..." (*Mesilat Yesharim* 19).

El amor incluye *devekut*, unión. El apego a Dios debe ser tan fuerte que nada tendrá el poder de distraernos, en especial durante la plegaria, las sesiones de estudio y otros actos de servicio. Otro aspecto integral del amor es *simja*, la alegría: "Sirve a HaShem con alegría, acércate a Él con regocijo" (Salmos 100:2). "La Presencia Divina no reside allí donde hay depresión, letargo, salvajismo, superficialidad, charla vana y frivolidad, sino en la alegría que surge del cumplimiento de una mitzva" (*Shabat* 30b). La verdadera alegría es el sentimiento de elevación que surge del servicio al Dios Único y de la dedicación a la Torá y a las mitzvot, las cuales son fuente de eterna alegría y perfección.

El amor también incluye *kinah*, celo, por el honor del santo Nombre de Dios y un apasionado anhelo en que Su servicio y Su Gloria sean relevados en el mundo. Alguien que tiene un amigo querido no puede soportar verlo agredido o golpeado y de hecho vendrá en su auxilio. De la misma manera, aquel que ama el bendito Nombre de Dios no puede soportar verlo profanado, ni tampoco transgredidos Sus mandamientos (ver *Mesilat Yesharim* 19).

El concepto del Príncipe define a la persona que combina ambos aspectos en su servicio: *Ahavah* y *Yirah*. Como un hijo, el Príncipe se siente atraído a su Padre por el amor. Pero su padre es el Rey y uno debe acercarse a él con la debida reverencia y temor. En el servicio a Dios, "un aspecto es ser el hijo que busca en los tesoros del Rey y el otro aspecto es ser un servidor del rey. Un sirviente sólo debe hacer aquel trabajo que se le asigna, sin pedir motivos ni explicaciones. Pero está también el hijo, que ama tanto a su Padre que su mismo amor lo impele a cumplir con el trabajo de un simple sirviente. El hijo salta directamente al centro de la contienda y baja a las trincheras. Está deseoso de realizar los trabajos más serviles por el solo motivo de darle placer a su Padre. Entonces, cuando su Padre observa la fuerza de su amor y su deseo por entregarse a un total servicio, Él le revela aquellos secretos que normalmente no serían revelados a su hijo.

"Existen lugares en los tesoros del Rey, que no están permitidos ni siquiera al Príncipe. Es decir, hay niveles de percepción espiritual que ni siquiera el hijo puede lograr. Pero cuando el hijo deja de lado toda sofisticación y está deseoso de entregarse al servicio, su Padre se llena de amor por él y le revela aquellos secretos que normalmente no son divulgados ni siquiera a un hijo: los misterios de la Providencia Divina, tales como porqué sufren los justos y prosperan los malvados" (*Likutey Moharán* II:5,15).

Subidas y Bajadas

*Servir a Dios requiere de una gran obstinación. Comprende bien esto,
pues aquel que quiera entrar al servicio de Dios debe inevitablemente pasar
por una serie de subidas y bajadas y soportar toda clase de rechazos. Hay
veces en que la persona es arrojada del servicio de Dios, deliberadamente.
Requiere una irrenunciable firmeza el soportarlo. A veces encontrarás que la
única forma de fortalecerte es mediante la pura obstinación. Recuerda esto,
pues lo necesitarás muchas veces.*

Likutey Moharán II:48

"Subir a la mesa", en el sentido de entregarse al *Avodat HaShem*, concentrarse con intensidad en la plegaria y en el estudio de la Torá, derramar el corazón en el hitbodedut y poner el esfuerzo en el cumplimiento de las mitzvot, puede ser una tarea de gran obstinación. Es posible que a veces uno sienta un ímpetu de tal magnitud que llegue a pensar que finalmente ha conquistado el propio lado de Pavo y que se ha transformado en un ser espiritual y que de seguro Dios correrá ahora los velos de Su ocultamiento y revelará Su Gloria.

Entonces uno hace una pausa y observa alrededor... y todo parece estar igual que siempre. Es el mismo viejo mundo con las mismas calles y casas. Allí están los mismos viejos problemas: en el trabajo, en el hogar... y en uno mismo. Han vuelto todas las antiguas tensiones y preocupaciones y junto con ellas, las dudas. Uno se pregunta si es que nuestras plegarias han llegado a tener efecto, si realmente se ha progresado con los estudios y si los esfuerzos espirituales valen la pena realmente. Los pensamientos y los sentimientos del Pavo aparecen tan fuertes como siempre. Y es posible que uno se sienta más lejos de Dios que antes y que experimente entonces un amargo sentimiento de rechazo y alienación.

La profundización de la conexión espiritual puede a veces, en sí misma, generar sentimientos que tienden a aumentar la sensación de alienación. El creciente aumento de conciencia sobre la grandeza y gloria de Dios, de su amor, compasión y paciencia, pueden causarnos un sentimiento de profunda pena debido a nuestros rasgos y actitudes de Pavo. Es posible sentir dolor y remordimientos por el comportamiento pasado y temer al todo abarcante juicio de Dios. Dentro de ciertos límites tales sentimientos pueden tener su lugar durante el hitbodedut, pero se los debe contrabalancear con pensamientos positivos y fe en la abundante bondad de Dios y en Su perdón. De otra manera pueden dejarnos con una sensación de incapacidad personal que fácilmente nos llevará a la depresión.

A veces, la *Avodat HaShem* puede llegar a intimidarnos, en especial cuando se es cada vez más consciente de la suprema importancia de la Torá y de las mitzvot. Con frecuencia llegamos a tener un fuerte sentimiento de aquello que *deberíamos* estar haciendo, aunque encontramos imposible el lograrlo. A veces tantas cosas parecen que deben ser hechas que simplemente no sabemos por dónde comenzar y esto puede terminar en que no hagamos nada en absoluto. Es posible que, al estar deprimidos, nos demos cuenta de la solución que *deberíamos* aplicar para elevarnos de esa situación: relajarnos, respirar, comer correctamente, ejercitarnos, meditar, estudiar, orar, buscar los puntos buenos, etcétera, pero aun así, encontramos increíblemente difícil el practicarlo.

Hay variadas y diferentes maneras de caer espiritualmente. Con frecuencia la gente experimenta muchas subidas y bajadas en un mismo día. A veces puede parecer que todo conspira para arrojarnos hacia abajo y evitar que logremos nuestros objetivos espirituales. Durante esos momentos de frustración y derrota, los viejos instintos del Pavo vuelven a levantar su cabeza. Puede que uno haya trabajado durante meses o inclusive durante años para intentar deshacerse de un mal hábito o de un rasgo negativo y encontrarse de pronto llevado hacia una situación que lo arroja nuevamente allí. Por supuesto que ésta es una experiencia devastadora. Uno puede pensar que todo el trabajo se ha estropeado y que nunca será capaz de cambiar.

Inclusive una pequeña caída puede a veces arrojar a la persona dentro de una crónica ciénaga espiritual, a un estado de desmoralización y estancamiento que puede durar días, semanas, meses o más inclusive. Hay momentos en los que parece imposible volver a levantarse. Uno se siente indefectiblemente atrapado dentro de las viejas costumbres y cae cada vez más profundamente dentro de la depresión y la desesperanza. Cada uno de nosotros sabe en su propio corazón cómo es que se siente en sus peores momentos.

Es de vital importancia comprender que regresar es parte integral del sendero espiritual. Todos deben pasar por esto. Es imposible avanzar sin antes deslizarse hacia atrás y experimentar algún tipo de recaída. En ese momento, todo puede parecer irremediable, pero en realidad el propósito de la regresión es preparar el camino para un avance. "Todo este trepar y caer y estas turbulencias son preliminares necesarios para poder entrar a las puertas de la santidad. Todo los Tzadikim han pasado por esto" (*Likutey Moharán* II:48).

Para poder otorgar al hombre el libre albedrío, la Divinidad hubo de ser ocultada en este mundo. Esto significa que cualquier nuevo nivel de conexión con Dios al que uno aspire se encuentra siempre "cubierto" por su propia klipá. El nuevo nivel es la "fruta". Antes de poder alcanzarlo, lo primero que uno encuentra es la cáscara. Al salir del presente nivel y comenzar a elevarse hacia el próximo, se debe primero experimentar las klipot del nuevo nivel. Estas pueden aparecer con diferentes formas: como obstáculos externos y distracciones, o como ataques de turbulencia y confusión interior, de pensamientos enfermizos, dudas, temores, ansiedad, depresión, anhelos materiales y deseos, etcétera.

Y aquí está usted, tratando de acercarse a Dios y sintiéndose más alejado que nunca. "Hay muchos buscadores espirituales que se desaniman al encontrarse súbitamente confrontados con estos obstáculos y tentaciones. Comienzan a pensar que han caído de su nivel anterior pues hasta el momento nunca habían experimentado problemas tan serios. Pero es importante que comprendan que lo que están experimentando no es la caída de todo aquello sobre lo que estuvieron trabajando. Sino que, por el contrario, ha llegado el momento en que deben seguir avanzando desde ese nivel al próximo. Es por esto que estos obstáculos y tentaciones han vuelto a levantar sus cabezas" (*Likutey Moharán* I:25).

Para poder levantarse y avanzar, debe primero comprender

que los diferentes obstáculos, tanto externos como internos, son enviados como prueba. "Cuando Dios parece rechazarnos, es en realidad Su propósito el acercarnos más aún. La persona que quiere acercarse a Dios a menudo encuentra que caen sobre ella toda clase de dificultades, sufrimientos y otros obstáculos y muchas veces con tremenda fuerza. Puede llegar a pensar que está siendo rechazada deliberadamente. Pero en realidad, estas experiencias son muy beneficiosas y sirven para acercarla más aún" (*Likutey Moharán* I:74).

"No importa cómo haya caído, nunca se deje desanimar. Permanezca firme y decidido y no preste atención a lo sucedido. Al final, la caída será transformada en un gran avance. Este es todo el propósito. Y se aplica a todas las diferentes maneras en que uno pueda caer. Hay mucho que puede decirse al respecto, pues cada persona cree que su propia situación es tan mala que ninguno de estos conceptos son aplicables a ella. La gente piensa que todo esto se aplica sólo a aquellos que se encuentran en niveles muy elevados y a quienes están constantemente avanzando de nivel en nivel. Pero hay que comprender que esto se aplica inclusive a las personas de los niveles más bajos. Pues 'Dios es bueno para todos'" (*Likutey Moharán* I:22).

"Cuando una persona cae de su nivel, debe comprender que eso es algo que le ha sido enviado del cielo, con el sólo propósito de acercarla más aún. La intención es alentarla a realizar nuevos esfuerzos por acercarse. Lo que hay que hacer es comenzar de nuevo, totalmente. Comenzar a servir a Dios como si nunca lo hubiera hecho en su vida. Este es uno de los principios básicos en el servicio de Dios. Debemos, literalmente, comenzar todo de nuevo, todos los días" (*Likutey Moharán* I:261).

Y el modo de elevarse hacia un nuevo nivel implica nuestros esfuerzos en la búsqueda de Dios en la situación actual donde nos encontramos: "Puede parecer imposible encontrar a Dios en esa situación, pero el mero acto de buscar a Dios desde allí, preguntando: '¿Dónde está el lugar de Su gloria?', es lo que trae la curación y el crecimiento. Cuando más veas lo lejos que estás de la gloria de Dios, tanto más deberás buscar y preguntar: '¿Dónde está el lugar de Su Gloria?'. Tus llamadas, tus preguntas, tu angustia y tu anhelo por la gloria de Dios, eso mismo te elevará. La esencia del arrepentimiento es buscar siempre, en todo momento: '¿Dónde está el *lugar de Su gloria*?'. Entonces, la caída se transformará en un gran avance. Comprende bien esto" (*Likutey Moharán* II:12).

Atreverse

Las primeras palabras con las que el Rebe Najmán comienza su historia del Príncipe-Pavo, traducidas literalmente son: "Cierta vez el hijo del rey *cayó* en la locura". La creencia del Príncipe de que era un Pavo y el sentarse debajo de la mesa son el arquetipo de la "caída" espiritual. Su lado inferior, el lado del Pavo, se adelantó con firmeza al frente de su mente consciente y lo avasalló por completo mediante el hecho consumado. Y de la misma manera con firmeza y atrevimiento el Príncipe retornó a sí mismo.

Podemos observar evidencias de esta cualidad de atreverse en cada paso de la cura del Príncipe. El Hombre Sabio nunca lo *forzó* a hacer algo. Cuando quiso que el Príncipe se colocase la camisa, primero se la colocó él mismo y luego sugirió al Príncipe que hiciese lo mismo. El Príncipe era absolutamente libre de *no* hacerlo. Pero lo hizo. Algo en él lo empujaba a enfrentar la prueba que le proponía el Hombre Sabio e intentar algo nuevo: la camisa, el pantalón, la comida del rey y ahora, subir y sentarse a la mesa. Y todo esto pese al hecho que en cada paso el Príncipe aún se sentía un Pavo, tal como hemos visto.

Esta cualidad principesca de atrevimiento y osadía es la contraparte esencial de la afirmación descarada del Pavo, el *yetzer HaRa*, que constantemente se introduce dentro de nuestras mentes con pensamientos e impulsos de Pavo. Mediante una santa determinación y audacia podemos salir de nuestras caídas espirituales.

El Hombre Sabio le dice al Príncipe: "Puedes ser un Pavo y sentarte a la mesa". Esto significa que aún cuando uno se sienta distanciado de Dios, o rechazado por Él, puede todavía empujar hacia delante y decir: "¡Pero yo *quiero* conectarme contigo! Después de todo soy tu hijo. ¡Ayúdame!"

El Rebe Najmán enseña: "Dios nos llama Sus hijos, tal como está escrito (Deuteronomio 14:1): ustedes son hijos para el Señor, vuestro Dios". Puedes pensar que has hecho tanto daño que ya no eres más uno de los hijos de Dios. Pero recuerda que Dios aún te llama Su hijo. Nos han enseñado que 'para bien o para mal, ustedes son siempre llamados Sus hijos' (*Kidushin* 36a). Supongamos que Dios te ha rechazado y te ha dicho que no eres más un hijo Suyo. Aun así, debes decir: "Que Él haga de acuerdo a Su voluntad. *Yo debo hacer mi parte y seguir actuando como Su hijo*" (*Sabiduría y Enseñanzas del Rabí Najmán de Breslov* #7).

¿Y qué es lo que hace un niño pequeño cuando su padre lo rechaza? Vuelve, sin importarle lo que sea y *protesta*. Esta es una prerrogativa del niño. "Es bueno expresarle tus pensamientos y problemas a Dios, tal como un niño se queja y acosa a su padre" (*Ibíd.*). En esencia, esta es la misma idea que buscar a Dios y preguntar: "¿Dónde está el lugar de Su gloria?".

¿Qué significa "buscar a Dios"? ¡Dios es invisible! La fuerza de la pregunta del buscador es la siguiente: usted se siente frustrado, rechazado por Dios, en un estado completamente *no espiritual*. Pero, pese a ello, está preparado para creer que esta situación responde a un propósito Divino. No puede ver ni comprender, pero clama a Dios por ayuda. "¿Dónde *estás* Tú en todo esto? ¿Qué es lo que quieres de mí? ¡Ayúdame!".

Y es este mismo acto de fe el que redime toda la situación. Caer espiritualmente significa que Dios se oculta de alguna manera, pero preguntando: "¿Dónde está Dios?", uno refuerza su fe en que Dios *está* presente y, por lo tanto, abre la klipá de las apariencias superiores y puede penetrar en la realidad subyacente.

"Buscar a Dios" en la vida, en general, incluye el estudio de las enseñanzas de la Torá relativas a la relación de Dios con la creación, reflexionando sobre la manera en que Dios está en nuestra propia vida y buscando profundizar nuestra conexión con

Él, mediante la Torá, la plegaria, el hitbodedut y la observancia de las mitzvot. En los momentos de crisis y dificultades, la manera de buscar es *hablando directamente con Dios*: "¿Dónde estás Tú? ¡Ayúdame! ¡Acércame a Ti!".

Abrir la boca y buscar a Dios mediante palabras, gemidos, llanto, suspiros, canciones y melodías es el medio más poderoso en la búsqueda espiritual. Esto es el atreverse en santidad (ver *Likutey Moharán* I:22,4). El trabajo espiritual más difícil es en sí, mucho más fácil que el más simple de los trabajos físicos. Hasta el trabajo físico más liviano involucra algún tipo de esfuerzo: levantar, empujar, correr, etcétera. Pero el trabajo espiritual más difícil es aún más fácil: todo lo que hay que hacer es mover los labios y hablarle a Dios, incluso en un susurro (*Rabí Eliahu Jaim Rosen*). Puede ser que usted se sienta abatido y desmoralizado. Puede que sienta pena de hablarle a Dios. Aun así, puede forzarse a decir *algunas* palabras: "¡*Ribonó shel Olam*! ¡Ayúdame!". Exprese lo que realmente siente, de manera honesta y sincera.

Cuando se sienta encerrado por los problemas y deprimido por pensamientos negativos, deseos, ansiedad, tensión, duda, etcétera, hable con Dios sobre lo que le sucede. Hable de su sensación de lejanía y pídale a Dios que lo ayude. Aún una sola palabra de plegaria tiene el poder de transformar toda la situación.

Hay una parte en usted que desea conectarse con Dios, pero si no se la expresa en voz alta, se mantiene en *potencia*: queda en estado de pensamiento e impulso, y tiene poco o ningún efecto en su situación actual. Pero tan pronto como usted exterioriza esta parte, así sea con palabras, un grito, un suspiro o de alguna otra manera, usted la *actualiza* y la trae a este mundo, dándole poder.

"El habla es el recipiente con el cual recibimos el fluir de las bendiciones. De acuerdo a las palabras, así son las bendiciones. Aquél que logra la perfección en la manera de hablar, recibe abundantes bendiciones a través de los recipientes formados por sus palabras. A esto se debe que al orar debamos pronunciar las palabras con nuestros labios" (*Likutey Moharán* I 34:3).

Usted puede hablarle a Dios aunque su corazón no esté en las palabras que pronuncia. "El habla tiene un gran poder para despertar a la persona, aún cuando no se sienta motivada... A veces el sólo hecho de persistir con el habla, aunque sea sin emoción, puede llevarlo a alcanzar un tremendo fervor y el despertar espiritual" (*Likutey Moharán* II:98).

Allí donde usted vaya, su boca va con usted. Aprenda a usarla para guiarlo a usted y a sus pensamientos y emociones, en la dirección a la cual desea ir.

"El habla es 'madre de los hijos' (Salmos 113:9). Tal como una madre siempre se queda con su hijo y nunca lo olvida, aún si él se encuentra en los lugares más impuros, de tal manera el poder del habla nunca abandona a la persona aunque se encuentre en la peor de las situaciones. Incluso aquel que se ha hundido al nivel más bajo puede siempre recordarse de la presencia de Dios, articulando las santas palabras de Torá y de plegaria. No importa tu situación, haz todos los esfuerzos posibles para hablarle a Dios... de esta manera podrás recordar siempre la presencia de Dios, no importa cuán lejano puedas sentirte de Él... Comprende bien el tremendo poder que tiene el habla. Esta idea puede salvarte de la destrucción" (*Likutey Moharán* I:78).

La Mesa – El Habla

> *Y él me dijo: esta es la mesa que*
> *se halla delante de Dios.*
> Ezequiel 41:22

"Sentarse a la mesa" es simbólico de la conexión que establecemos con Dios hablando con Él directamente. El habla es la facultad que define al hombre (ver arriba Capítulo 6). Cuando el Pavo se sienta sobre el Príncipe y domina, es mediante el habla que es posible revertir las cosas y colocar al Príncipe en el lugar correcto.

"¡Pobre de aquellos hijos que se hallan exiliados de la mesa de su Padre!" (*Berajot* 3a). El Príncipe debajo de la mesa es un símbolo del exilio. Estar en el exilio, tanto como persona o como nación, significa estar alienado del propio lugar. El exilio espiritual significa estar distanciado de nuestro auténtico yo, el Alma Divina, el Príncipe o la Princesa, cuyo lugar correcto es "a la mesa", teniendo una íntima conexión con Dios forjada mediante nuestra facultad espiritual más poderosa: el habla.

Es por esta razón que el nombre Hebreo, para designar a Egipto, el arquetipo de todos los exilios Judíos, es *MiTZ'Raim*. La palabra Hebrea *MeTZar* designa un pasadizo estrecho y constreñido. El exilio espiritual es el exilio de la palabra. En lugar de salir de la boca y traer las bendiciones Divinas al mundo, las palabras están retenidas, cautivas en el estrecho pasaje de detrás de la garganta. Uno piensa, uno quiere, uno anhela, pero no puede actualizar los pensamientos y anhelos expresándolos en voz alta. La redención es la redención del habla. Es por esta razón que la festividad que celebra la redención de Egipto es llamada Peisaj: *Pei Saj*: "la boca habla" (ver *Likutey Moharán* I, 62:5).

Existe la vieja costumbre de dar vuelta las mesas en el Shabat HaGadol, el "Gran Shabat", inmediatamente antes de Peisaj. La explicación del Rebe Najmán respecto de esta costumbre (*Sabiduría y Enseñanzas del Rabí Najmán de Breslov* #88) es una de las claves para el simbolismo de la mesa en la historia del Príncipe-Pavo.

El Rebe Najmán extrae la prueba de que la mesa simboliza el habla de un versículo de Ezequiel (41:22). Un ángel celestial le muestra al profeta el altar del templo: "Y él me dijo: esta es la mesa que se halla delante de Dios". Cada palabra del versículo es significativa. El ángel *habla*. Su mensaje es relativo a la *mesa*, alusión a la comida y al sustento. Todo nuestro alimento y sustento en la vida, tanto material como espiritual, depende de la *palabra*, como aprendemos del versículo en Deuteronomio (8:3): "De todo lo que emana de la *boca* de Dios vivirá el hombre".

En el Shabat HaGadol, anterior a Peisaj, antes del tiempo de la redención, el habla aún está en el exilio. Y es por esto que las mesas son dadas vuelta. Cuando el habla no está exiliada, la mesa es vuelta hacia arriba, hacia nosotros, "cara a cara". "Y él me dijo: esta es la mesa que se halla *delante* de Dios". "Delante" es *Lifnei*, literalmente "hacia el rostro de". Cuando "él *habló*", entonces la Mesa está *enfrentada*. Esto es simbólico de la comunicación directa, cara a cara.

El habla se mantiene en el exilio hasta *Peisaj*. El habla está en Egipto, *MiTZ'Raim*, hasta el Éxodo. Por lo tanto, en el Shabat HaGadol las mesas son dadas vuelta, mostrando que el habla no se halla aún "cara a cara". Y por lo tanto no hay aún una conexión directa con Dios. Pero con *Peisaj* viene la redención. El habla emerge del exilio. *Pei Saj*. La boca habla. Y entonces las mesas vuelven a ponerse hacia arriba (ver *Sabiduría y Enseñanzas del Rabí Najmán de Breslov* #88).

Puede que estemos en el exilio, bajo el dominio del Pavo, pero tan pronto como abrimos nuestras bocas y hablamos con Dios, las mesas se colocan sobre el Pavo. El habla sale de su exilio y el Príncipe vuelve a la mesa.

Así, el Rebe Najmán puntualiza que (*Tzadik* #476) el valor numérico de las letras de la palabra *ShuLJaN*, mesa (que suman 388 = *Shin* 300 + *Lamed* 30 + *Jet* 9 + *Nun* 50, siendo la palabra *Shuljan* deletreada sin la letra *Vav*) es el mismo que la suma de las letras en las palabras de la frase *KeLIPaH NiDJeH PIJah*. "Y con respecto a la klipa, su boca es hecha a un lado". Cuando usted se "sienta a la mesa", cuando con determinación expresa el Príncipe o Princesa que hay dentro suyo y habla con Dios, entonces el Pavo, la klipa del yo, es silenciado. El valor de las letras de *ShuLJaN*, 388, es el mismo que el valor de las letras de la frase *Tzu ReFUàH*, "para la curación" (*Ibíd.*). Hablar con Dios trae una cura para el alma.

La Conversación Divina

> *Dios puede darte comida y vestimenta y todo aquello que necesites, aunque no pidas por ello. Pero entonces eres como un animal. Dios da a cada animal su comida, sin que se lo pidan. Y también a ti te lo puede dar de esta manera. Pero si no procuras tu vida mediante la plegaria, entonces tu vida es como la vida de una bestia. A través de la plegaria, el hombre debe pedir a Dios por todas las necesidades de su vida.*
> *Sabiduría y Enseñanzas del Rabí Najmán de Breslov* #233

Y para llegar a ser el Príncipe, un buscador espiritual, se debe utilizar el poder de la boca. Puede ser que uno tenga anhelos espirituales, pero la única manera de concretarlos es articulándolos en palabras. Dice el Rebe Najmán: "Debes saber que no es suficiente tener anhelos espirituales en tu corazón. Debes expresarlos en voz alta. El anhelo en el corazón crea el alma *potencial*. Y es únicamente cuando expresas tu anhelo mediante palabras que el alma se *actualiza*. Y la boca es el lugar más importante por donde surge el alma. 'Mi alma surgió al *hablar*' (Cantar de los Cantares 5:6)" (*Likutey Moharán* I:31,7).

La palabra hablada tiene un rol central en el sendero espiritual de Emuná: el estudio de la Torá, la plegaria y la práctica de las mitzvot. Al estudiar la Torá, enunciamos en voz alta las palabras de la Sabiduría Divina, escuchándolas entonces y haciendo que formen parte de nosotros, atrayendo la luz de la revelación de Dios hacia nosotros y hacia el mundo. La Torá es la enseñanza de Dios respecto de Él mismo y respecto de la manera en que es posible conectarse con Él, a través de las mitzvot.

De todas las diferentes mitzvot, es la plegaria la que provee la conexión más íntima con Dios. La plegaria es un asunto de palabras. A través de ellas canalizamos las bendiciones Divinas. Tal como los amantes sienten placer en repetir el nombre del ser amado, así nosotros expresamos nuestro anhelo en conectarnos con Dios mediante la repetición de los diferentes Nombres Santos, de las alabanzas, los pedidos y súplicas que conforman las bendiciones diarias y el servicio de plegarias.

También las palabras cumplen una función importante en la realización de la mayoría de las otras mitzvot, incluso en los casos donde la esencia de la mitzva es una acción física, tal como colocarse los tefilin, sentarse en la Sucá, comer Matza durante la primera noche de Peisaj, etcétera. Un importante elemento concomitante de la acción física es la bendición. Decirla ayuda a focalizar y canalizar la energía espiritual que nos llega a través de la realización de la mitzva. Recitar con *kavaná* antes de cumplir con las diferentes mitzvot es otra manera verbal de aumentar la conexión que ellas crean.

El Sidur tradicional, el libro de oraciones, contiene las fórmulas Hebreas clásicas para acercarse a Dios a través de las plegarias establecidas, las bendiciones y las *kavanot* previas a las diferentes mitzvot, etcétera. Pero, "es difícil para nosotros expresar en Hebreo todo lo que sentimos. Y además, nuestros corazones no son arrastrados por las palabras, debido a que no estamos acostumbrados al lenguaje" (*Likutey Moharán* II:25).

Al decir esto, el Rebe Najmán se dirigía a su propio círculo de seguidores, hace doscientos años. La mayoría de ellos eran grandes eruditos y de hecho estaban muy bien familiarizados con la lengua Hebrea desde su infancia. Aun así, los instaba a completar el orden establecido de plegarias hablando a Dios con sus propias palabras, en el lenguaje que utilizaban cotidianamente. ¡Cuánto más aún se aplica esto entonces a nosotros, hoy en día!

La manera de potenciar con vitalidad nuestra práctica de la Torá, y de las mitzvot, transformándolas en un sendero espiritual personal, es entrelazando nuestras propias palabras, susurros, llantos, suspiros, canciones y plegarias, alrededor de las formas clásicas. Al estudiar la Torá en un texto Hebreo, además de cantar las palabras, debemos traducirlas a nuestro propio lenguaje y conceptos, formulando para nosotros cualquier problema que tuviésemos en la comprensión del significado, solicitando a Dios que nos ilumine y pidiendo que Él nos ayude a cumplir con la enseñanza.

Llegado el momento de orar, podemos comenzar el servicio con nuestras propias palabras: "Dios, aquí estoy, dispuesto a orar delante de ti. Permíteme recordar que me encuentro parado delante de Ti. Ayúdame a colocar toda mi energía en el recitado de las palabras de la plegaria y concentrarme en su significado. Permíteme comenzar este día agradeciéndote por todo tu bien. Permíteme comenzar ahora mismo. *Baruj Atá...*". Y así en más. Deberíamos también introducir nuestros propios pedidos en los lugares apropiados durante el servicio. Aquello que no podamos poner en palabras, podremos expresarlo con suspiros, llanto, canciones...

De igual manera podemos incluir nuestras propias palabras y susurros en las diferentes mitzvot. "¡Es Shabat! ¡Permíteme olvidar el trabajo! ¡Permíteme disfrutar de la paz y de la alegría del

Shabat!". "Quiero tomar el Lulav y el Etrog. ¿Qué es lo que yo sé respecto del Lulav y del Etrog? ¡Dios, permíteme manifestar Tu Soberanía sobre el mundo a través de esta mitzva!". "Esta persona me pide una donación. Es probable que él/ella lo necesite realmente. Dios, permíteme tomar algo del dinero que Tú me has dado y utilizarlo para abrir los portales, dando caridad por Ti". "Deseo contarle a Y respecto de lo que X acaba de hacer, pero eso sería hablar maliciosamente. Dios, ayúdame a no decir nada de todo esto. Permíteme que solamente hable de lo bueno", etcétera.

Y esto se aplica a toda la vida. "Dios, permíteme levantarme temprano... hacer mis ejercicios... comer como un santo Judío... ser organizado y realizar mi tarea de manera eficiente...", etcétera. Si se encuentra en plena tarea diaria y algún pensamiento o impulso de buscar a Dios atraviesa su mente, deténgase allí mismo y *articule* el pensamiento. Póngalo en palabras. Transfórmelo en una plegaria. Y luego siga con lo que estaba haciendo. "Cuando un pensamiento de arrepentimiento te llegue, detente por un momento en el mismo lugar donde te encuentres, ¡así sea en medio del mercado! Y ofrece una plegaria a Dios. ¡Si esperas para hacerlo en la sinagoga, el pensamiento se habrá ido!" (*Avanea Barzel* p. 67 #43).

Las palabras constituyen la manera más simple, más accesible y portátil de conectarse con Dios en cualquier momento, en cualquier lugar, bajo cualquier estado de ánimo y circunstancias. Al pensar en Dios, uno puede pensar en las infinitas extensiones del Universo y sentirse avasallado por Su grandeza. Aun así, los Rabíes enseñaron que la verdadera medida de la grandeza de Dios es Su humildad (*Meguilá* 31a). De manera amorosa, Dios supervisa cada detalle de la entera creación, hasta lo más bajo y pequeño. En su mesa, en la sala de estar, la cocina, el dormitorio, el automóvil, la oficina..., el Rey está presente ante su llamado y uno puede acercarse a Su presencia diciendo simplemente una palabra: Dios.

La clave para el desarrollo de una verdadera y profunda conexión con Dios es establecer un tiempo para el hitbodedut. Cuán bueno sería si pudiésemos tratar regularmente todo aquello que necesitamos hablar con Dios de una manera ordenada: agradeciéndole a Él por Sus muchas bendiciones y por todo el bien en nuestras vidas, arrepintiéndonos y lamentando el mal que hayamos cometido, trabajando sobre nosotros mismos, resolviendo nuestros problemas, determinando cual es nuestro verdadero propósito, preguntando cómo lograrlo y pidiendo ayuda para tomar los pasos prácticos necesarios para ello, de manera de poder alcanzar el bien último (ver Capítulo 6).

Hay veces en que el hitbodedut es muy fluido. Para aquellos que son asiduos en su práctica, el hitbodedut es el camino que los puede llevar a encontrar su Alma Divina y a desarrollarla hacia su perfección, cada uno de acuerdo a su propia manera. El hitbodedut es el fundamento de una relación íntima, cercana, reverente y amorosa con dios, que provee fuerza interior, paz, confianza, convicción, sentido, vigor y alegría para toda la vida.

Para aquellos interesados en seguir el camino clásico de la devoción espiritual Judía, la literatura de Mussar, Jasidut y Kabalá pueden enseñarles la manera de trabajar sobre sus rasgos personales y cultivar el amor y el temor a Dios. Hay libros que describen los niveles espirituales más altos y radiantes. El mismo Código de Ley Judía, que se aplica a cada uno de nosotros, *comienza* con la devoción de "He puesto a HaShem delante de mí constantemente" (*Oraj Jaim* 1:1). Mantener en la mente, en todo momento, el hecho de la presencia de Dios y visualizar Su nombre delante de nuestros ojos, son dos formas elevadas de devoción, sin hablar de las intenciones interiores de las plegarias y de las mitzvot, de las meditaciones Kabalistas, etcétera.

Pero, es imposible para cualquiera lograr estos niveles o practicar estas devociones, de manera verdadera y significativa, si no es mediante el hitbodedut. "Desde el más pequeño al más grande, es imposible ser verdaderamente un buen Judío si no es mediante el hitbodedut" (*Likutey Moharán* II:100). El Rebe Najmán nombró a muchos Tzadikim indicando que en todos los casos ellos lograron sus niveles sólo por medio del hitbodedut.

¡Cuán bueno sería si pudiésemos disponer de un tiempo para el hitbodedut y tratar todo lo que necesitamos hablar con Dios de una manera ordenada! ¡Pero hay un Pavo que no siempre nos deja! En la vida real, el solo hecho de disponer de un tiempo para el hitbodedut puede ser en sí mismo un gran esfuerzo, ni pensar entonces en ponerse a hablar.

A veces, el hitbodedut funciona. Y a veces puede ser que no. Aun así: "Puedes ser un Pavo y sentarte a la mesa". Cuando pueda, hable con Dios sobre todo lo que quiere, de la manera que quiera. Y cuando no pueda, trate de decir algo, aunque sea simplemente: "Dios, es muy difícil hablarte a Ti". O simplemente repita una palabra: "Dios". Si no puede hablar, siéntese por un instante. Si nada sirve, déjelo por el momento e inténtelo más tarde. Si desea hacer el esfuerzo, llegará a triunfar.

Mediante el hitbodedut, el Judío llega a ser un socio del Santo, en la obra de la creación. Dios dijo al Pueblo Judío: "Pondré mi palabra en vuestras bocas y los cubriré con la sombra de Mi mano, para extender los cielos y establecer la tierra y para decir a Zion, *ámi atah*, Tú eres Mi pueblo" (Isaías 51:16). El Santo *Zohar* comenta: "No leas las palabras como '*ámi atah*', Tú eres Mi pueblo, sino '*ími atah*', Tú *Estás Conmigo*: Ustedes son mis socios. Tal como Yo he creado los Cielos y la Tierra con Mi palabra ('mediante la palabra de HaShem fueron hechos los cielos' Salmos 33:6), también ustedes se vuelven socios con Dios a través de las palabras" (*Zohar*, Introducción 5a).

Mediante el hitbodedut usted construye una sociedad con Dios en el despliegue de su yo, de su vida y en la creación como un todo. ¿Cuál es su objetivo? ¿Qué desea lograr? ¿Cómo puede lograrlo? ¿Qué deberá hacer? ¿Qué pasos deberá dar? ¡Pídale ayuda a Dios y hágalo ahora!

No hay límites a los asombrosos milagros de Dios. Existe un número creciente de personas que están haciendo el esfuerzo de practicar el hitbodedut con sinceridad. Ellos pueden testificar respecto de estos milagros en sus vidas cotidianas y en sus propias personas. Dios puede hacer por usted cosas que usted mismo creería imposibles. Dios lo ama a usted más que el padre más amoroso. Él desea que usted triunfe. Sólo trate de hablar con Él.

Los Peligros de la Subjetividad

El prisionero no puede liberarse
de la prisión por sí mismo.
Berajot 5b

El significado literal de hitbodedut es "estar solo". El camino espiritual de Emuná, del cual el hitbodedut es una parte integral, incluye la vida social con la familia, los amigos, la comunidad y el amplio mundo, bajo el fundamento de "ama a tu prójimo como a ti mismo" (Levítico 19:18). Pero igualmente y de manera necesaria e incuestionable, el hitbodedut es una búsqueda solitaria e individual.

Si usted está solo, ¿cómo puede saber si se halla o no en el camino correcto? ¿Cómo sabrá que usted está realizando correctamente el hitbodedut? ¿Cómo puede comprobar que está desarrollándose espiritualmente de la manera correcta? Todos tenemos nuestros puntos ciegos respecto de nosotros mismos. Tal como lo hemos discutido previamente, la vida espiritual puede ser a veces muy tempestuosa. ¿No será peligroso andar solo? La espiritualidad y la religión son cuestiones de vida o muerte: el buscar a Dios es buscar el bien último, en este mundo y en el próximo. Andar equivocado puede llegar a ser muy costoso, por decir lo menos.

El Pavo es ese famoso prestidigitador que juega con la mente. "El Príncipe se volvió loco. Él *pensaba* que era un Pavo". El Príncipe pensaba algo que simplemente no era verdadero y aun así, se hallaba bajo el sortilegio de una ilusión. Él realmente creía que era un Pavo. Lo sabía. ¿Cómo podemos nosotros estar seguros que no nos hallamos bajo una ilusión semejante en nuestras vidas espirituales? Existen klipot en todos los niveles de la creación. El Yetzer HaRa está activo en todas las áreas de la vida, incluyendo nuestras vidas espirituales. El engaño espiritual puede ser la ilusión más poderosa de todas.

La religión trata con categorías morales muy poderosas: bien y mal. Es así muy fácil abusar. No faltan casos en la historia que demuestran cómo individuos, grupos y sociedades enteras han usado "principios religiosos" para justificar los actos de rapiña desenfrenada y de locura más crueles y destructivos. Incluso aunque conscientemente no *queramos* engañarnos a nosotros mismos, o a algún otro: ¿No existe acaso el peligro de que la debilidad de la naturaleza humana pueda inducirnos a malinterpretar inconscientemente las enseñanzas espirituales y religiosas y justificar así nuestras actitudes y comportamientos malsanos? Como dice el Rebe Najmán: "El Yetzer HaRa engaña a la persona vistiéndose con la forma de las mitzvot, persuadiéndola de que aquello que está tentada de hacer es realmente una mitzva" (*Likutey Moharán* I:1). E incluso sin tener motivos ulteriores uno puede a veces simplemente comprender mal las cosas.

La misma Torá otorga una guía objetiva para toda la vida, pero es imposible aprender toda la Torá por uno mismo. La Torá Escrita es inseparable de la Torá Oral y ninguna de las dos puede ser comprendida, excepto a través de un maestro vivo. Desde la época de Rabí Iehuda el Príncipe, en el siglo dos de la era común y cada vez más, la Torá Oral fue fijada de manera escrita en la forma de la Mishná, del Talmud, Midrashim, Responsas, Codificaciones, Kabalá, etcétera. Aun así, es imposible aferrar el verdadero espíritu, los matices y las implicancias de la Torá Oral, sin el aprendizaje con un maestro experimentado.

Por esta razón, el erudito de la Torá no es llamado Jajám, un Hombre Sabio, sino *Talmid Jajám*, alumno del Hombre Sabio. El primer paso para llegar a ser sabio es tener la humildad de admitir que uno puede estar equivocado sin siquiera darse cuenta de ello y buscar una ayuda exterior responsable.

"La principal causa de locura es el no escuchar las palabras de aquellos que poseen sabiduría e inteligencia. Si el loco escuchara lo que otras personas con inteligencia le están diciendo, de hecho no estaría loco. Puede ser que sea claro y evidente para él, en el trastornado estado en que se encuentra, actuar de esa manera enloquecida. Aún así, alguien más grande que él le está diciendo que no es necesario que actúe de esa manera. Si pudiese dejar de lado sus propias ideas y aceptar la opinión de esa otra persona, que es más sabia que él, desaparecería toda su locura" (*Sabiduría y Enseñanzas del Rabí Najmán de Breslov* #67).

El Príncipe que pensaba que era un Pavo es un ejemplo del loco ideal. Tuvo el buen tino de seguir las sugerencias del Hombre Sabio, ¡y se curó! La mayor parte de nuestra discusión respecto de esta historia giró alrededor de las alusiones que contiene sobre los variados aspectos del camino espiritual del individuo. Hemos intentado observar sus diferentes caracteres como personificaciones de las diferentes partes del alma, en especial del Alma Divina, el *Yetzer HaTov* y del Alma Animal, el *Yetzer HaRa*. Pero si consideramos la historia de una manera simple, vemos que ella nos habla de la relación entre dos personas, una que necesita ayuda desesperadamente y otra que la ayuda de una manera notable y compasiva.

De no haber sido ayudado, es dudoso que el Príncipe hubiera llegado a recuperarse alguna vez. Ni habría tenido forma de saber que sus ilusiones de Pavo eran falsas, destructivas y que estaban en contra de sus mejores intereses. Fue necesaria la presencia de otra persona, venida de arriba de la mesa, que descendiera hacia donde él estaba, a fin de poder elevarlo. Y no cualquiera podía hacerlo. Los otros médicos trataron lo mejor que pudieron, pero fallaron. Y fue solo el simple, amable y humilde Hombre Sabio, deseoso como estaba de descender él mismo junto al Príncipe, quien fue capaz de enseñarle el invalorable arte de hacer las cosas de a poco.

Aunque su imagen era asombrosa, el Hombre Sabio no tenía ningún tipo de orgullo. Se consideraba a sí mismo como nada. No miraba al Príncipe desde arriba. De hecho, se igualó a él. También picoteaba migajas y huesos y decía: "Yo también soy un pavo". No sólo es un símbolo del maestro ideal, sino también del amigo ideal. Dos de las lecciones prácticas que se desprenden de esta historia son: "Consíguete un maestro y adquiere un amigo" (*Avot* 1:6).

Encontrando un Maestro

*Busca el Tzadik más grande. Cuando busques un
maestro, elije sólo al Tzadik más grande.*
Sabiduría y Enseñanzas del Rabí Najmán de Breslov #51

"Cada uno debe buscar el guía correcto. Es necesario un
gran maestro para explicar la sabiduría Divina en términos que
sean comprensibles a la gente de nivel espiritual más bajo. Cuanto
más bajo se halle la persona y cuanto más alejada se encuentre
de Dios, más grande será el maestro que necesite. Así, cuando
los Judíos se encontraban en el más bajo de los niveles, exiliados
en Egipto, necesitaron del maestro y líder más grande y notable,
de Moshe Rabeinu. Cuanto más enfermo está el paciente, más
grande es el médico que necesita. Cada persona conoce en su
propio corazón cuán bajo se encuentra y cuán lejos de HaShem
está. Cuanto más conciencia se tiene de esto, más necesario es
encontrar el médico más grande y notable" (*Likutey Moharán*
I:30).

La vida espiritual está conformada por cuestiones de vida y
muerte y de destino final. ¿Quién no querría un Hombre Sabio
personal, tal como lo tuvo el Príncipe? ¡Un verdadero guía espiritual
que pueda ver hasta la misma raíz de nuestras almas y comprender
nuestras necesidades más profundas y quién nos lleve hacia un
perfecto cumplimiento y hacia la felicidad, de la manera más dulce
y fácil! Si usted ha encontrado al maestro correcto, lo bendigo,
¡Que pueda caminar así con gozo en la senda de la Torá todo el
tiempo y que HaShem esté con usted siempre!

Pero para aquellos que aún no han encontrado a su maestro,
la búsqueda puede ser larga y frustrante, llena de decepciones.
Como siempre, el primer paso práctico que se debe dar al buscar
el maestro correcto, es orar a HaShem. "HaShem, nada es más
importante para nuestro ser como Judíos que el encontrar nuestro
verdadero guía en la vida. Por favor ayúdanos y envíanos a nuestro
justo Mashíaj, rápidamente, tal que él nos pueda tomar de la mano
a cada uno de nosotros, hablar con dulzura a nuestros corazones y
elevarnos de este exilio. Ayúdanos a encontrar buenos maestros

para todo aquello que necesitamos aprender...".

Haga de la búsqueda de un maestro confiable y compasivo un proyecto para llevar a cabo paso a paso. ¿Qué es lo mejor para sus intereses más altos? ¿Qué es lo que está buscando? Sea lo más honesto posible con usted mismo. ¿Qué es lo que necesita? ¿A quién conoce, o quién sabe algo que pueda ayudarlo? ¿Qué pasos prácticos deberá tomar con la finalidad de alcanzar aquello que necesita?

Hay todo tipo de falsos e inescrupulosos "Rabíes", maestros, profesores, instructores, psicólogos, terapeutas, gurús, consejeros amistosos, etcétera, que pueden llegar a ofrecerle sus servicios. Esa gente suele ser a menudo extremadamente talentosa, sofisticada e impresionante: puede resultar muy difícil discernir lo que realmente son y hacia donde lo pueden llevar. Depende de usted el realizar las investigaciones necesarias, donde le sea posible, respecto de cualquier maestro, líder, Rabí, doctor, terapeuta, etcétera, al cual decida confiarle su vida y su destino espiritual, o cualquier parte de ellos. Piense cuidadosamente en lo que Dios requiere de usted, tal como está establecido en la Torá y pregúntese honestamente si esa persona lo puede ayudar.

Si un maestro en particular lo hace sentir molesto, pregúntese: ¿de qué manera? Nuestros Sabios dijeron: "Cuando hay un Rabí que le gusta a la gente, no es porque él sea tan bueno, sino porque no les reprocha sobre su servicio a HaShem" (*Ketuvot* 105b). "La gente odia a aquel que la recrimina" (*Likutey Moharán* I:10,4). Si se siente molesto porque su maestro lo hace consciente de las necesidades personales urgentes que usted debe considerar, eso es bueno. Pero esto no significa que debe someterse a maestros con actitudes que lo hagan sentir irredimiblemente malo. Aléjese de maestros que lo hagan sentir negativo respecto de usted mismo y de sus aspiraciones espirituales. ¡Ah, encontrar el maestro que le hable de la verdad real y lo haga sentir bien respecto de ella!

No espere encontrar al mentor espiritual ideal, maestro, consejero, ayuda, etcétera, todo en uno. ¡Esté preparado para aprender lo que pueda de todos, incluyendo de aquellos de los que aprenda cómo no debe comportarse! Todos tienen sus lados fuertes y sus debilidades. Puede ser que usted necesite de una variedad de maestros en diferentes áreas: Halajá, Hashkafá (fe y actitud), Jasidut, fuerza interior, plegaria, Guemará, nutrición, bienestar físico y todo aquello sobre lo cual pueda llegar a estar interesado. Para ciertas cosas serán necesarias sesiones regulares y para otras pueden ser suficientes unas consultas periódicas.

Y respecto de la manera como se deberá relacionar con sus maestros: "Sea atrevido, incluso con el mismo Rav y tenga el coraje de hablar con él tanto como lo necesite. ¡No sea tímido! El hecho de que una persona pueda estar más cerca que otra del maestro se debe sólo a que es más decidida y arrojada y por lo tanto le habla más" (*Likutey Moharán* I:271). Organice sus preguntas y necesidades y pregunte con libertad. Busque incluso un momento en privado si es necesario. Allí donde el acceso personal no sea posible, trate de escribir cartas explicando con claridad aquello que necesita.

Los buenos maestros son muy celosos de su tiempo y por una buena razón, el tiempo es vida. Uno de los motivos posibles para que no le presten mucha atención es que quieren probarlo, para comprobar si usted es realmente serio en su búsqueda. Si los importuna lo suficiente, puede llegar a persuadirlos de que le otorguen el tiempo que usted necesita.

Aquellos interesados en utilizar el hitbodedut para trabajar sobre los problemas personales más profundos y efectuar cambios de largo alcance en sus vidas, deberán encontrar, en lo posible, un consejero/amigo confiable, comprensivo y amigable. Todos tenemos bloqueos, resistencias y puntos ciegos sobre nosotros mismos que no pueden superarse sin una ayuda exterior. ¡Cuando necesite ayuda no sea orgulloso y pídala!

A menudo, la ayuda que necesitamos no se encuentra a nuestro alcance, pero "¿Qué gran nación hay tan grande, que tenga dioses tan cercanos a sí, como lo está HaShem, nuestro Dios, siempre que nosotros Le invoquemos?" (Deuteronomio 4:7). Clame a Dios por todo lo que necesite. Sea persistente. Insista. Y sea paciente.

A esta altura del libro, debería estar clara la verdadera identidad del Hombre Sabio. Ha sido citado prácticamente en todas las páginas. ¿Qué es lo que el Rebe Najmán le está realmente diciendo a usted? Lea sus libros, en Hebreo si puede o en sus traducciones. Lea *todo* lo que tiene para decir, aunque no esté de acuerdo. Fíjese en la manera en que él califica cuidadosamente mucho de lo que dice. Los detalles pueden ser importantes. Tómese el tiempo para meditar sobre su mensaje.

En verdad, el Rebe Najmán afirmó claramente: "No hay comparación entre escuchar de la propia boca del Tzadik y estudiar lo que dice en un libro" (*Likutey Moharán* I:19,1). El Rebe Najmán ascendió a la vida superior en el año 1810. Su cuerpo está bajo tierra. ¿Cómo puede uno saber con certeza de qué manera interpretar aquello que dice? Él nos dice que debemos hablar con el Tzadik" (*Likutey Moharán* I:34,8). ¿Cómo puede uno hablar con el Rebe Najmán y esperar respuestas?

Estudiar las enseñanzas del Rebe Najmán en un libro puede parecer mucho menos personal que escuchar Torá de un Tzadik vivo. Algo menos remoto es escuchar sus enseñanzas a través de los alumnos de sus seguidores, quienes a su vez las escucharon directamente a él. Entre los adherentes actuales del Rebe Najmán, los Jasidim de Breslov son los maestros confiables que han recibido la tradición de una línea de cinco generaciones de notables líderes de la Torá, y que se remonta al Rabí Natán, el seguidor más cercano del Rebe Najmán y otros discípulos. Busque a los Jasidim de Breslov que le parezcan más responsables y genuinos en sus esfuerzos por practicar las enseñanzas del Rebe Najmán y trate con ellos respecto del hitbodedut y otros aspectos del crecimiento espiritual.

¿Es posible hablarle al Rebe Najmán? ¡Sí y usted puede hacerlo! Es una antigua costumbre Judía visitar las tumbas de los Tzadikim, para orar a Dios y pedir al Tzadik que interceda por nosotros. El Rebe Najmán invitó a la gente a llegar a su tumba, dar caridad y recitar los Diez Salmos conocidos como "El Remedio General" (estos salmos son: 16, 32, 41, 42, 59, 77, 90, 105, 137 y 150); (ver *El Tikún del Rabí Najmán*). La tumba del Rebe Najmán se encuentra en la ciudad de Umán, en Ucrania, y puede ser visitada hoy en día. Uno no le ora al Tzadik, Dios no lo permita, pero uno puede hablarle al Tzadik de la misma manera como uno se expresaría frente a una persona viva, sentada frente a nosotros.

El Rebe Najmán tenía una muy interesante manera de comunicarse con los Tsadikim, cuyas tumbas no podía visitar en persona. Luego de mudarse de su pueblo natal, Medziboz, donde estaba enterrado su bisabuelo, el Baal Shem Tov, había momentos en los que deseaba hablar con él. El Rebe Najmán entonces solía visitar la tumba de algún Tzadik de renombre que estuviese enterrado cerca y le pedía a este Tzadik que le transmitiera su mensaje al Baal Shem Tov, hablándole de sus necesidades (*Sabiduría y Enseñanzas del Rabí Najmán de Breslov* p.22).

Existen en Eretz muchos lugares santos donde están enterrados importantes Tzadikim y donde uno puede orar libremente y hablar respecto de sus necesidades. También hay en la Diáspora tumbas de Tzadikim célebres. "Los Tzadikim son más grandes luego de su muerte que durante su vida" (*Julin* 7b).

Amistad

Dos es mejor que uno..., porque si éste cae, el otro levantará a su compañero... Y una cuerda de tres hilos no se rompe tan fácil.
Eclesiastés 4-12

No sólo debemos tratar de encontrar un maestro. Debemos también adquirir un *javer*, un verdadero amigo. En la enseñanza Rabínica que habla de "adquirir un amigo" (*Avot* 1:6), la palabra Hebrea para "adquirir", *K'ney*, significa literalmente: "Cómprate un amigo". Vale la pena pagar un buen precio, en términos de esfuerzo y devoción, con la finalidad de desarrollar una genuina amistad basada en el amor espiritual y el apoyo.

Una razón por la cual el hitbodedut tiene que ser una búsqueda individual es que el entorno social donde la mayoría de nosotros vivimos, nos enfrenta con infinidad de distracciones e influencias negativas. Es necesario disponer de momentos definidos para separarnos de ellas y poder establecer nuestra conexión personal con Dios. "Los otros pueden ser grandes detractores. De estar solo, sin la influencia de los otros, podrías siempre dirigirte hacia el sendero de vida. Puede que te encuentres enfrentando todo tipo de confusiones, problemas y frustraciones, pero al final terminarás en el sendero correcto. Es mucho más difícil cuando otros te confunden" (*Sabiduría y Enseñanzas del Rabí Najmán de Breslov* #81).

Por otro lado, no es el objetivo del hitbodedut transformarnos en ermitaños. Sino, desarrollar la fuerza interior que nos permita llevar una vida de Torá en este mundo, de la mejor manera posible. Y la vida necesariamente involucra a otra gente. Las relaciones interpersonales son una parte integral del viaje espiritual. "Ama a tu prójimo" (Levítico 19:18), es el fundamento de numerosas mitzvot diarias. Interactuar con seres humanos reales puede ser por momentos algo muy difícil y es precisamente mediante la práctica de la honestidad, la bondad, de actos de entrega y otras mitzvot, *pese* a las dificultades, que podemos desarrollar las cualidades Divinas en nosotros mismos. Además, Dios Se nos revela a Sí Mismo a través de la otra gente y de toda clase de maneras: tanto en nuestra interacción casual con extraños como en nuestras relaciones familiares, con amigos, socios de tareas, etcétera.

Cada persona es una creación única de Dios, teniendo en sí misma una chispa de Divinidad que es absolutamente diferente de la de cualquier otra persona. La Torá nos ordena: "juzga correctamente a tu compañero" (Levítico 19:15), busca lo bueno en los otros y júzgalos favorablemente (ver *Azamra* en el libro *Cuatro Lecciones del Rabí Najmán de Breslov*). Pero "ama a tu prójimo" no significa que uno tiene que llegar a ser amigo íntimo de cualquiera. Cada persona tiene algo bueno en ella, pero no tiene porque ser necesariamente ese el bien que uno necesita para su desarrollo en este momento. El concepto de adquirir un "javer" espiritual significa elegir uno o más amigos con los cuales uno se lleve bien, con la finalidad de apoyarse mutuamente y buscar a Dios en conjunto, tanto mediante sesiones de estudio compartidas, discusiones íntimas y profundas, o trabajos en los proyectos, etcétera.

Elija con cuidado sus *javerim*. Busque individuos que sean honestos. Una de las mejores maneras para determinar si una amistad es buena para usted es evaluar el tiempo que pasa junto a esa persona y cómo se siente después. ¿Es un tiempo bien usado o malgastado? ¿Son constructivas las cosas que realizan juntos o no? ¿Se separa de esa persona sintiéndose reforzado espiritualmente, elevado y optimista o por el contrario, seco, frustrado, irritable, depresivo, pesimista, etcétera?

Hay muchas y diferentes maneras de relacionarse con un javer. A veces es suficiente tener reuniones regulares con alguien para estudiar o practicar el hitbodedut, etcétera, aunque el estudio y la meditación se haga por separado. Estas disciplinas pueden ser difíciles de realizar estando solo y reunirse regularmente con un amigo puede ser de mucha ayuda. Las sesiones de estudio en conjunto pueden ser de mutua utilidad, aunque los dos participantes se encuentren en niveles diferentes y uno tienda a dar mientras que el otro pueda ser más receptivo.

No hay nada más precioso que un javer con el cual uno pueda hablar en el mismo nivel, de manera fácil y franca; alguien amable y honesto con quien se pueda tratar los temas espirituales más profundos y quien nos puedan decir aquello que más necesitamos escuchar. "Todos deberían discutir sobre el viaje espiritual con un amigo y poder así recibir inspiración de su propia y única chispa Divina. Así como los ángeles arriba 'reciben uno del otro', de la misma manera los seres humanos deben recibir los unos de los otros" (*Likutey Moharán* I:34,8).

Una buena base para tal relación lo constituyen las sesiones regulares de estudio basadas sobre un texto que sea de interés mutuo (ejemplo: Jasidut, Mussar), sobre el cual puedan desarrollarse sus comentarios y discusiones. Lo más importante es buscar la verdad. No insista en ganar con sus argumentos o en lograr que su punto de vista sea el aceptado. "La necesidad de ganar hace que la persona se vuelva intolerante respecto de la verdad" (*Likutey Moharán* I:122). Escuche y trate de comprender lo que su amigo está diciendo, aunque no concuerde con ello. Evalúe todo de acuerdo a las enseñanzas de la Torá. "A veces su amigo puede no comprender sus palabras, pero ello no impide que usted pueda igualmente obtener beneficios de la conversación... Usted puede motivarse con sus propias palabras. Sus palabras rebotan, literalmente, en su amigo y se reflejan de retorno sobre usted... esas mismas palabras pueden no tener ningún efecto de habérselas dicho a usted mismo" (*Sabiduría y Enseñanzas del Rabí Najmán de Breslov* #99).

"Es bueno hablar con su maestro o con un amigo de confianza respecto de todos los pensamientos y sentimientos negativos, aquellos que van en contra de la Torá y cuyo origen está en el Yetzer HaRa. Puede ser que usted tenga muchos de esos pensamientos y sentimientos mientras está estudiando y orando, al estar acostado en cama o en mitad del día. No oculte nada por pena: articulando aquello que tiene en su mente y en su corazón, logrará romper el poder del Yetzer HaRa, que será entonces incapaz de volver a hundirlo hasta ese mismo nivel. Y esto además del buen consejo espiritual que usted pueda recibir de su amigo" (R. Elimelej, *Tzetel Katan* #13).

Puede ser muy beneficioso hablar sobre los problemas más profundos, pero se debe ser cauteloso. Puede ser que a veces sienta una gran urgencia por expresar lo que hay en su corazón a otra persona, pero no es sabio confiar los detalles íntimos de su vida interior a cualquiera. Ser honesto no significa que deba abrirse a cualquiera respecto de cualquier cosa. Alguna gente es incapaz de guardar un secreto, aún luego de prometer fielmente que no divulgaría la información. Incluso hasta el más bien intencionado de los amigos puede sin querer abusar de su confidencia. Debe también comprender que aunque un amigo cercano pueda poseer muy buenas cualidades, puede haber aspectos de su vida interior con los cuales su amigo no tenga la fuerza suficiente para poder tratar. Será mejor entonces hablar sobre los temas profundos de su vida con un consejero experimentado y responsable.

"*Cómprate* un amigo". La mejor manera para desarrollar una buena relación con un javer es ocuparse no tanto de lo que usted pueda conseguir con ello, sino con lo que usted pueda dar. ¡Reciba a su amigo con una sonrisa! "Con alegría puedes darle vida a una persona. Puede ser que alguien se encuentre en una terrible agonía y no sea capaz de expresar aquello que hay en su corazón. Si no hay nadie sobre quien descargar su corazón, estará profundamente dolorido y preocupado. Si te acercas a esa persona con una buena cara, puedes alegrarla y literalmente darle vida" (*Sabiduría y Enseñanzas del Rabí Najmán de Breslov* #43).

Simpatice con su amigo. Colóquese en su lugar y trate de comprender cómo él siente y ve las cosas. "Debes ser capaz de sentir los problemas de otro en tu propio corazón. Esto es especialmente necesario cuando son muchos los que sufren. Es posible discernir con claridad la angustia del prójimo y así y todo no sentirlas en tu propio corazón. Cuando es una comunidad entera la que se halla con problemas, de seguro sentirás su agonía en tu corazón. Si no lo sientes, deberás golpear tu cabeza contra la pared, es decir, contra las paredes de tu corazón. Debes llevar esa comprensión desde tu mente hasta tu corazón" (*Ibíd.* 39).

Aunque vea muchas cosas en su amigo que considere negativas, recuerde que "no debe juzgar a su amigo hasta no encontrarse en su lugar" (*Avot* 2:5). Sólo Dios comprende las pruebas y problemas por los que atraviesa cada uno. Trate siempre de buscar los puntos buenos de su amigo. Si siente la obligación de presentar una crítica, hágalo de la manera más sensible y constructiva posible. Es muy bueno hablar con la gente respecto del propósito de la vida. Todos nos beneficiamos cuando nos hacen recordar amablemente que la vida humana es breve y que al final deberemos rendir cuentas.

Dé ánimo y reafirme a su amigo en la búsqueda de Dios. Desee lo mejor para él. El Rebe Najmán dijo: "No querría nada mejor para mis amigos que todos fuesen grandes Tzadikim. Esta sería mi más grande expresión de amor y amistad. Y de esta manera deberás amar a tu prójimo. Debes desear que él pueda lograr el verdadero objetivo de su vida tal como es ordenado por la bondad de Dios. Este es el verdadero amor Judío" (*Sabiduría y Enseñanzas del Rabí Najmán de Breslov* #119). Eleve plegarias por el bienestar y éxito de su amigo.

La Torá fue dada en Jorev. Las letras de JoReV son las mismas de JaVeR, amigo. Y tal como "dos son mejor que uno", así también "una cuerda triple no se rompe con facilidad" (Eclesiastés 4:9-12). Amplíe su grupo de amigos espirituales, uno por uno.

"A veces un grupo de personas está alegre y baila y atrae a alguien que se halla fuera del círculo, miserable y deprimido. Hacen que se sume a la danza y también él llega a estar feliz" (*Likutey Moharán* II:23). Háblele a la gente sobre el propósito de este mundo y de la alegría de servir a HaShem. Cuanto más hagamos para influir en la gente con la que tengamos contacto, más cercano estará el día en que toda carne proclamará el nombre de Dios y Él formará un círculo de danza con los justos, que será el antídoto para todas las penas y sufrimientos (*Taanit* 31A; *Likutey Moharán* II:24).

12

LA RISA

Y así fue como el Hombre Sabio trató al Príncipe, hasta que al final lo curó por completo.

Vestida con fuerza y esplendor,
reirá hasta el último día.
Proverbios 31:25

E l final de la historia del Príncipe Pavo, al igual que el final de muchas de sus otras historias, es relatado por el Rebe Najmán sólo en términos generales, sin demasiados detalles. La historia tiene un final feliz: el Príncipe termina curándose por completo. Pero qué ocurrió durante el proceso, cuánto tiempo le llevó y qué le sucedió al Príncipe después, son temas de los que nada se nos dice.

Se nos deja pensando. De alguna manera aún nos encontramos en mitad de la historia. Y de hecho es ahí donde estamos exactamente: en la mitad. Todos estamos en la mitad de la historia de nuestras propias vidas, luchando por elevarnos hacia el plano espiritual y llegar a ser el Príncipe o la Princesa que anhelamos ser. Necesitamos algo más que la mera aseveración de que al final todo va a terminar bien. Necesitamos saber: ¿*Cómo*?

De hecho, ya hemos escuchado cómo, a lo largo de la historia. Para triunfar en la vida se debe pensar de manera positiva, buscando lo bueno en nosotros y en nuestras vidas; siendo ambiciosos pero sabiendo que los grandes objetivos sólo se consiguen mediante pequeños pasos; siendo pacientes, en especial con nosotros mismos y aceptando que "puedes ser ambos... y también...".

La simple idea de que "puedes ser un Pavo y aun así enfrentar la próxima prueba, atreviéndote a andar en tu vida" es la receta para la transformación y el crecimiento personal y la clave para el éxito en todo lo que emprenda. Hasta aquí es lo que puede compartir el Rebe Najmán con nosotros. El resto depende de nosotros mismos. Debemos ser inteligentes y vivir estas enseñanzas en la práctica. La más grande sabiduría es realizar todo de manera simple, tal como el Hombre Sabio.

No hay límite para los niveles que se pueden lograr en la *Avodat HaShem*, tanto en el camino interior del autocontrol, refinamiento de carácter, estudio de la Torá, plegarias y devoción, como a lo largo del camino externo de la observancia práctica de las mitzvot, del amor, la bondad y del servicio a los otros. El objetivo es nada menos que lograr el perfeccionamiento de nuestra manera de vivir en el asombroso mundo de Dios y lograr una completa felicidad.

Pero, la única manera de lograr cualquier objetivo es esbozar un plan y seguirlo pacientemente, paso a paso. La palabra para esto es *seder*, orden. Se deben colocar en orden todos los asuntos y mantenerlos así. Y no es otra cosa que orden el comer a la mesa y vivir la vida de Príncipe. No un régimen asfixiante, sino una autodisciplina que le permita *vivir* y disfrutar de la vida de Torá en su totalidad.

Y es por ello que el libro de oraciones se llama *Sidur*: las plegarias diarias y las mitzvot están dispuestas en el orden necesario, pues ésta es la única manera en que ellas funcionan. Todas las personas que triunfan son *mesudar*, organizadas. Alguno de los grandes maestros de Mussar compuso un *Seder HaIom*, "Orden del día", registrando las prácticas espirituales que uno debe tratar de seguir cada día para poder servir a HaShem (ver Rabí Yitzjok Breiter, *Un Día en la Vida de un Jasid de Breslov*, y otras obras similares del género). Cada persona debe desarrollar su propio *Seder HaIom*.

No importa cuáles sean sus objetivos, debe tratar de establecer sus prioridades y desarrollar un plan realista y viable para su consecución. Deberá haber una tabla general de horarios y luego planificar qué es lo que va a hacer *hoy*. Su esquema deberá ser práctico. Tendrá que estar de acuerdo con su situación personal y con todas sus necesidades y flaquezas. Si encuentra que su plan es impracticable, piénselo nuevamente. Habiendo desarrollado un plan razonable, trate entonces de seguirlo paso a paso.

Si lo que usted desea es muy preciado, es más que probable que aparecerán los problemas, tanto del mundo externo como de dentro suyo. Aun así, no se desanime. Exhale un suspiro. Revise su plan. Diga una plegaria, ¡y ahora concéntrese en el próximo paso!

*

"¿No son acaso mis palabras como fuego, dice Dios y como un martillo que desmenuza una roca?" (Jeremías 23:29). "Así como vuelan las chispas producidas por el golpe del martillo, de la misma manera son las diversas implicancias de un versículo" (*Sanedrín* 34a). Y lo mismo puede ser dicho respecto a las enseñanzas del Rebe Najmán, quien afirmó que su fuego seguirá ardiendo hasta la llegada de Mashíaj. Sus enseñanzas tienen una generalidad única. Se aplican a una multitud de individuos y situaciones. Son pertinentes tanto para los más grandes maestros espirituales como para el individuo medio y para los más bajos y humildes.

Todo este libro ha reflejado, como mucho, una pequeña fracción de la sabiduría contenida en la historia del Príncipe-Pavo. Nuestra principal intención ha sido buscar las alusiones respecto de cómo debemos tratar con nosotros mismos y poder lograr así nuestros objetivos espirituales. Obviamente, las enseñanzas de esta historia pueden ser aplicadas a cualquier proyecto en la vida.

Una segunda dimensión en la historia, no tratada especialmente en esta obra por razones de espacio, lo constituyen sus conceptos relativos a los factores que contribuyen al éxito de las relaciones interpersonales. Un libro entero podría escribirse sobre este solo tema. El Hombre Sabio de seguro ganó la amistad eterna del Príncipe, ¡y de hecho influyó sobre él!

El tipo de acercamiento del Hombre Sabio hacia el Príncipe debería constituir un modelo para todos nosotros en lo que respecta a nuestras relaciones con los demás. El Hombre Sabio era amistoso y no se imponía. Comprendía y simpatizaba con el Príncipe. No emitía juicios, era positivo, paciente, infinitamente amable y cuidadoso. Hay aquí muchas enseñanzas para los padres que tratan con sus hijos, para los maestros con sus alumnos, para consejeros, para la gente en sus situaciones de trabajo cotidianas y domésticas, para los médicos, psicólogos, trabajadores sociales y muchos otros. Cuánta pérdida de talento humano podría evitarse si este tipo de acercamiento encarado por el Hombre Sabio fuera intentado con los discapacitados, con los casos problemáticos, con los enfermos emocionales, con los delincuentes juveniles y demás.

También esta historia posee otras dimensiones. La rígida imagen del Príncipe-Pavo desnudo no es sólo un símbolo personal. Constituye también un incisivo comentario histórico y social sobre el exilio del Pueblo Judío como un todo. Exilio que ha producido identidades distorsionadas en tantos de nuestros hermanos y hermanas, tal cual los Judíos en Egipto, "desnudos y sin cobijo" (Ezequiel 16:7): desnudos de mitzvot. ¿Quién tomará a cada uno de ellos de la mano y amorosamente los traerá de regreso? ¿Dónde está el Mashíaj?

En otro nivel, esta simple historia posee una significación cósmica. Hace referencia a un padre y a un hijo y a uno que los reconcilia. El Creador es el "Padre". La creación es el "hijo" (*Zohar* II:178b). El Tzadik los junta nuevamente. Y lo mismo realiza cada uno de nosotros mediante las mitzvot que cumple. Con cada mitzva nos conectamos a nosotros mismos y al mundo con Dios, produciendo una unidad.

De hecho, las ramificaciones de esta historia son prácticamente infinitas. Puede utilizarse para dar luz sobre muchos diferentes aspectos de la Torá, sobre las plegarias y sobre varias mitzvot. Un ejemplo lo puede constituir el Shabat, con el Pavo corriendo detrás de las migajas y huesos simbolizando nuestras actividades cotidianas y nuestro aspecto durante la semana, mientras que el Príncipe sentado a la mesa simboliza el Shabat y el "Alma Adicional" con la que nos envuelve ese día. También la historia hace referencia a profundos conceptos Kabalistas, tales como el *"Tzimtzum"*, la "Rotura de los Recipientes", la "vestimenta" de la Luz Divina dentro de los Recipientes y el Tikún mediante el cual los *Partzufim* son llevados a estar cara a cara, etcétera (ver *Tzadik* #476 para algunas alusiones Kabalistas en el concepto de la mesa).

El Rebe Najmán nos incitó a tratar de encontrarnos a nosotros mismos dentro de sus enseñanzas. Cada uno de nosotros puede extraer un mensaje personal de esta historia y utilizarlo como una ayuda para el crecimiento espiritual en su propio camino individual.

*

La gente inquiere respecto del final de la historia. Preguntan si es que el Príncipe quedó definitivamente curado. La definición original de su locura era que "él pensaba que era un Pavo". A cada paso de la curación, el Hombre Sabio le decía al Príncipe que podía seguir siendo un Pavo y dar ese paso. Y fue de esta manera como lo indujo a sentarse a la mesa.

La pregunta es: ¿Dejó finalmente el Príncipe de pensar que era un Pavo? Puede ser que al final de la historia el Príncipe se encuentre "vestido en fortaleza y gloria", llevando las vestimentas reales, comiendo la comida real y sentado a la mesa con su padre. ¿Pero es que él se ríe? ¿Realmente le agrada ser Príncipe y disfruta de ello? ¿O piensa aún que es un poco Pavo, aunque sea apenas un poco? ¿Es que alguna vez nos deshacemos definitivamente de nuestro lado de Pavo?

Una respuesta es que el "Príncipe" finalmente llegará a ser él mismo cuando el Alma Divina se revele en toda su gloria en el Mundo que Vendrá. La vida en este mundo es una prueba. Hasta el último día surgen continuamente problemas y retos, tanto del ambiente exterior como desde nuestro interior. A lo largo de su viaje en el mudo de debajo de la mesa, el Alma Divina se encuentra siempre acompañada por su klipá externa, el Alma Animal, el

"Pavo", la que anima nuestros cuerpos. No importa cuán alto sea el nivel espiritual que uno alcance, el Alma Divina se encuentra en este mundo siempre y de alguna manera, oscurecida por el Alma Animal y no puede brillar con su verdadera luz.

Pero cuando la *Neshamá* abandona el cuerpo, luego de la muerte, ella es purificada de los restos de impurezas y puede entonces brillar en la "vestimenta" celestial de las mitzvot preparada durante el curso de nuestra vida en este mundo. Es la misma idea que encontramos en la parábola del Rabí Natán, sobre el rey que pidió a sus súbditos que preparasen hermosas vestimentas y que evitaran ensuciarlas para poder así asistir al banquete real y recibir preciosos regalos (ver más arriba). El banquete y los regalos simbolizan la recompensa de la vida en el Mundo que Vendrá. "Este mundo es como una antecámara del Mundo que Vendrá: prepárate en la antecámara para que puedas entrar a la sala del banquete" (*Avot* 4:21).

"En el Mundo que Vendrá no hay muerte, ni pecado, ni transgresión y cada uno disfruta su sabiduría y comprensión" (*Tana deBey Eliahu Rabba* 2). En el Mundo que Vendrá, el Príncipe se encuentra completamente curado y disfruta de la felicidad. Pero mientras estemos en este mundo, nuestra vida será siempre una cuestión de "correr y retornar", teniendo momentos de elevación, entusiasmo, inspiración Divina y comprensión, pero retornando a los niveles más bajos y mundanos desde los cuales debemos intentar constantemente elevarnos aún más. El Hombre Sabio de nuestra historia representa un Tzadik en el más alto de los niveles. Y aún así él mismo dice: "Yo también soy un Pavo". Incluso el mismo Tzadik posee un Yetzer HaRa.

Cierta vez, un cortejo fúnebre pasó frente a la ventana del Rebe Najmán. La gente de la procesión lloraba y gemía, pero el Rebe comentó: "Posiblemente el muerto se está riendo en su corazón. Cuando alguien muere, la gente llora como diciendo: "Cuán bueno hubiera sido que vivieras más tiempo en este mundo y sufrieras más pruebas y tormentos y tuvieras así muchas más amarguras. Por lo menos, éste será el final de su dolor y de sus sufrimientos, pues luego que pase aquello que deba pasar en Gehinom, disfrutará la recompensa del bien que haya hecho en este mundo" (*Tzadik* #446).

*

"El muerto está riendo". ¡Bien por él! ¿Pero qué hay de nosotros en este mundo? Nosotros queremos *vivir*, no morir. La sugerencia de que el Príncipe se curará completamente en el Mundo que Vendrá no es completamente satisfactoria. Queremos saber si es que existe una cura completa en *esta* vida.

La muerte es un tema incómodo para mucha gente, pero llegar a ser conscientes del hecho de nuestra propia mortalidad es uno de los pasos más liberadores que podemos dar en esta vida. La muerte es un gran misterio. La perspectiva es tremenda, en especial si pensamos en el final extraño y doloroso por el que atraviesan algunos y sobre la posibilidad de un castigo después de la muerte.

El mismo Rebe Najmán comentó que cuando era joven tenía terror de la muerte y aun así se forzaba a pensar y a orar respecto de ella, hasta que finalmente lo superó por completo (*Sabiduría y Enseñanzas del Rabí Najmán de Breslov* #57). Es saludable contemplar periódicamente la inevitabilidad de la propia muerte. Esto es útil para poder apreciar el valor de esta vida y para colocar nuestros deseos mundanos y preocupaciones en su correcta perspectiva.

"La gente suele tener toda clase de temores respecto de las otras personas o de objetos que, de hecho, no pueden llegar a hacerle daño alguno. El único momento en que la persona puede llegar a pensar con claridad es cuando está muerta. Cuando yace en el suelo, con sus pies apuntando hacia la puerta (tal como se acostumbra a colocar el cadáver inmediatamente después de la muerte), entonces, finalmente puede ver la verdad. Se da cuenta en ese momento que todos sus miedos y aprehensiones no eran más que locura. No tenían fundamento alguno. ¿Qué puede hacerle un mero mortal? Lo mismo se aplica con respecto a sus deseos y tentaciones. Yaciendo allí, muerto, se dará cuenta que ha malgastado sus días en vano. Sabrá que incluso sus deseos más avasallantes eran mera locura y tontera. ¿Pues, quién lo forzaba a ello?" (*Sabiduría y Enseñanzas del Rabí Najmán de Breslov* #83).

Pensar de vez en cuando en la muerte es una manera de sacudirnos de nuestro sueño. Tenemos la tendencia a dejar de lado todo aquello que sabemos debiéramos hacer. Pero en verdad, conquistar nuestro Pavo personal y vivir nuestras vidas de la manera en que debiéramos no es realmente tan difícil. El Hombre Sabio nos ha mostrado cómo hacerlo fácil. "Un grano de inteligencia puede superar al mudo y a sus tentaciones" (*Ibíd.* #51). "Si aprendes a comprenderte, podrás deshacerte de todos los temores y deseos mundanos. *Debes darte cuenta que algo más dentro tuyo es el responsable de ellos.* Comprende esto y podrás superarlo todo. Eres libre de elegir. Puedes con facilidad entrenar tu mente a evitar aquello dentro tuyo que es responsable de tus miedos y deseos" (*Ibíd.*).

Puede ser desagradable contemplar el sufrimiento del mundo y la posibilidad del castigo después de la muerte, pero "la única manera de comenzar a servir a Dios es mediante el temor al castigo. Sin ello es imposible siquiera dar el primer paso. Incluso los justos deben tener este temor, pues muy pocos son los que pueden dedicarse a Dios por el sólo hecho de amarlo profundamente.

"También es posible servir a Dios en base a un sentimiento de temor reverente, debido a que Él es tan grande y poderoso. Este es un nivel superior de temor, pero es difícil de lograr. Para la mayoría de la gente, la senda de la devoción es el simple temor al castigo... Está en la naturaleza del hombre verse arrastrado hacia las tentaciones del mundo y esto sólo puede ser superado mediante el temor al castigo. Sólo entonces puede uno comenzar a servir a Dios" (*Sabiduría y Enseñanzas del Rabí Najmán de Breslov* #5). En otras palabras, debemos aprender a *utilizar* nuestros temores frente al sufrimiento, la muerte y el castigo como estímulos para trabajar sobre nosotros mismos y alcanzar niveles más altos de conciencia de la Divinidad y de servicio.

La verdad es que Dios no desea castigarnos. Dios es un Padre amoroso que quiere que Sus hijos disfruten del máximo bien. Si Dios amenaza y castiga, es como "un hombre que castiga a su hijo" (Deuteronomio 8:5). Ningún padre amoroso quiere que su hijo sufra sin necesidad. "¿Es que Yo quiero la muerte del malvado? No, sino que retorne de su senda y viva" (Ezequiel 18:23). Todo lo que tenemos que hacer es tratar de servir a Dios con lo mejor de nuestras capacidades. "Teshuva y buenas acciones son un escudo frente al castigo" (*Avot* 4:11).

Enseña el Rebe Najmán: "La persona que quiera gustar de la Luz Oculta, de los secretos de la Torá que serán relevados en el futuro, deberá "elevar" el miedo hacia su raíz. Y esto se logra mediante el juicio, aislándose en el hitbodedut y conversando con Dios, expresando todo lo que haya en su corazón delante de Dios y juzgándose a sí mismo en todos los detalles de la vida. De esta manera uno elimina todos los miedos mundanos y eleva su temor del Cielo".

El Rebe explica: "Cuando una persona se niega a examinarse a sí misma y a juzgarse, es entonces examinada desde arriba y llevada a juicio. Dios tiene muchas maneras de ejecutar Sus juicios. Tiene el poder de investirlos dentro de cualquier cosa del mundo, pues todas las cosas son mensajeros Suyos y Él puede utilizar el medio que desee para ejecutar Sus juicios. Y de hecho podemos observar esto en el mundo que nos rodea. Cuando algo malo le sucede a una persona, la causa particular que precipitó el problema es a menudo insignificante. Uno nunca hubiera imaginado que algo tan pequeño como eso trajera semejante tren de consecuencias: enfermedades, sufrimientos y demás. La explicación es que el decreto Divino declarado sobre esa persona se vistió en esas circunstancias mundanas para darle su recompensa".

"Pero cuando una persona se examina a sí misma y se juzga por propia voluntad, es suspendido entonces el decreto superior. Y no hay necesidad que esa persona tenga miedo de nada. Los objetos mundanos y los eventos no serán ya usados como velo y vestidura en la ejecución del decreto de Dios. Juzgándose a sí misma ha suspendido el juicio superior. Se encuentra entonces suficientemente inspirada y despierta espiritualmente como para no necesitar que las cosas de este mundo la sacudan. Esto es lo que se quiere significar cuando se dice "elevar" el miedo a su raíz. No tiene miedo de nada excepto de Dios. Y debido a esto será digna de merecer la Luz Oculta" (*Likutey Moharán* I:15).

El Rebe Najmán conquistó su propio terror a la muerte orando a Dios repetidamente y diciéndole que estaba deseoso de morir para santificar Su Nombre. Se requiere de cada Judío: "Ama a HaShem, tu Dios... con toda tu alma" (Deuteronomio 6:5). Amar a Dios con toda el alma significa amarlo "aunque Él tome tu alma" (*Berajot* 54a). La vida de uno es la cosa más preciada que se tiene. Ofrecerla a Dios es el más alto grado de fe que pueda existir. Es un acto de fe en Dios como el dador de la vida, quien tiene el poder de recompensarnos con la vida eterna. La persona que voluntariamente desea morir por Dios, de hecho desea *vivir* por Él. Y una vez que no se tiene miedo a la muerte, no se tiene miedo a nada.

Había un hombre en Rusia, en 1943, que estaba preocupado por la muerte. Era un Jasid de Breslov, polaco, que se encontraba entonces en un campo de trabajo estalinista en Siberia del Norte. ¿Cuál era su crimen? Ser Judío.

El campo de prisioneros estaba tan alejado de todo asentamiento humano que no necesitaba de paredes a su alrededor. Ningún prisionero que escapara tendría chance de llegar vivo a parte alguna. Las condiciones de frío y hielo lo matarían antes que pudiese llegar a un lugar seguro. De hecho, eran los prisioneros quienes debían cuidarse a *sí mismos*. Era posible que los lobos entraran de noche a las cabañas y se llevaran a algún prisionero mientras éste dormía. Por esta razón, cada noche debía quedarse uno de ellos despierto, manteniendo la guardia.

Esa noche le tocaba el turno al Jasid de Breslov. Mientras estaba sentado, afuera, en el congelante frío, desgastado por otro largo día de duro trabajo, luchaba desesperadamente por quedarse despierto. Rogaba a Dios que no permitiese que se durmiera, pues de hacerlo de seguro los lobos lo matarían y no tendría un funeral Judío. "Al menos déjame morir como un Judío. Por favor".

Oró y oró entonces, totalmente exhausto, se durmió... Soñó que estaba nuevamente en su Polonia natal, antes de la guerra.

Estaba contemplando el rostro dulce y sonriente del maestro que lo había introducido a la Jasidut de Breslov. "¿Es así cómo te enseñamos a orar?", le preguntó su maestro. "'¿*Morir* como un Judío?' ¡Pide *vivir* como un Judío!". Y de hecho, este Jasid vivió para contar esta historia, muchos años después.

El propósito de pensar en la muerte es llevarnos a vivir la vida en su totalidad. Vivir como un Judío es "amar a HaShem, tu Dios, con todo tu corazón" (Deuteronomio 6:5). "Con todo tu corazón" significa "con los dos Yetzer, el Yetzer HaTov y el Yetzer HaRa" (*Berajot* 54a). Al comienzo del viaje espiritual, cuando una persona empieza a despertar y observa su lado Pavo tal cual es, puede llegar a experimentar al Yetzer HaRa como un duro obstáculo en el servicio a Dios. Uno se observa con honestidad y ve entonces cuánto lo han alejado sus pecados de Dios y como los deseos y demás rasgos personales continúan manteniéndolo lejos.

Pero siguiendo con constancia y firmeza la senda de la Teshuva, atravesando las subidas y bajadas, podemos lograr elevar el mal y transformarlo en bien. Y esto mediante la aceptación de nuestros errores y cambiando nuestra forma de vida. De esta manera, admitiendo nuestros errores frente a Dios y arrepintiéndonos de ellos, no solamente neutralizamos su poder sobre nosotros, sino que los pecados mismos se vuelven entonces el estímulo de nuestra transformación y de esa manera "las transgresiones se vuelven virtudes" (*Yoma* 86b). Y así, el Yetzer HaRa deja de ser un obstáculo. Puede que el Baal Teshuva siga estando sometido a los pensamientos e impulsos del Pavo, pero ahora su respuesta a ellos es diferente: los ve como una prueba que lo motiva a alcanzar niveles espirituales cada vez más elevados.

La clave para la Teshuva es ser completamente abierto y honesto con Dios respecto de todos nuestros pensamientos conflictivos, de nuestros sentimientos, acciones, esperanzas y aspiraciones. La palabra Hebrea para designar esta apertura es *Vidui*. Comúnmente se la traduce como "confesión", palabra que para algunos puede tener connotaciones confusas. De hecho,

Vidui es una práctica Judía fundamental. Es la esencia de la Teshuva (Levítico 26:40 y ver *Mishne Tora, Hiljot Teshuva* 1:1). *Vidui* significa ser responsable frente a Dios de todo lo malo que uno haya realizado y lamentarlo.

Vidui es uno de los aspectos de un servicio aún mayor a Dios: agradecerle a Él por todo: por nuestra vida, por todo lo que nos sucede, tanto positivo como negativo, por las propias acciones, buenas o malas y por todos los aspectos de uno mismo, santos y no santos. "Amarás a Dios... con toda tu *fuerza*" (Deuteronomio 6:5). Amar a Dios "con toda tu fuerza" significa: "Sea lo que fuere que Dios haga contigo, debes agradecerle" (*Berajot* 54a). Agradeciendo a Dios uno reconoce Su presencia en la propia vida y se conecta así con Él.

El término *Vidui* está relacionado a la raíz Hebrea que significa agradecer, de donde deriva la palabra *Hodu*, "dar gracias". Puede ser que el lado de Pavo en nosotros, el *Yetzer HaRa*, haga que actuemos mal, pero podemos llegar a servir a Dios mediante eso, por medio del *Vidui* y de la Teshuva, a través de los cuales hasta los peores pecados pueden transformase en méritos. Nuestra historia toca este tema: "¿Quién eres y qué estás haciendo aquí?". "Yo soy un Pavo". "¡También yo lo soy!". Esta es una confesión honesta. Mediante el reconocimiento, el lado de Pavo puede transformarse al final en puro bien. *Hodu*. Agradecer y dar gracias. *Hodu la-Shem ki tov* –"Dad gracias a Dios, porque Él es bueno, porque su bondad es eterna" (Salmos 118:1). Reconocer y dar las gracias inclusive por lo malo porque en última instancia ello es para bien.

La palabra Hebrea que designa al Pavo es *Tarnegol Hodu*, el pájaro *Hodu*. Mediante la Teshuva y el agradecimiento, el mismo Pavo se transforma en *Hodu*: gracias. "Gracias, Dios". Finalmente, el Príncipe puede ser curado completamente en este mundo, mediante el reconocimiento y el agradecimiento a Dios por todo. Este es el modo del futuro: "... agradecer y alabar Su grande y bendito Nombre y reconocerlo a Él. Mediante esto nos unimos y nos acercamos a Él. Cuanto más conozcas y reconozcas a Dios, más cerca estarás de él" (*Likutey Moharán* II:2).

Las letras de la palabra *Hodu* tienen el valor numérico de 21. Y este valor es el mismo que el del Nombre Divino *EHIH*, el Santo Nombre asociado con la Redención y la Teshuva y con la Sefirá de Keter, la Corona, fuente de la entera Creación. Mediante el reconocimiento y el agradecimiento a Dios, el Pájaro-Hodu se eleva hacia Keter y merece la Corona real. El Príncipe se cura completamente.

La tribu de los Pavos ha sido por demás maltratada a lo largo de este libro. Pero si hay algo en lo cual son buenos los Pavos, es en el picotear. La vida pasa muy rápido. El arte consiste en tomar lo bueno que haya en cada momento, una plegaria, algunas palabras de Torá, una mitzva aquí, una buena obra allí, un poco de caridad, algunas palabras de agradecimiento a Dios... Y una última perla de sabiduría que todo Pavo conoce muy bien: no es bueno morder más de lo que se puede masticar. Haga todo paso a paso.

*

FUENTES Y OTRAS LECTURAS

Este apéndice de fuentes, obras citadas en el texto y sugerencias para ampliar la lectura, se divide en las siguientes secciones:

1. La Parábola del Príncipe-Pavo
2. Bajo la Mesa
3. Relajación, Dieta, Respiración y Ejercicios
4. Obras del Rebe Najmán citadas en el texto
5. Otras obras citadas
6. Sugerencias para otras lecturas

1. La Parábola del Príncipe-Pavo

La versión original de la parábola del Príncipe-Pavo aparece en las páginas 26-27 de una obra en Hebreo titulada *Sipurim Niflaim*, "Historias Asombrosas", una colección de historias, dichos y anécdotas sobre el Rebe Najmán. No tenemos información alguna respecto de cuándo contó el Rebe Najmán esta historia ni a quien. Tampoco sabemos quién las puso por escrito. Todo lo que sabemos es que forma parte de un conjunto de parábolas del Rebe encontradas en un fajo de papeles en posesión de Rabí Naftalí, un amigo de toda la vida del Rabí Natán y el segundo discípulo más cercano del Rebe Najmán, luego del mismo Rabí Natán.

Fue el Rabí Natán quien puso por escrito la mayoría de las enseñanzas del Rebe Najmán. Pero es posible que esta parábola fuese copiada por algún otro seguidor. El fajo de papeles donde se hallaba, junto con el resto del material que compone el *Sipurim Niflaim* fue pasando de mano en mano entre los Jasidim de Breslov a lo largo de ciento veinticinco años luego del fallecimiento del Rebe Najmán. A diferencia de otras colecciones de enseñanzas del Rebe Najmán, que fueron publicadas mucho antes, el *Sipurim Niflaim* se publicó recién en el año 1935, cuando Rabí Shmuel Horowitz, uno de los principales líderes de los Jasidim de Breslov en Jerusalem, lo llevó a la imprenta. Pero la historia del Príncipe-Pavo se hizo parte del folklore Jasídico mucho antes y ha sido contada y recontada mucho más allá del círculo de los Jasidim de Breslov.

En el libro impreso de *Sipurim Niflaim*, la mayor parte del texto se encuentra en Hebreo, a excepción de dos frases, que están en Yidish. El Rebe Najmán debe de haber contado esta historia en Yidish, pero aparte de sus cuentos más largos, la mayoría de sus enseñanzas fueron transcriptas e impresas en Hebreo, la lengua común de la literatura religiosa Judía. Al traducir la historia para este libro, he tratado de mantenerme lo más apegado posible al original, excepto allí donde una traducción extremadamente literal habría resultado en una expresión defectuosa. Los seguidores del Rebe Najmán eran muy cuidadosos en asentar aquello que él dijera, lo más literalmente posible, dado que ciertos detalles en las frases pueden ser muy importantes para la interpretación de la historia.

La clave principal para su interpretación se encuentra en una breve nota impresa inmediatamente antes del texto de la historia en *Sipurim Niflaim* (no hay indicación respecto de si estas palabras son una cita del Rebe Najmán o un comentario del editor de *Sipurim Niflaim*). "Cuando alguien desea acercarse al servicio del Creador, bendito sea, esa persona es un Pavo, inmerso en el materialismo, etcétera. Pero de esta manera uno puede, poco a poco, acercarse al servicio del Creador hasta que se logra entrar completamente. Y de la misma manera, uno puede acercar a otros". Aparte de estas pocas palabras como comentario, no hay más discusiones al respecto en toda la literatura de Breslov.

Se desprende con claridad de este comentario que la identidad del Príncipe-Pavo y su actividad simbolizan el aspecto materialista y sus intereses y que el propósito de la historia es ofrecer una guía para elevarse por sobre ello y llegar al *Avodat HaShem*, el servicio a Dios. Esta guía se aplica a dos tipos de personas: a aquellas que intentan trabajar sobre sí mismas y a los guías espirituales o maestros que tratan de ayudar a otros. El objetivo principal de este libro ha sido elaborar las implicancias de la historia para aquellos de la primera categoría.

2. Bajo la Mesa

La visión general subyacente en este libro, respecto de la creación y su propósito, está expresada más clara y sucintamente en el libro *Derej HaShem, The Way of God* de Rabí Moshe Jaim Luzzatto, traducida al inglés por Rabí Aryeh Kaplan (Feldheim 1988). Respecto al concepto de las dos almas del Judío, el Alma Divina y el Alma Animal, ver allí páginas 177-181 y las notas de la página 346.

Es bien conocido para los estudiantes de la Hagadá, la sabiduría Rabínica, que el rey en la historia del Príncipe-Pavo simboliza a Dios, mientras que el hijo del rey es el Judío individual, o en otro nivel, el Pueblo Judío como un todo ("Dios nos llama Sus hijos, tal como está escrito (Deuteronomio 14:1). 'Vosotros sois hijos para el Señor, vuestro Dios'" (*Sabiduría y Enseñanzas del Rabí Najmán de Breslov* #7). Dejar de comer en la mesa de nuestro padre, como simbólico del exilio, también se encuentra en la Guemará ("Pobre de los hijos que se han exiliado de la mesa de su padre" (*Berajot* 3a). El concepto de las mesas dadas vueltas como simbólico del exilio del habla está tratado por el Rebe Najmán y se encuentra en *Sabiduría y Enseñanzas del Rabí Najmán de Breslov* #88.

Durante el período del exilio, el Pueblo Judío es descripto como estando "desnudo y sin cobijo" (Ezequiel 16:7) – "desnudo de mitzvot" (Rashi *ad loc*). La idea de la Torá y de las mitzvot como vestimentas es mencionada por el Rebe Najmán en muchos lugares, ver especialmente *Sabiduría y Enseñanzas del Rabí Najmán de Breslov* #23, referente a las almas desnudas. Ver también la parábola del Rabí Natán en *Likutey Halajot, Joshen Mishpat, Matanot* 4.

Como mencionamos más arriba, el mismo editor de *Sipurim Niflaim* nos dice que el concepto de Pavo es el del excesivo materialismo. El Rebe Najmán enseña que una de las cosas más importantes que debe comprender y saber una persona es que "no es la persona misma la que desea, sino algo más dentro de ella" (*Sabiduría y Enseñanzas del Rabí Najmán de Breslov* #83):

podemos inferir que antes de esta comprensión, la persona se encuentra bajo la ilusión de que esto que desea dentro de ella *es* ella misma. "Él pensaba que era un Pavo".

Con respecto al concepto de que el verdadero loco es el impulso al mal, ver *Likutey Moharán* I:1. La idea de que la repetición del pecado produce que la misma naturaleza de sus acciones se le oculte al pecador es discutida en *Likutey Moharán* I:56,3. Sobre el concepto del verdadero médico como el Sabio y Tzadik, el médico del alma, ver *Likutey Moharán* I:30.

3. Relajación, Dieta, Respiración y Ejercicios

A. Relajación:

Es evidente que un estado relajado del cuerpo y una correcta postura corporal son prerrequisitos necesarios para un trabajo espiritual exitoso. La literatura de la Torá contiene numerosas referencias de diversas posturas de meditación y plegaria. Algunas fuentes fueron presentadas en los Capítulos 4 y 6. El concepto de *hityashvut*, la preparación para un pensar claro y para el trabajo espiritual, etcétera, se encuentra con frecuencia en la literatura del Torá.

Pero no encontramos en la literatura de la Torá una descripción detallada de técnicas de relajación específicas, tales como las que presentamos en el Capítulo 4. Es posible conjeturar que con anterioridad a nuestra era tecnológica, que ha traído tantas tensiones y conflictos a nuestras vidas, había menor necesidad de una técnica específica de relajación. Mientras que una profunda relajación física es un claro requisito de la medicación intensiva (ver por ejemplo: *Sha'arey Kedusha*, "Las puertas de la Santidad", de R. Jaim Vital, Parte 3, Sección 8:5), no es sorprendente que en las fuentes de la Torá no encontremos más que fugaces referencias a las técnicas necesarias para lograrlo. Las técnicas de Meditación Kabalistas fueron secretos celosamente guardados y sus detalles prácticos eran comunicados directamente del maestro al discípulo.

La técnica de relajación descripta en el Capítulo 4 está desprovista de todo tipo de connotaciones religiosas o filosóficas.

Se basa en las técnicas de relajación neuromuscular investigadas por el doctor Edmund Jacobson, en los años 20, muy utilizadas hoy en día y recomendadas por organizaciones médicas reconocidas, tales como el Mind/Body Medical Institute, bajo los auspicios de la Harvard Medical School, etcétera.

B. Respiración:

La relación entre la manera en que respiramos y nuestro estado físico y espiritual fue reconocida por los Rabíes (ver *Hanhagat Ha-Briut* 4:2; *Likutey Moharán* I:8, 60,3, 109, II:5; *Tzadik* #163, etcétera). Las técnicas de respiración juegan un papel muy importante en las meditaciones Kabalistas (ver R. Aryeh Kaplan, *Meditation and Kabbalah*, Weiser 1982, en especial pp. 87-105). Pero y tal como lo hemos tratado en el Capítulo 5, se requiere un profundo conocimiento de la Kabalá para comenzar a comprender estos métodos y mucho más para practicarlos. En las enseñanzas del Rebe Najmán, donde la respiración es un tema recurrente, el acento está puesto sobre la respiración profunda.

Como en el caso de la relajación, tampoco encontramos una descripción detallada de los procesos de la respiración dentro de la literatura de la Torá. Pese a ello, no hay nada de misterioso respecto del proceso respiratorio. La descripción de las fases de la respiración dada en el Capítulo 5 se fundamenta en la fisiología básica y puede ser verificada empíricamente por cualquiera.

C. Dieta y Ejercicio:

La mayor parte de las sugerencias prácticas relativas a la dieta y el ejercicio contenidas en el Capítulo 5 se basan en las enseñanzas del Rabí Moshe Ben Maimon, el "Rambam" (1135-1204). Además de ser uno de los más destacados sabios de la Torá de todos los tiempos, también fue el Rambam uno de los más grandes terapeutas de la historia de la medicina, con una profunda y sutil comprensión de los mecanismos del cuerpo humano.

La fuente más accesible dentro de las enseñanzas del Rambam respecto del cuidado básico de la salud se encuentra en el *Mishne Tora, Hiljot De'ot*, "Leyes concernientes a las Actitudes y al Comportamiento Personal", Capítulo 4. Las recomendaciones dadas por el Rambam en ese texto son elaboradas con mayor profundidad en su obra *Hanhagat Ha-Briut* ("Guías para la Salud"), un trabajo corto que escribió a pedido del Sultán Islámico de Egipto, de quien el Rambam era médico personal. Este texto no se encuentra traducido al inglés.

Las enseñanzas del Rambam forman la base de muchas de las guías posteriores respecto de la dieta y el cuidado de la salud en la literatura Rabínica, tal como el *Kitzur Shuljan Aruj*, "Código Conciso de las Leyes Judías", del R. Shlomo Ganzfried, Capítulo 32, "Cuidado natural del Cuerpo". Otro trabajo que contiene cantidad de técnicas adicionales tomadas del Talmud y de otras fuentes Rabínicas es el *Tav Yehoshua*, del R. Yehoshua Briskin (Eshkol, Jerusalem, 1978). El autor fue Rabino en Odessa durante la última parte del siglo 19.

Hay algunos que cuestionan la relevancia de los consejos del Rambam respecto a la salud en su aplicación a la vida de hoy, dados los cambios drásticos producidos en las condiciones de vida desde su época. Para poder discutir este tema de manera coherente es necesario antes distinguir entre un número de áreas diferentes. La guía práctica dada por el Rambam respecto de cuándo y cómo comer, el énfasis puesto en la importancia del ejercicio y muchas otras de sus recomendaciones para el cuidado de la salud podrían ser totalmente avaladas por la mayoría de los terapeutas contemporáneos.

El área más importante donde esta controversia pudiera desarrollarse es en las recomendaciones detalladas del Rambam respecto de *qué* comer. La tecnología ha revolucionado nuestra manera de alimentarnos. Los métodos modernos de producción de alimentos, de preservación y de transporte han permitido que podamos obtener hoy en día una mucho más amplia gama de alimentos comparada con aquello que está al alcance incluso de nuestros abuelos y bisabuelos. Por otro lado, la ciencia y la tecnología han provocado nuevos problemas, desconocidos para las generaciones anteriores. Muchos de los alimentos que ingerimos y del agua que bebeos poseen aditivos de una clase u otra, muchos de los cuales pueden ser peligrosos para su salud.

Dada la complejidad del tema, hemos omitido en este libro dar una guía detallada de alimentación. Aconsejamos a aquellos interesados en una nutrición saludable seguir el *Kitzur Shuljan Aruj* (32:7) y consultar con expertos nutricionistas para encontrar cuál alimento es el más indicado para su propia y personal constitución y estilo de vida.

4. Obras del Rebe Najmán citadas en el texto

A. Algunos textos en Español publicados por el Breslov Research Institute, Jerusalem:

Nota: Muchas de las citas de los escritos del Rebe Najmán que aparecen a lo largo de este libro han sido traducidas por mí. He recurrido a esto ante la necesidad de remarcar una alusión en el texto Hebreo con más fuerza que la dada en las traducciones existentes. Y lo mismo se aplica respecto de la traducción de pasajes Bíblicos.

Ayeh – "¿Dónde?". Traducción y comentario de *Likutey Moharán* II:12 sobre el tema de la búsqueda de Dios y la superación de la oscuridad espiritual y la desesperación (en el libro *Cuatro lecciones del Rabí Najmán de Breslov*).

Azamra – "¡Cantaré!". Traducción y comentario de *Likutey Moharán* I:282. El sendero del Rebe Najmán hacia la felicidad, mediante la búsqueda de los puntos buenos (en el libro *Cuatro lecciones del Rabí Najmán de Breslov*).

Consejo. Es un compendio y guía práctica espiritual ordenados por tema, basado en el *Likutey Moharán* y otras obras del Rebe Najmán.

El Jardín de las Almas. Editado por Avraham Greenbaum. Traducción y comentario de *Likutey Moharán* I:65 sobre el tema del dolor y el sufrimiento.

El Libro de los Atributos. Aforismos del Rebe Najmán.

El Tikún del Rabí Najmán. Los Diez Salmos en Hebreo con una transliteración al inglés y traducción, conjuntamente con un extenso comentario.

Likutey Moharán Vols. I-II. Traducción de la obra más importante del Rebe Najmán conjuntamente con comentarios. Hasta la fecha se han traducido las lecciones 1 a 22 de *Likutey Moharan* Parte I.

Los Cuentos del Rabí Najmán. Contiene trece de los cuentos más largos del Rebe Najmán y sus parábolas más cortas.

Sabiduría y Enseñanzas del Rabí Najmán de Breslov. Las conversaciones del Rebe Najmán sobre la fe, la alegría, la meditación y muchos temas. Una de las mejores introducciones a sus enseñanzas.

Restaura Mi Alma. Enseñanzas sobre cómo combatir la depresión y la desesperación (en el *Libro Meditación, Fuerza Interior y Fe*).

Los Siete Pilares de la Fe por R. Yitzchok Breiter. Un resumen de los fundamentos de la fe (en el *Libro Meditación, Fuerza Interior y Fe*)

Tefilin. Traducción del discurso del Rabí Natán sobre los Tefilin, que se encuentra en *Likutey Halajot, Hiljot Tefilin* 5, trata sobre el significado profundo de cada uno de los aspectos de la mitzva de los Tefilin.

Tsohar – "¡Luz!". Traducción y comentarios de *Likutey Moharán* I:112 sobre el tema de la verdad como clave para la devoción en la plegaria y el hitbodedut (en el libro *Cuatro lecciones del Rabí Najmán de Breslov*)

Tzadik. Biografía íntima del Rebe Najmán y nuestra única y más importante fuente sobre su vida. Incluye cantidad de anécdotas, dichos, sueños y conversaciones.

B. Obras en Hebreo

Avanea Barzel. Historias y enseñanzas del Rebe Najmán y sus discípulos, coleccionadas por Rabí Shmuel Horowitz (1903-1973).

Kojavey Or. Cuentos y enseñanzas del Rebe Najmán y sus discípulos, coleccionadas por Rabí Avraham ben Najmán de Tulchin (1849-1917).

Likutey Halajot del Rabí Natán. Trabajo monumental en 8 volúmenes sobre el pensamiento de Breslov y la Kabalá, siguiendo el orden del *Shuljan Aruj* y en forma de extensos discursos sobre sus leyes.

Likutey Moharán del Rebe Najmán. Su obra mayor que incluye sus discursos de Torá más importantes. Impreso por vez primera en Ostrog en 1808 y publicado subsecuentemente en más de 50 ediciones.

Shir Naim, "Canción Agradable". Un poema en acróstico del Rebe Najmán, expresando los fundamentos de la fe en la Torá. Impreso al comienzo de la edición hebrea del *Likutey Moharan*.

Siaj Sarfei Kodesh. Publicado por Agudat Meshej HaNajal, Jerusalem, 1988. Colección de dichos y anécdotas del Rebe Najmán y sus seguidores, muchas inéditas hasta la fecha.

Sipurim Niflaim. Anécdotas sobre el Rebe Najmán, conjuntamente con enseñanzas e historias inéditas, coleccionadas por R. Shmuel Horowitz.

5. Otras obras citadas en el texto:

A. Obras traducidas al español:

Jovot HaLevavot – "Deberes del Corazón" por Rabeinu Bajaya Ibn Pakuda (m. 1161). Ed. Sigal. Buenos Aires, Argentina. Obra clásica de Mussar.

Kitzur Shuljan ARuj – "Código de Leyes Judías" de Rabí Shlomo Ganzfried (1804-1886). Compilación clásica de las leyes básicas de la vida Judía. Ed. Yehuda. Buenos Aires, Argentina.

Likutey Amarim *(Tanya)* del Rabí Shneur Zalman de Liadi (1745-1812). Edición bilingüe (Kehot Lubavitch Sudamericana). Guía para la devoción y lucha contra la mala inclinación. Fundamento del Jasidismo Jabad.

B. Obras traducidas al inglés:

Derej HaShem – "The Way of God" por Rabí Moshe Jaim Luzzatto (1707-1746). Traducida por Rabbi Aryeh Kaplan (Feldheim). Exposición clásica de los fundamentos de la fe de la Torá.

Gateway to Happiness por Rabbi Zelig Pliskin (Aish haTora Publications 1983). Guía práctica para alcanzar la paz mental tomada de la literatura de la Torá.

Mishne Tora por Rabbi Moshe Ben Maimon (Rambam – 1135-1204). Codificación clásica de las leyes de la Torá, concerniente a todas las mitzvot. Es posible conseguir traducciones de algunas de las secciones del *Mishne Tora*, incluyendo Hiljot de'ot. "Leyes concernientes a las actitudes y comportamientos pesonales" (Moznaim Publishing Corporation, New York).

Strive for Truth de R. Eliyahu Eliezer Dessler (1891-1954). Traducido por Aryeh Carmell, Vols. 1-3 (Feldheim). Importante trabajo de Mussar contemporáneo.

C. Obras en Hebreo:

Jaiei Adam de R. Avraham Danziger (1748-1820). Código de leyes aplicables a la vida cotidiana.

Hanhagat Ha-Bri'ut – "Guías para el Cuidado de la Salud" de Rabí Moshe Ben Maimon (Rambam – 1135-1204) (Rabinovitz, Israel). Cubre los temas de dieta, higiene personal, ejercicio y medicina preventiva.

Iggeret HaRamban por Rabí Moshe Ben Najman (Ramban – 1194-1270). Son las cartas del Ramban a su hijo, otorga una concisa y poderosa afirmación de los fundamentos de la devoción. Publicado en muchos Siddurim.

Kad HaKemaj por Rabeinu Bajya (m. 1340). Obra de Mussar.

Orjot Tzadikim – "Las Sendas de los Justos", de autor desconocido. Obra clásica de Mussar.

Sefer Halkarim por R. Yosef Albo (1380-1444).

Sha'arey Kedusha – "Las Puertas de la Santidad" por Rabí Jaim Vital (1543-1620) (Eshkol). Contiene Mussar y una guía para la autopurificación y preparación para el *ruaj hakodesh*.

Shevajey HaBaal Shem Tov – "Elogios del Baal Shem Tov". Compilado por R. Dov Ber (beReb Shmuel) Shubb de Linetz (Majon Zejer Naftali, Jerusalem 1990). Colección de historias sobre el Baal Shem Tov y sus seguidores más cercanos.

T'nuat Ha-Mussar. R. Dov Katz (Baitan Hasefer, Tel Aviv 1952, 1963).

Tzetel Katan por Rabí Elimelej de Lyzhensk (1717-1787). Breve guía sobre los fundamentos de la devoción. Impreso en muchos Saddurim.

Iesod ve-Shoresh Ha-Avoda – "Fundamento y Esencia del Servicio" por R. Alexander Zisskind (m. 1794) (Rozenfeld, Jerusalem 1987). Guía para la devoción, explicando las kavanot de todas las plegarias, de las mitzvot diarias, del Shabat y de las festividades.

6. Sugerencias para otras lecturas:

A. General:

Handbook of Jewish Thought por Rabí Aryeh Kaplan (Moznaim). Invalorable colección de información básica sobre la fe Judía, el desarrollo de la religión, etcétera.

Conceptos Místicos en el Jasidismo por Rabí Jacob Immanuel Schochet (Kehot Publication Society). Explicación sistemática de los conceptos fundamentales de la Kabalá.

Innerspace por Rabí Aryeh Kaplan (Moznaim). Introducción a la visión del mundo de la Kabalá.

Cruzando el Puente Angosto por Jaim Kramer (Breslov

Research Institute). Introducción a la visión del mundo del Rebe Najmán).

Through Fire and Water por Jaim Kramer (Breslov Research Institute). La vida y la época de Reb Natán de Breslov, el discípulo más cercano del Rebe Najmán.

B. Observancia

The Mitzvot: The Commandments and their Rationale por Avraham Chill (Keter).

To Be a Jew: A Guide to Jewish Observance in Contemporary Life por R. Jaim Halevy Donin (Basic Books, New York). Introducción a los fundamentos de la práctica Judía.

The Metsuda Kitzur Shuljan Aruj. Una nueva traducción lineal de la clásica guía de la Ley Judía (Vols. 1 y 2) por Rabí Avrohom Davis (Metsuda, distribuido por Israel Book Shop Inc. 410 Harvard St. Brookline MA).

The Concise Code of Jewish Law por Rabí Gershon Appel. Vols 1 & II (Ktav/Yeshiva UP). Versión actualizada del Kitzur Shuljan Aruj, tomando en cuenta las condiciones de vida contemporáneas.

The Sabbath por Dayan I. Grunfeld (Feldheim).

A Practical Guide to Kashrut: The Dietary Laws por Rabí S. Wagschal (Feldheim).

Taharas Am Yisroel: A Guide to the Laws of Family Purity por Rabí S. Wagschal (Feldheim).

The Sanctity of Speech: A Compendium of the Laws of Loshon HoRa [= Mal Hablar], por Rabí Y. K. Krohn & Rabí Y. M. Shain, traducido por Rabí Hillel Danziger (Chevras Shmiras Haloshon).

The Book of Our Heritage por Eliahu Kitov, traducido por Rabí Najmán Bulman, 3 volúmenes (Feldheim). El Año Judío, incluyendo las festividades, antecedentes y prácticas.

C. La Biblia:

La Torá Viviente. Traducida por Rabí Aryeh Kaplan

(Moznaim). Traducción moderna y clara de los Cinco Libros de Moisés.

D. Plegaria:

Siddur Etz Chaim – The Complete Artscroll Siddur (Nusaj Sefarad, i.e. la version Jasídica, publicada por Artscroll/ Mesorah). Clara traducción de las plegarias, con una guía detallada para todos los servicios y un comentario completo. (Otros Nusajot pueden obtenerse también en el formato de los Artscroll).

Mi Plegaria por Nissan Mindel (Kehot Lubavitch Sudamericana). Una profundización Jasídica de las plegarias.

The World of Prayer por Rabí Dr. Elie Munk. 2 vols. (Feldheim). Explicaciones detalladas sobre el significado de las plegarias en el Siddur.

E. Meditación e Hitbodedut:

Expansión del Alma. Selección de enseñanzas del Rebe Najmán sobre el hitbodedut (en el *Libro Meditación, Fuerza Interior y Fe*).

Donde la Tierra y el Cielo se besan. Por Ozer Bergman. Descripción y desarrollo detallado de la técnica de meditación del Hitbodedut. (Breslov Research Institute).

Jewish Meditation por Rabí Aryeh Kaplan (Schoken Books). Investigación sobre algunas de las técnicas más importantes.

Jewish Spiritual Practices por Yitzchak Buxbaum (Jason Aronson Inc.). Compilación de enseñanzas Jasídicas sobre la devoción, a partir de una amplia variedad de fuentes.

Meditation and the Kabbalah por Rabi Aryeh Kaplan (Samuel Weiser Books). Un erudito estudio de las técnicas avanzadas de meditación en la Kabalá, incluyendo traducción de muchas fuentes.

The Fiftieth Gate por Avraham Greenbaum (Breslov). Las plegarias del rabí Natán, basadas en las enseñanzas del *Likutey Moharán*. Plegarias del corazón...